Eine kulinarische Entdeckungsreise

DURCH DAS BERGISCHE UND OBERBERGISCHE LAND MIT DEN REGIONEN ATTENDORN-OLPE UND WINDECKER LÄNDCHEN

Silke Martin · André Chales de Beaulieu

Eine kulinarische Entdeckungsreise

DURCH DAS BERGISCHE UND OBERBERGISCHE LAND MIT DEN REGIONEN ATTENDORN-OLPE UND WINDECKER LÄNDCHEN

UMSCHAU

INHALT

Inhalt

Bergisches und Oberbergisches Land

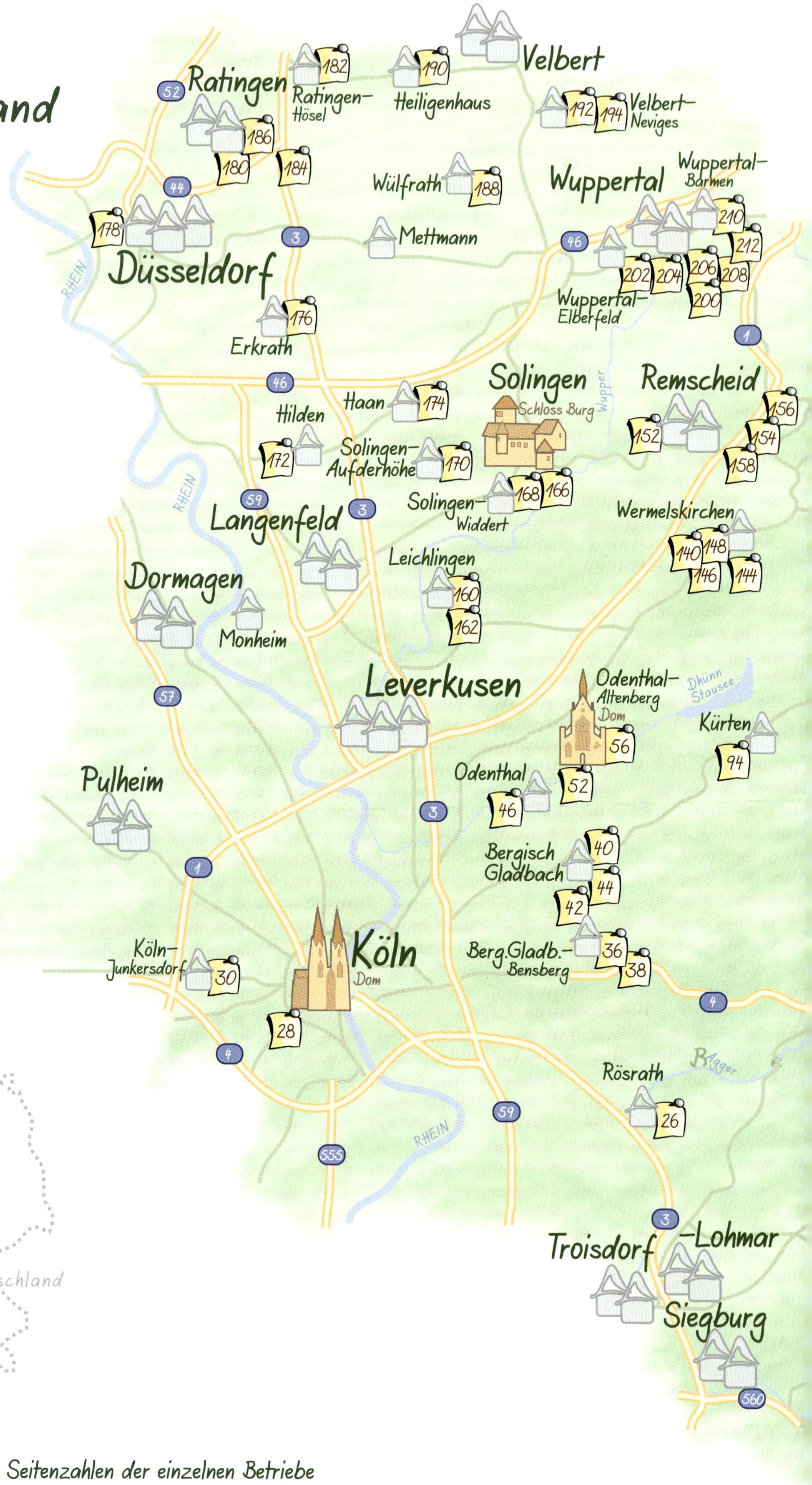

Die Zahlen 128 sind identisch mit den Seitenzahlen der einzelnen Betriebe in diesem Buch und bezeichnen ihre Lage im Bergischen und Oberbergischen Land.

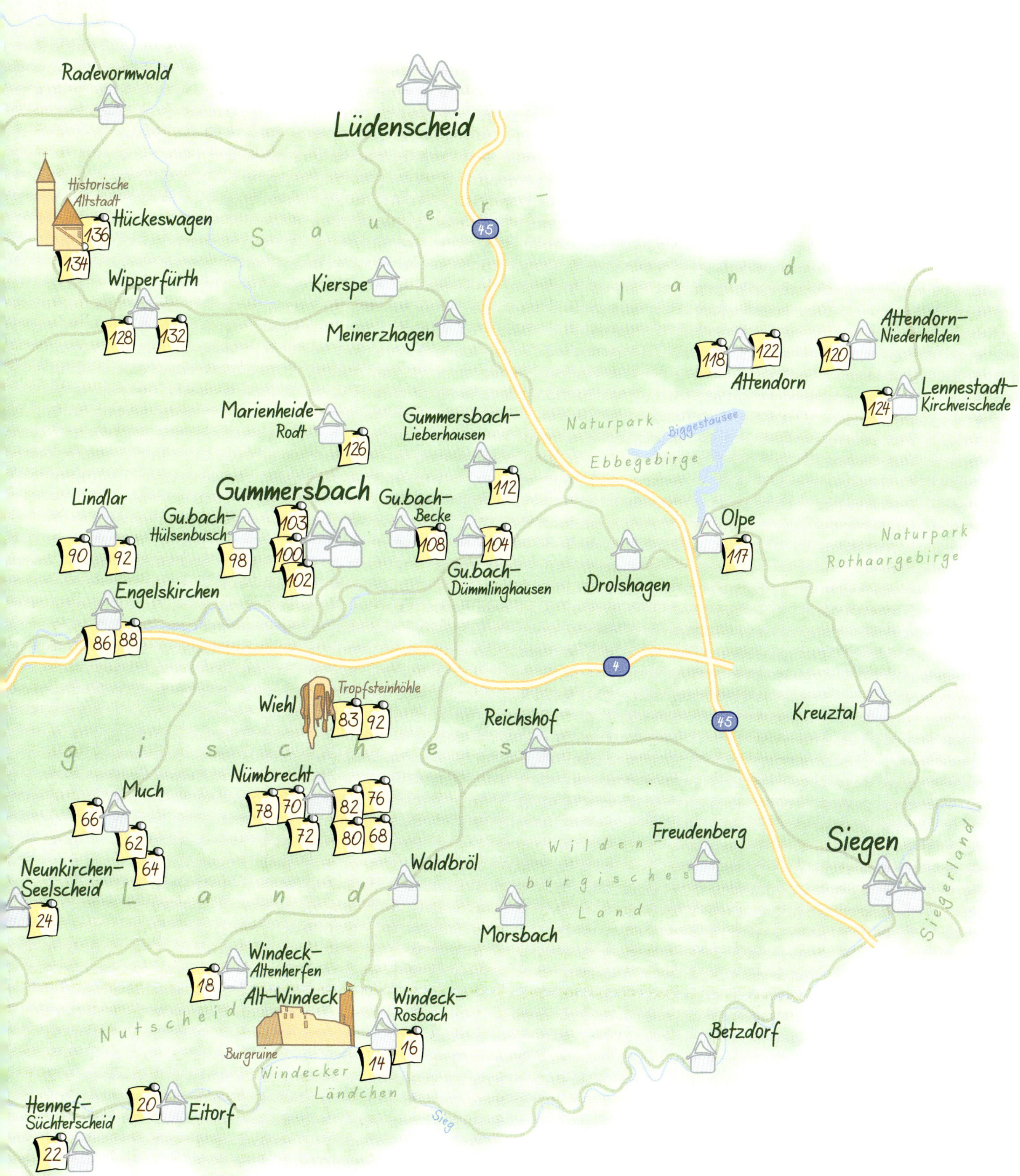
Radevormwald
Lüdenscheid
Historische Altstadt
Hückeswagen
136
134
Wipperfürth
128
132
Kierspe
Meinerzhagen
Sauerland
45
Attendorn-Niederhelden
118
122
120
Attendorn
Lennestadt-Kirchveischede
124
Naturpark Ebbegebirge
Biggestausee
Marienheide-Rodt
126
Gummersbach-Lieberhausen
112
Lindlar
90
92
Gummersbach
Gu.bach-Hülsenbusch
98
103
100
102
Gu.bach-Becke
108
104
Gu.bach-Dümmlinghausen
Drolshagen
Olpe
117
Naturpark Rothaargebirge
Engelskirchen
86
88
4
Wiehl
Tropfsteinhöhle
83
92
Reichshof
Kreuztal
Much
66
62
64
Nümbrecht
78
70
72
82
76
80
68
Neunkirchen-Seelscheid
24
Waldbröl
Wildenburgisches Land
Freudenberg
Siegen
Siegerland
Morsbach
Windeck-Altenherfen
18
Alt-Windeck
Burgruine
Windeck-Rosbach
14
16
Nutscheid
Windecker Ländchen
Betzdorf
Sieg
Hennef-Süchterscheid
22
20
Eitorf

VORWORT

Die „Kulinarische Entdeckungsreise“ macht sich auf zur Tour durchs Bergische Land, beginnend im Rhein-Sieg-Kreis im Süden, das Rheinland mit Köln und Düsseldorf immer im Blick, und weiter gen Osten zum idyllischen Oberbergischen Land mit seinen geschichtsträchtigen Städtchen und Gemeinden und vielen Stauseen, die Freizeitspaß garantieren. Es folgt ein Ausflug ins Sauerland, wo es rund um den Biggesee nach Olpe und zur Hansestadt Attendorn geht, bevor man wieder zurückkehrt ins Bergische und die Städte Remscheid, Solingen und Wuppertal mit all ihren vielfältigen Stadtteilen erkundet, ebenso historische wie pittoreske Dörfer, die viel über die Geschichte dieses Landstriches erzählen.

Das Wichtigste vorweg: Es sind keine hohen Berge, die dem Bergischen Land seinen Namen verliehen haben, denn die gibt es hier gar nicht, die Landschaft verweist höchstens mit einigen sanft ansteigenden Hügeln darauf, dass sie zum rechtsrheinischen Schiefergebirge gehört. Nein, den Grafen von Berg hat die Region ihren Namen zu verdanken, die hier jahrhundertelang regierten und damit ein Stück deutsche Geschichte, vor allem aber bergische Geschichte schrieben. Zunächst residierten sie auf Burg Berge in Altenberg, später siedelten sie auf Schloss Burg bei Solingen über, schließlich wurde sogar Düsseldorf Hauptstadt des Herzogtums Berg. Ihr Wappentier,

der stattliche rote Bergische Löwe, prangt noch heute in vielen Wappen der Region. Das Bergische Land umfasst die Großstädte Remscheid, Solingen, Wuppertal und Leverkusen ebenso wie weitläufige ländliche Gebiete, die von einer romantischen Naturidylle mit Stauseen, Bächen und Flüssen, beschaulichen Dörfern und Gemeinden geprägt werden. Dabei schließt es den Oberbergischen und den Rheinisch-Bergischen Kreis, den Kreis Mettmann sowie Teile des Rhein-Sieg-Kreises ein.

Die Region hat sich herausgeputzt, zeigt fast allerorten schmucke Altstädte und behagliche Gemeinden, die viel Lebensqualität bieten. Die Architektur zeigt sich mit schwarz-weißem Fachwerk und viel, viel Schiefer, der mit grünen Schlagläden und weißen Fensterkreuzen seine Strenge verliert. Und der Zweckverband „Naturpark Bergisches Land" sorgt dafür, dass Mensch und Natur im Einklang miteinander die Landschaft gestalten.

Und auch so mancher Superlativ lässt sich entdecken, zum Beispiel die Müngstener Brücke, seit ihrer Errichtung 1897 mit 107 Metern Deutschlands höchste Eisenbahnbrücke, der größte Stausee des Landes, der Biggesee im Sauerland, oder das größte zusammenhängende Höhlensystem in Deutschland, die Attendorner Tropfsteinhöhle.

Zahlreiche Museen berichten vom harten Alltag der Vergangenheit. Der Boden war eher karg, große, prosperierende Städte gab es lange Zeit nicht, vielmehr kleine Weiler und Dorfgemeinschaften, die zumeist erst im Zuge der großen Eingemeindungswelle 1929 zu Städten zusammenwuchsen. Wasser und damit verbunden Wasserkraft gab es hingegen in Hülle und Fülle und der dichte Wald diente als unerschöpflicher Holzkohlelieferant, so entwickelte sich eine blühende Eisenindustrie, Schleifer, Schmiede und Werkzeugmacher übten in Hämmern und Schleifkotten ihr Handwerk aus: In Solingen waren es die Schleifer, in Remscheid die Tuch- und Werkzeugmacher und in Wuppertal die Garnbleicher und Weber, die ihren Städten Ansehen brachten.

Nicht zuletzt ist das Bergische Land auch ein Eldorado für Feinschmecker. Rund um Bergisch Gladbach leuchten allein sieben Michelin-Sterne. Und die Küchenchefs der Region – ob sie nun zu den Stars der Gourmetszene gehören oder einem traditionsreichen Familienbetrieb vorstehen – greifen mit Vorliebe die heimischen Gaben auf und verwandeln sie mal in multinationale, mal in mit der Region verbundene Köstlichkeiten von zeitgemäßem Esprit.

Die typisch bergischen Gerichte wie Potthucke, Panhas, Pillekuchen und Kottenbutter wurden vor allem von der Landbevölkerung, von Bauern und Handwerkern, zubereitet, mit allem, was der Vorratskeller hergab. Mit steigendem Wohlstand stiegen dann auch die Menge und die Qualität der Zutaten, so wie bei der Bergischen Kaffeetafel, die mit möglichst vielen und teuren Speisen zum Ausdruck brachte, wie wohlhabend die Gastgeber waren.

So darf man sich bei dieser „Kulinarischen Entdeckungsreise" auf regionaltypische Gerichte und mit der Heimat verbundene gastliche Häuser freuen, die mit ihrer Wandlungsfähigkeit zu begeistern wissen.

Silke Martin

DAS WINDECKER LÄNDCHEN

Verkehrsverein Windecker Ländchen

Rathausstraße 12
51570 Windeck-Rosbach

Telefon 0 22 92 / 1 94 33
Telefax 0 22 92 / 60 12 94

Auf einer Straßenkarte wird man das Örtchen Windeck vergeblich suchen – denn das gibt es eigentlich gar nicht! Das Windecker Ländchen hingegen schon, denn so bezeichnet man die 65 Gemeinden im Naturpark Bergisches Land an jener Stelle, „wo die Sieg am schönsten ist", wie es in einem Prospekt des Verkehrsvereins heißt. Und romantisch ist sie wirklich, die Fahrt entlang der Sieg, die auf einer Länge von 35 Kilometern durch unzählige enge Windungen das Windecker Ländchen durchfließt und dabei auch so manche Sehenswürdigkeit passiert. Wahrzeichen und Namensgeber des Landstriches ist die Burgruine in Altwindeck, 1174 erstmals urkundlich erwähnt und Sitz der Grafen von Berg, die dem Bergischen Land seinen Namen gaben. Seit dem Dreißigjährigen Krieg ist die Burg eine Ruine mit viel Charme, die besonders am 3. Oktober zu neuem mittelalterlichen Leben erwacht, wenn anlässlich des traditionellen Burgmarktes Gaukler und Musikanten sowie Kunsthandwerker die Besucher beeindrucken. Für Wanderer empfiehlt sich der 20 Kilometer lange Burgenwanderweg durch das Windecker Ländchen, der auch zu den Burghäusern in Dattenfeld, Mauel und Rosbach führt.
In Altwindeck ist auch das Heimatmuseum zu finden, das in der einstigen Schule des Ortes sowie in vier weiteren Gebäuden, zwei Wohnhäusern, einer Göpelmühle und einer Scheune, allesamt im Fachwerkstil erbaut,

untergebracht ist und einen authentischen Einblick in den Wohn- und Arbeitsalltag vergangener Jahrhunderte gibt (April–November Sa, So und feiertags geöffnet, sonst nur So und feiertags).
Über die Geschichte der jüdischen Gemeinde in dieser Region klärt die Gedenkstätte „Landjuden an der Sieg“ in Rosbach mit zahlreichen Exponaten aus dem jüdischen Alltag auf (Mi geöffnet).
Einen Einblick in die Bergbauvergangenheit des Landstriches geben das Besucherbergwerk Grube Silberhardt sowie der über Tage liegende Bergbauwanderweg, der 14 Stationen vom Stolleneingang über den Kohlenmeiler bis zum Rennfeuerofen umfasst (April–Oktober am 1. Wochenende d. Monats geöffnet, Sonderführungen n. V.). Der Sage nach sollen schon im 13. Jahrhundert Bergleute hier nach Silbererz gegraben haben. In den 1930er Jahren wurde die Förderung eingestellt. Seit 1997 zeigt der Obere Neue Stollen, wie die Bergleute ihre schwere Arbeit im Laufe der Jahrhunderte – von Schlägel und Eisen bis zum Presslufthammer – verrichteten.

Ein beeindruckendes Beispiel für die Sakralarchitektur der Region ist die St. Laurentiuskirche in Dattenfeld, die man wegen ihrer imposanten Größe auch Siegtaldom nennt. Auf den Fundamenten einer sehr frühen und einer romanischen Kirche aus dem 13. Jahrhundert wurde 1879/80 die einzige doppeltürmige Kirche des Rhein-Sieg-Kreises errichtet. Unweit davon lohnt sich für Sportinteressierte ein Abstecher zur Golfanlage im Park Dattenfeld – einem Golfplatz für jedermann, auf dem sich auf den neun Bahnen mit unterschiedlichen Schwierigkeitsstufen jeder mal am Abschlag und Einputten versuchen kann.
Eine Attraktion ganz anderer Art ist der Siegwasserfall bei Schladern, der Mitte des 19. Jahrhunderts im Zuge des Eisenbahnbaus von Menschenhand geschaffen wurde. Über mehrere Kaskaden fällt er bei einer Breite von 85 Metern vier Meter in die Tiefe.
Gefeiert wird im Windecker Ländchen gern und häufig. Jedes Jahr im Sommer gibt es einen autofreien Sonntag, wo es sich im Rahmen der Veranstaltung „Siegtal pur“ von Siegburg bis Netphen störungsfrei Skaten und Radeln lässt, inklusive einer zünftigen „After-Bike-Party“. Beim Blumen- und Pflanzenmarkt auf dem Gelände des Heimatmuseums in Altwindeck stellen im Frühjahr Gärtnereien die Trends des kommenden Jahres und Kunsthandwerker das Ergebnis ihrer aufwändigen Arbeit vor. Und so vergeht kaum ein Wochenende, an dem nicht in irgendeiner der 65 Gemeinden ein bunter Markt, ein fröhliches Fest oder eine traditionsreiche Kirmes gefeiert wird – dabei sind Gäste stets herzlich willkommen.

RESTAURANT ZUR POST

Restaurant Zur Post

Adelheid und Andreas Schmitz

Rathausstraße 13
51570 Windeck-Rosbach

Telefon 0 22 92 / 51 51
Telefax 0 22 92 / 6 72 03

Ruhetage: Montag, Dienstag

So manch traditionsreicher Ort der Gastlichkeit hat seinen Ursprung in einer Poststation, die sich der Menschen schon kulinarisch annahm, als man noch mit Kutschen durchs Land reiste. Auch das stattliche „Restaurant Zur Post" – ein schönes Fachwerkanwesen im Herzen von Rosbach – nahm seinen Weg von der einfachen Poststation zum bürgerlichen Gasthaus und schließlich zu einem anspruchsvollen Restaurant, das es in nunmehr vierter Generation unter der Ägide der Familie Schmitz zu einem weithin klingenden kulinarischen Ruf gebracht hat. Das weitläufige Haus bietet bis zu 180 Gästen Platz, die sich in den unterschiedlichen und stets sehr liebevoll dekorierten Räumlichkeiten des historischen Hauses – ob nun am knisternden Kamin im Winter oder im Sommer auf der sonnigen Terrasse – gut verteilen können.

Andreas Schmitz erlernte bei so manchem Meister seiner Zunft sein Handwerk – sowohl in der hiesigen als auch in der Schweizer Sterne-Gastronomie – und kehrte dann, gemeinsam mit Ehefrau Adelheid, die als Hotelfachfrau für den charmanten Service zuständig ist, in sein Elternhaus zurück, wo er sein Verständnis von einer unprätentiösen, variationsreichen Frischeküche umsetzt, die vielerlei Ansprüchen gerecht werden kann.

Für Traditionalisten stehen Klassiker wie Rosbacher Pfännchen, Postteller und Win-

Windeck-Rosbach

decker Nudeltopf auf der Speisekarte; für viel Abwechslung sorgen die saisonalen Extraangebote, die das Jahr kulinarisch begleiten. Seiner erstklassigen Ausbildung zollt Andreas Schmitz aber auch mit modern und niveauvoll inszenierten Gerichten Respekt, die den anspruchsvollen Feinschmecker zufrieden stellen. So treffen sich gebratene Jakobsmuscheln mit frischem Spargel auf Safranschaum mit Basmati-Pinienkernreis, zeigen sich edle Rinderfiletspitzen mit Edelpilzen in einer Thymian-Rotweinsauce zu knusprigen Reibekuchen oder präsentiert sich das Thunfischsteak im Sesammantel im asiatischen Gewand mit Sojasprossen und fruchtig-feurigem Chutney.
Gerade diese große Bandbreite an Gerichten zeigt die handwerkliche Wandlungsfähigkeit des sympathischen Küchenchefs, der vom Schnitzel bis zum Edelfisch, vom hausgebeizten Lachs bis zu getrüffelten Nudeln jedem Wunsch seiner Gäste gerecht werden möchte, ohne bei der Qualität Abstriche zu machen.
Dazu gehören selbstgemachte Nudeln, Suppen, Saucen und Fonds, hausgemachtes Eis sowie Kuchen und Torten am Nachmittag, die Andreas Schmitz' Vater, ein gelernter Konditor, beisteuert. Je nach Saison gibt es auch schon mal frische Steinpilze aus dem waldreichen Windecker Ländchen, Wild aus heimischen Wäldern und Hausmacher Wurstspezialitäten vom ortsansässigen Metzger.
Bei der Weinauswahl setzen die Schmitz' neben klassischen Rebsorten der internationalen Weinnationen vor allem auf Weine aus deutschen Landen, von Baden über die Pfalz bis zum Rheingau, die zum guten Teil auch als halbe Flaschen zu bekommen sind.

Zanderfilet auf Speckrahm-Wirsing an Pommery-Senfsauce

Zutaten

4 Zanderfilets à 220 g
1 Wirsingkopf, ca. 400 g
1 l Sahne
100 g Butter
Butterschmalz
Pernod
Zitronensaft
je 100 g Speck- und Zwiebelwürfel
1 Thymianzweig
Croutons
Pommery-Senf

Zubereitung

Wirsingkopf vierteln, Strunk entfernen, in feine Streifen schneiden und ca. 3 Minuten in kochendem Wasser blanchieren, dann in Eiswasser abschrecken. Je 50 g Zwiebel- und Speckwürfel farblos anschwitzen, mit etwas Mehl abstäuben und mit 600 g Sahne ablöschen. Mit Zitronensaft, Pernod, Salz und Pfeffer abschmecken, den abgetropften Wirsing unterheben und auf kleiner Flamme erhitzen.
Restliche Sahne aufkochen, den Pommery-Senf einrühren, mit Zitrone, Salz und Pfeffer abschmecken, warm stellen.
Zanderfilets mit Zitrone und Salz würzen, Haut einritzen und in heißem Butterschmalz zunächst auf der Hautseite braten, dann wenden. In einer zweiten Pfanne restliche Zwiebel- und Speckwürfel anschwitzen, mit Thymiannadeln und Croutons mischen. Zander auf dem Wirsinggemüse anrichten, mit den Speck-Zwiebel-Thymian-Croutons garnieren. Dazu die Pommery-Senfsauce und kleine Pellkartoffeln reichen.

LANDHAUS HÖHE

Schon die Anfahrt zum idyllisch gelegenen „Landhaus Höhe“ ist etwas ganz Besonderes, führt der Weg doch durch ein dichtes, sattgrünes Waldgebiet, bevor sich dann – kurz nach dem Ortsschild des Dörfchens Altenherfen – zur Linken das pittoreske Anwesen von Pia Klein und Bernd Martin erstreckt, das einen unglaublich schönen Ausblick in die Natur des Windecker Ländchens freigibt. Der gebürtige Schwabe und Koch Bernd Martin und die Eitorfer Hotelkauffrau Pia Klein lernten sich in der Schweiz kennen und gingen fortan ihren Lebens- und Berufsweg gemeinsam, der schließlich in den Wunsch nach Selbstständigkeit mündete. Als das Gastronomenpaar dann auf das historische Anwesen in Altenherfen aufmerksam wurde, verliebten sie sich schnell in dieses schöne Fleckchen Erde und stellten sich der großen Aufgabe, die renovierungsbedürftige frühere Gaststätte „Waldschänke“ in ein schmuckes Landhaus mit einer gemütlichen Gaststube und einem stilvoll in Szene gesetzten Restaurant zu

Landhaus Höhe

Pia Klein und Bernd Martin

Altenherfen 5
51570 Windeck-Altenherfen

Telefon 0 22 95 / 51 46
Telefax 0 22 95 / 57 70

Ruhetag: Montag

verwandeln. Aus dem verwilderten Grundstück wurde eine prachtvolle Garten- und Teichlandschaft, in der die vielen Kräuter und Kürbisse prächtig gedeihen, die Bernd Martin in seiner Küche kreativ einsetzt und wo sich auch eine Entenfamilie, vier Ziegen und Labrador Sam besonders wohl fühlen.
„Wir bieten eine ehrliche Küche, handwerklich erstklassig, aber ohne Schnickschnack", erklärt Bernd Martin seine Philosophie. Dabei schlägt er die Brücke zwischen traditionellen bürgerlichen Gerichten zur hohen Kochkunst souverän und zollt dabei stets seiner Heimat mit einem deutlich süddeutschen Akzent seine kulinarische Achtung. So reicht die abwechslungsreiche Speisenauswahl vom Seeteufel aus dem eigenen Räucherofen auf Trüffel-Sahne-Kraut mit Schupfnudeln über argentinisches Rinderfilet vom Grill an aufgeschäumter Meerrettichsauce mit kandierter Entenlebermousse, Flan von roter Beete und Bouillonkartöffelchen bis zum gebratenen Kalbsbries mit Parmaschinken an weißer Tomatensauce und Pesto-Parpadelle.
Saisonale Highlights wie Spargel, Pfifferlinge und Steinpilze oder Vierländer Gans und Wildgerichte begleiten das Jahr kulinarisch, eingeleitet von den Schweizer Wochen, die viele Köstlichkeiten der langjährigen Wahlheimat von Pia Klein und Bernd Martin variationsreich auf den Tisch bringen.
An den Festtagen sowie für Familienfeste und Veranstaltungen stellt Bernd Martin gern seine ganze Kochkunst mit aufwändigen Gourmet-Menüs unter Beweis. Bei

Festivitäten gestalten Bernd Martin und Pia Klein ein ganz individuell auf den Gast abgestimmtes kulinarisches Programm.
Die Weinkarte bietet eine Auswahl an liebevoll zusammengestellten Tropfen. Kaiserstühler Weiß- und Grauburgunder sowie Rheingau-Rieslinge gehören genauso dazu wie seltener Frühburgunder von der Ahr oder „Löwengang" vom Südtiroler Lageder. Selbstverständlich gibt's auch Klassiker aus Frankreich und Italien wie einen guten Barolo oder einen ausgereiften Bordeaux.
Im Sommer öffnet der Biergarten seine Pforten mit einer kleinen, leichten Auswahl, die auch knusprige Flammkuchen bereithalt. Am Nachmittag werden frische Bergische Waffeln serviert. Reitern steht im Garten sogar ein Pferde-Anbindebalken zur Verfügung, und auch Familien mit Kindern schätzen die ruhige Lage, die den Kleinen ungestörtes Spielen und den Eltern entspanntes Genießen erlaubt.
„Wer zu uns ins Landhaus kommt", erzählt Pia Klein, „der kommt nicht nur zum Essen, sondern zu Pia und Bernd." So sehen die beiden ihren Beruf mehr als Berufung, sind Gastgeber aus Leidenschaft und heißen viele ihrer Gäste fast wie gute Freunde willkommen. Man kennt und schätzt sich, weiß um die Sorgen und Freuden der Gäste und tauscht auch schon mal Persönliches aus. Da trifft es sich gut, dass das Haus über vier gemütliche Gästezimmer verfügt, die es erlauben, ein wenig länger zu verweilen. Denn inmitten dieser herzlichen Gastfreundschaft und nach einem guten Mahl fällt es recht schwer, diese Idylle zu verlassen und wieder einzutauchen in die Welt jenseits der romantischen „Höhe".

NATUMI

Sie sehen aus wie Milch, sind beim Kochen und Backen genauso einzusetzen wie Milch – und doch haben die köstlichen Drinks der Firma Natumi mit Kuhmilch nichts zu tun, sondern werden aus Soja-Bohnen, Hafer und Reis gewonnen.

Das Unternehmen hat sich auf die Herstellung von rein pflanzlichen Milchalternativen spezialisiert und bietet damit für alle Milcheiweiß- und Laktose-Allergiker, für Vegetarier und Veganer sowie für gesundheitsbewusste Verbraucher genau das passende Angebot.

Die Natumi AG ist aus dem renommierten Familienunternehmen „Bruno Fischer Naturkost" hervorgegangen, das jahrzehntelang als einer der Marktführer den Naturkost-Bereich maßgeblich mitgeprägt hatte. 1998 verkaufte Bruno Fischer jun. das Unternehmen, gründete ein Jahr später die Natumi AG und konzentrierte sich fortan voll und ganz auf die Entwicklung und Produktion von Milchalternativen aus Soja, Reis und Hafer.

Dabei entwickelte er gemeinsam mit seinen Mitarbeitern nicht nur die abwechslungsreiche Produktpalette, sondern auch gleich die passende Technologie für die schonende

Natumi AG

Ansprechpartnerin: Diana Grass

Im Auel 88
53783 Eitorf

Telefon 0 22 43 / 91 72-100
Telefax 0 22 43 / 91 72-136

Verarbeitung der Rohstoffe, die im Ganzen anstatt – wie vielfach üblich – nur in Isolaten verarbeitet werden, was sich positiv auf den Geschmack und den Nährwert auswirkt. Das komplette Sortiment – das europaweit über den Naturkostfachhandel vertrieben wird – trägt das Bio-Siegel der EG-Öko-Verordnung und tut seinen Teil für eine gesundheitsbewusste Ernährung. Die Produkte wirken wie eine „Wellnesskur von innen", sie enthalten keinerlei Cholesterin, Laktose und Gluten (Letztere sind nur in den Haferprodukten enthalten), weisen einen sehr geringen Fettgehalt auf und sind frei von Konservierungsstoffen, künstlichen Aromen und Geschmacksverstärkern. Sämtliche Sojaprodukte sind zudem frei von Gentechnik. Die Rohstoffe, allesamt in Bio-Qualität, werden von langjährigen Vertragsfarmen aus aller Welt angeliefert: Reis kommt aus Italien, Hafer aus Deutschland, Soja-Bohnen aus Frankreich, Kanada und Brasilien. Gerade hier wird nicht nur streng darauf geachtet, dass die Bauern einen angemessenen Abnahmepreis erhalten, sondern auch darauf, dass für die Anbauflächen kein Regenwald gerodet wird.

Den größten Teil der Produktpalette machen die Sojadrinks aus, die es ungesüßt, leicht gesüßt und mit Kalzium angereichert sowie mit Vanille- und Schoko-Geschmack und – ganz dem Zeitgeist entsprechend – auch als „Soya Macchiato" gibt. Außerdem hat Natumi die weltweit erste aufschlagbare Bio-„Sahne" aus Sojabohnen entwickelt, die nur 16 Prozent Fett enthält und sogar zur Schlagsahne bzw. als Eisgrundlage verarbeitet werden kann. Die Reis- und Haferdrinks mit einer natürlichen Eigensüße werden natur und mit Vanillegeschmack hergestellt und der „SoWell Wellnessdrink" vereint noch einmal alle drei Grundprodukte unter Zugabe von Kalzium.

Was man aus den köstlichen Natumi-Produkten noch so alles zaubern kann, zeigt das vorgestellte Rezept.

Kürbis-Curry-Cremesuppe

Zutaten

500 g Kürbisfleisch, gewürfelt
2 Schalotten, fein gehackt
3 EL kalt gepresstes Pflanzenöl
1 Süßkartoffel (oder mehlig kochende Kartoffel), gewürfelt
1/2 l Gemüsebrühe
2 TL Currypaste (oder 2 EL Currypulver)
200 ml Natumi CreSoy Soja-„Sahne"
Meersalz, Pfeffer
3 EL Kürbiskerne

Zubereitung

Die Schalotten in Öl andünsten, Kürbiswürfel hinzugeben und unter häufigem Wenden kurz mitdünsten. Mit Gemüsebrühe aufgießen, Currypaste einrühren und Kartoffelwürfel hinzugeben. Alles ca. 20 Minuten gar köcheln lassen und schließlich pürieren. Die CreSoy-Soja-„Sahne" hinzufügen und nochmals erhitzen, aber nicht kochen. Mit Salz und Pfeffer abschmecken. Auf Teller anrichten und mit gerösteten Kürbiskernen garnieren.

S. HÜSGEN NATURKOST & PFLANZEN

S. Hüsgen Naturkost & Pflanzen
Susanne Hüsgen

Auf der Sandkaule 17
53773 Hennef-Süchterscheid

Telefon 0 22 48 / 17 95
Telefax 0 22 48 / 91 24 18

Ruhetag: Donnerstag

Besucht man den Naturkost-Laden von Susanne Hüsgen am Ortsrand von Hennef-Süchterscheid, so findet man nicht nur ein umfassendes Sortiment an ökologischen Produkten, sondern taucht auch ein in ein üppig buntes und zart duftendes Pflanzenparadies, das die Gärtnermeisterin sich hier gemeinsam mit ihrer Familie geschaffen hat. Den Grundstein legten die Eltern von Susanne Hüsgen schon 1979, als sie hier eine der ersten ökologisch arbeitenden Gärtnereien der Region eröffneten und einen Hofladen für die Vermarktung einrichteten. Seit dem Generationswechsel vor acht Jahren führt Susanne Hüsgens Bruder Till die Gärtnerei und sie den Hofladen, unterstützt von Ehemann Hans Ulrich Günther, der ebenfalls Gärtner ist.
Die Gemüsegärtnerei ist dem Biolandverband angeschlossen, die Produktion der Stauden, Kräuter- und Gemüsejungpflanzen erfolgt nach ökologischen Gesichtspunkten, jedoch ohne Zertifizierung durch einen Anbauverband. Was nicht aus eigenem Anbau stammt bzw. in nicht genügender Menge

angebaut wird, kauft Susanne Hüsgen für den Hofladen über einen Biogroßhändler zu. „Wir betreuen unsere Kunden beim Einkauf umfassend, erklären ihnen Herkunft von zwar traditionellen, im modernen Haushalt aber längst vergessenen Sorten und geben auch schon mal ein Rezept mit", meint Susanne Hüsgen im Hinblick auf Gemüse wie Pastinaken, Schwarzwurzeln oder Portulak. Auch optische Hingucker wie runde oder gelbe Zucchini oder roter Grünkohl sowie genussvolle Exoten wie der Hokaido- oder der Butternut-Kürbis bereichern das Angebot. Ob vier bis fünf verschiedene Blattsalate, eine umfangreiche Kartoffelauswahl oder gleich vier verschiedene Thymiansorten – von Orange bis Kümmel: Die Bandbreite bietet ganz neue Geschmackserlebnisse auch für den verwöhnten Genießergaumen. Je nach Saison kommt frisches Obst von Erdbeeren und Himbeeren über Kirschen, Mirabellen, Renekloden, Pflaumen bis zu Johannisbeeren hinzu.

Käse und Wurst gibt es frisch abgepackt, Fleisch tiefgefroren, auch knusprige Backwaren, Säfte und Wein, Getreide und Müsli, Honig, Marmelade und Saucen und sogar Kosmetikartikel und Waschmittel sind zu entdecken.

Neben den Lebensmitteln offeriert Susanne Hüsgen eine breite Auswahl an Jungpflanzen, darunter zwölf verschiedene Tomatensorten, Kräuter und Gewürzpflanzen, außerdem Steingartenpflanzen, Beet- und Prachtstauden sowie Duftpelagonien. Das sind aromatische Geranien, die nach Zitrone, Rose oder Minze duften und sich sogar zum Kochen eignen.

Für interessierte Botaniker bietet die engagierte Gärtnerin alljährlich im Mai Führungen durch ihren üppig blühenden Bauerngarten an. Wer sich hier Anregungen holt, kann Jung- und einjährige Sommerpflanzen wie Zinien, Astern oder auch die hübsche Kapuzinerkresse erwerben und den eigenen Garten zum blühenden Paradies umgestalten.

Und wer keinen eigenen Garten hat, kann sich im Sommer bunte Blumensträuße aus den hofeigenen Blumen binden lassen und sich damit ein Stück Natur nach Hause holen.

Kräuter-Blumenkohlsalat

Zutaten

1 mittelgroßer Blumenkohl
1/2 Bund Schnittlauch
5 kleine Zweige Petersilie
4 Zweige Dill
1 Zweig Liebstöckel
2 Sauerampferblätter
2 Zweige Estragon
1/2 Bund Schnittknoblauch
7 kleine Zweige Zitronenmelisse
etwas Kerbel oder Süßdoldenblätter
250 g Quark
250 g Joghurt
2–3 EL Mayonnaise
Milch
Salz, Pfeffer

Zubereitung

Blumenkohl in nicht zu kleine Röschen zerteilen, in reichlich Salzwasser bissfest blanchieren. Die Kräuter sehr fein hacken, mit Quark, Joghurt, Mayonnaise und etwas Milch zu einer dickflüssigen Sauce verrühren, mit Salz und Pfeffer abschmecken. Die Sauce über den lauwarmen oder erkalteten Blumenkohl geben. Mit Pellkartoffeln und einem grünen Salat servieren. Die Sauce passt auch hervorragend zu hart gekochten Eiern.

AUSZEIT IN GUT MÜHLE

NEUNKIRCHEN-SEELSCHEID

Restaurant und Café
auszeit in Gut Mühle

Andrea und Nicolai Hausmann

Gutmühlenweg 3
53819 Neunkirchen-Seelscheid

Telefon 0 22 47 / 6 92 97
Telefax 0 22 47 / 74 56 76

Ruhetag: Montag

Hier ist der Name Programm: Die Gäste von Andrea und Nicolai Hausmann gönnen sich im wahrsten Sinne des Wortes eine Auszeit vom Alltag, wenn sie zur höchst idyllisch gelegenen Gutmühle in Seelscheid hinausfahren, wo sich schon seit sieben Jahrhunderten ein Mühlrad dreht. Das schwarz-weiße Fachwerkhäuschen hält auch im Inneren, was es von außen verspricht: Alte Möbel, ein bullernder Kachelofen und liebevoll in Szene gesetzte Accessoires sorgen für ein urgemütliches Wohlfühlambiente, das sich bei gutem Wetter im Garten neben dem Mühlrad fortsetzt. Begleitet vom Plätschern des Bachlaufs und verwöhnt von den leckeren Speisen aus der Mühlenküche, lässt es sich hier vorzüglich entspannen und genießen. Zu den beliebten Klassikern gehören neben argentinischen Rumpsteaks vor allem frische Forellen aus der Zucht von Andrea Hausmanns Eltern und die nach einem geheimen Familienrezept zubereiteten knusprigen halben Hähnchen.

Auf Tafeln findet man dazu noch eine Reihe von kreativ verspielten Gerichten, die sich den Gaben der Saison einfallsreich widmen. Mit Kompositionen wie Tomaten-Aprikosensuppe mit Radieschensprossen, Kartoffel-Blutwurststrudel mit Rahmsauerkraut oder gebratener Entenbrust auf Pflaumensauce mit Reis und buntem Frühlingsgemüse verwöhnen die Hausmanns alle Sinne ihrer Gäste, ohne sich einer bestimmten Stilrichtung unterzuordnen.

An Sonn- und Feiertagen lädt das auszeit-Team zum Frühstück in die Gutmühle, im November steht sie im Zeichen der Martinsgans und zum Mühlentag im Wahnbachtal am Pfingstmontag haben Besucher die Möglichkeit, den Mühlenbetrieb beim Mehlmahlen hautnah mitzuerleben.

Und auch Wanderer, Radler und Kurzurlauber, die die Region auf den zahlreichen Wegen rund um Seelscheid erkunden, lädt die Gutmühle gern zur kulinarischen Rast in ihre romantischen vier Wände ...

DIE BERGISCHE KAFFEETAFEL
– „NICHT OHNE MEINE DRÖPPELMINA!“

Heute vor allem eine kulinarische Attraktion für Touristen, gehörte die „Bergische Kaffeetafel“ früher fest zum Alltag der Menschen im Bergischen Land und gewann mit dem aufstrebenden Bürgertum im 19. Jahrhundert und dem Wunsch, seinen Wohlstand in der üppigen Bewirtung seiner Gäste auszudrücken, buchstäblich an Gewicht und Umfang.

All das, was zu einem „Kaffeedrenken met allem dröm on draan“ gehört, ist nicht nur genau festgelegt, sondern wird auch nach einer vorgegebenen Reihenfolge verspeist. Man beginnt mit einer Scheibe Stuten oder Platz, einem Hefeweißbrot mit oder ohne Rosinen, das man dick mit Butter und Marmelade bestreicht und darauf dann eine gute Lage Milchreis mit Zimt und Zucker gibt. Dann folgt Grau- oder Schwarzbrot mit Käse, Wurst und Schinken, danach wieder Stuten mit Butter und Quark. Auch Kuchen und Zwieback, vor allem aber frische Waffeln mit Kirschen und Sahne gehören zum Repertoire. Und zum Abschluss nehmen die meisten gern noch einen Klaren oder Aufgesetzten wegen der besseren Bekömmlichkeit.

Wichtigstes Utensil und Mittelpunkt einer jeden Tafel ist die Dröppelmina, eine dreibeinige Zinnkanne mit Zapfhähnchen, das in früheren Zeiten mangels Kaffeefilter häufig mit Satz verstopfte, weswegen dann der Kaffee meist nur herausdröppelte, was ihr ihren Namen verlieh.

Bei einem Besuch im Bergischen Land sollte man sich dieses Schlemmerfest keinesfalls entgehen lassen – gehört die Bergische Kaffeetafel doch zu den typischsten Vertretern der heimischen Küche!

CAFÈ ROSENOW

Café Rosenow
Stephan Müller

Hauptstraße 270
51503 Rösrath-Hoffnungsthal

Telefon 0 22 05 / 26 14
Telefax 0 22 05 / 89 60 59

Genießer, die ein umfangreiches Sortiment feinster Konditoreiwaren und edler Confiserie-Produkte zu schätzen wissen, haben im Bergischen Land gleich zwei Anlaufstellen: Das traditionsreiche Café Rosenow mit seinem Stammhaus in Rösrath-Hoffnungsthal und die Filiale am Heumarkt in der Kölner Altstadt.

Das Familienunternehmen selbst wurde ein paar hundert Kilometer vom Rheinland entfernt gegründet, und zwar in Leipzig im Jahr 1920, also vor nunmehr 86 Jahren. Fritz Rosenow war der erste in der Reihe ambitionierter Konditormeister, die die Familie Rosenow noch hervorbringen sollte. Ihm folgte Sohn Günther, den es 1958 gen Westen zog, nach Rösrath-Hoffnungsthal. Damals befand sich das Café noch auf der gegenüberliegenden Straßenseite. 1985 trat die dritte Generation in Person von Wolfram Rosenow in das Geschäft ein. 1992 erhielten die Bäckerei und das Café dann ihr endgültiges Zuhause im Haus mit der Nummer 270, wo nun eine Produktionsfläche von über 300 Quadratmetern der „Geburtsort" des Genusssortiments ist.

2003 erweiterte Stephan Müller, seines Zeichens ebenfalls Konditormeister, der hier im Hause bereits seine Lehre absolvierte, das Team; mit der Übernahme des alteingesessenen Café Schulte in Köln im gleichen Jahr kam auch die erste Filiale hinzu, in welcher die gleiche umfangreiche kulinarische Kollektion an Back- und Konditoreiwaren geboten wird.

Diese reicht von knusprigem Brot und vielerlei Brötchen über herzhaftes und süßes Gebäck bis Kuchen und Torten, Pralinen,

Trüffeln und Schokoladen, Marmeladen und Speiseeiskreationen. Einen weiteren Schwerpunkt setzen die aufwändigen Baumkuchen, die nach alter Tradition in der Baumkuchenmaschine über offener Gasflamme Stück um Stück in die Höhe wachsen – eine hohe Kunst des Handwerks, die heute nicht in jedem Betrieb noch so sorgsam gepflegt wird.

Während sich das Stammhaus in Rösrath ganz klassisch-gemütlich zeigt, besticht die größere Filiale in Köln durch moderne Kunst an den Wänden und einen legeren Bistrostil, der sich dem Charakter der Domstadt und seinen Einwohnern adäquat anpasst.
Die Philosophie des Hauses ist ebenso schlicht wie anspruchsvoll: Gearbeitet wird

Sachertorte

Zutaten
190 g Eigelb
165 g Butter
35 g Blockkakao
1 Vanilleschote
geriebene Zitronenschale
280 g Eiweiß
165 g Zucker
1 Prise Salz
65 g gemahlene Mandeln
50 g Kakaopulver
115 g Mehl
Zimt
Pflaumenmus
Aprikosenmarmelade
brauner Fondant

Zubereitung
Eigelb mit Butter, fein geriebenem Blockkakao, Mark der Vanilleschote und etwas geriebener Zitronenschale schaumig schlagen. Eiweiß mit Zucker und einer Prise Salz zu Schnee schlagen, vorsichtig unter die Eigelbmasse heben. Nun die Mandeln, das Kakaopulver, Mehl und etwas Zimt unterheben, den Teig in eine Springform füllen und bei 170 °C ca. 50 Minuten backen. Erkalten lassen. Dann in der Mitte durchschneiden, den unteren Boden dünn mit Pflaumenmus bestreichen, Oberteil wieder auflegen. Nun mit kochender Aprikosenmarmelade einstreichen und mit warmem braunen Fondant glasieren. In zwölf Tortenstücke einteilen und auf jedes mit hellem Fondant ein S oder Sacher schreiben.
Tipp: Braunen Fondant gibt es fertig beim Konditor, kann aber auch selbst hergestellt werden: Puderzucker mit wenig Wasser verrühren, aufgelöste dunkle Kuvertüre zugeben. Im Wasserbad auf Körpertemperatur erwärmen (Konsistenz sollte nicht zu flüssig, aber streichfähig sein).

Cafè Rosenow

mit einem hohen Maß an handwerklicher Perfektion und auf der Basis von hochwertigen Zutaten, die man dort einkauft, wo man sich auf die Güte verlassen kann. Hinzu kommt kreative Gestaltungsfreude bei der Konzeption des Sortiments, ein lebendiges, abwechslungsreiches Angebot, das die Kunden immer wieder mit neuen Highlights überrascht und das sich den Vorgaben des saisonalen Warenkorbs anpasst. Dass Fertigmischungen keine Chance haben, nur Butter, frische Milch und Sahne sowie ganze Eier verwendet werden, versteht sich von selbst – ein Unterschied, den man schmeckt. Ein Beispiel: Bestellt man im Café Rosenow einen Kakao, so wird dieser ganz frisch mit Milch gekocht, wie man es von der Großmutter kennt – ein Service, der heute nicht mehr selbstverständlich ist.

Sämtliche Backwaren entstehen auf der Grundlage von selbst gezogenem Natursauerteig, die Körner für die beliebten Vollwertbrote werden in der hauseigenen Steinmühle erst dann frisch vermahlen, wenn sie benötigt werden. Neue Entwicklungen werden nicht selten zu beliebten Verkaufshits und schließlich zu Klassikern des Sortiments. Wie zum Beispiel das „portugiesische Brötchen", dessen Rezept von einem befreundeten Bäcker aus der Nähe Lissabons stammt und das mit seiner luftigen Konsistenz dem italienischen Ciabatta-Brot ähnelt, oder der Brotzeitkipf, der einem kleinen Boot ähnelt und mit einer Mischung aus Weizen-, Roggen- und Natursauerteig her-

Café Rosenow
Stephan Müller

Heumarkt 65
50667 Köln

Telefon 02 21 / 2 72 58 76

gestellt wird und sich durch eine besonders krosse Kruste auszeichnet. Die Backwaren sind auch das Fundament der umfangreichen Frühstücksangebote des Hauses, die von den Gästen gut angenommen werden. Schließlich ist die Auswahl breit, reicht vom Single- über das Stadt-Rösrath- bis zum Feinschmecker-Frühstück, bei dem es sich mit Orangensaft und Sekt, Toast, Brot und Brötchen, Croissant, Aufschnitt, Lachs und Ei fürstlich tafeln lässt.
Geschäftsführer Stephan Müller möchte auch den herzhaften Bereich zunehmend ausweiten. Die Speisen, die vor allem am Mittag in den Fokus des Gästeinteresses rücken, werden in der Küche des Cafés frisch zubereitet, auch hier wird Wert auf Frische gelegt und der Einsatz von Convenience-Produkten strikt abgelehnt. Zum Standardangebot – Suppen, Salate, Quiches und Pasteten, Pasta und Toasts, Reibe- und Pfannkuchen – kommen saisonale Gerichte, die auf Tafeln am Eingang auf sich aufmerksam machen.
Hauptgeschäftszeit ist dann natürlich der Nachmittag, wo die süßen Kreationen die Hauptrolle übernehmen. Allen voran die fantasievollen Torten, die auch optisch ein Genuss sind: z. B. die Havannatorte, eine halbgefrorene Eissplittertorte, die Rum-Trüffel-Torte, die Mandelbuttercremetorte, die Spanische Vanilletorte oder die Schweizer Wähe mit Obst der Saison im Sahneguss. Nicht zu vergessen die schaurig-schöne Graf-Dracula-Torte mit Blutorangensaft, die es nicht nur an Halloween gibt.
Natürlich fertigt Stephan Müller auch aufwändige Hochzeits- und Festtagstorten, die auf Wunsch ganz individuelle Formen annehmen können.
Wer einmal eine handgegossene Konditor-Schokolade gegessen hat, wird in Zukunft achtlos an Supermarktware vorbeigehen, denn die Verwendung hochwertiger Kuvertüren, die zu 100 Prozent aus dem jeweiligen Ursprungsland wie Ghana, Trinidad oder Venezuela stammen und sich durch einen hohen Kakaoanteil auszeichnen, spricht einfach für sich. Die zarten Gaumenfreuden mit Kaffee-, Orangen- oder Vollmilcharoma zergehen auf der Zunge. Chili liegt Stephan Müller derzeit besonders am Herzen, schließlich eignet sich das feurig-scharfe Gewürz nicht nur für pikante, sondern auch für süße Leckereien, so gibt es auch eine Chili-Schokolade, Chili-Trüffel und Chili-Marmelade. Den beiden Firmenstandorten sind die Hoffnungsthaler und die Heumarkt-Praline gewidmet, Eigenkreationen auf der Basis von Mandelsplittern und Vanille-Trüffel-Canache. Süße Nascherei für zwischendurch: Petit Fours mit Nüssen, Maraschino-Likör oder Kirschen.
Eis schmeckt nicht nur im Sommer, wenn es hausgemacht ist wie im Hause Rosenow. Frische Früchte, feine Bourbonvanille, frisch geröstete Mandeln und Nüsse sowie fein abgestimmte Gewürze bringen neben den klassischen Sorten auch Eigenkreationen wie Tiramisu, Saure-Sahne-Waldbeere, Mascarpone-Erdbeer-Orange oder Zimteis hervor.
Ob man nun gerade die Domstadt Köln besucht oder nach einer Fahrt durch den Königsforst die schönen Fleckchen Rösraths wie die Villa Reusch, Haus Eulenbroich oder die Sulzer Burg einmal genauer erkundet – vollenden sollte man den Besuch auf jeden Fall mit einem Abstecher ins Café Rosenow.

S-LUST – INSTITUT FÜR DIÄTOLOGIE

S-Lust – Institut für Diätologie

Antje C. Heckner und Natalie Quagliata

Vogelsangerweg 36
50858 Köln-Junkersdorf

Telefon 0221 / 50 60 44-0
Telefax 0221 / 50 60 44-1

Auch wenn das gefürchtete Wort im Namen auftaucht, mit Diät hat das, was Antje C. Heckner und Natalie Quagliata ihren Kunden anbieten, zum Glück genüsslich wenig zu tun. Vielmehr geht es der Ernährungswissenschaftlerin und der Diätologin darum, den Sinn für eine bewusste Ernährung zu wecken, die den Körper mit der nötigen Energie versorgt, und darum, ein gesundes Wohlfühl-Gewicht zu erreichen, ohne dabei hungern zu müssen. Klingt einfach, aber zugleich auch revolutionär – und ist es auch!

Im Mittelpunkt des „Ernährungskonzepts für Genießer" steht eine individuell auf jeden Einzelnen abgestimmte Ernährungsumstellung, bei der das Kalorienzählen keine Rolle spielt und der Genuss durchaus seinen festen Platz hat. Dazu hat das Duo sich mit dem 3-Sterne-Koch Dieter Müller zusammengetan und das Programm „Vitale Sterneküche" entwickelt, das in speziellen Kochkursen Rezepte des Starkochs vorschlägt, die dem Körper das Maximale an Energie und Vitalität geben, ohne ihn zu belasten!

Schlemmen ohne Reue also – wie geht das vor sich? Zunächst kommen die Kunden zu einem Info-Gespräch ins Institut und berichten ausführlich von ihren Essgewohnheiten. Parallel wird durch einen Arzt ein genaues Blutbild erstellt, aus dem sich für die Fachfrauen ein Bild hinsichtlich der

Beschaffenheit des Stoffwechsels und des allgemeinen Gesundheitszustandes des zu Beratenden ergibt. Auf der Basis dieser Ergebnisse erstellen die beiden dann ein maßgeschneidertes Konzept für eine zielgenaue Ernährungsumstellung, die – je nach individuellem Bedürfnis – dem Stoffwechsel entgegenkommt, Vitamin- oder Nährstoffmangel ausgleicht, Allergikern das Leben erleichtert oder als natürliches Anti-Aging-Programm wirkt. Als Grundlage dienen die neuesten medizinischen Erkenntnisse, die den gängigen Diätratgebern weit voraus sind, Erkenntnisse aus der Bio- und Lebensmittelchemie sowie der Lebensmittelproduktdiagnostik, und auch eine psychologische Betreuung bleibt nicht außen vor. Bei Bedarf geht das S-Lust-Team mit den Kunden zum Einkaufen und klärt darüber auf, was sich wirklich hinter den Nährwertangaben auf den Packungen verbirgt, da Ernährungsbewusstsein natürlich schon bei der Auswahl der richtigen Lebensmittel beginnt. Ein ausführliches Coaching, aber auch Restaurantempfehlungen – sogar am Urlaubsort –

geben die beiden mittlerweile sogar per Telefon oder via Internet – denn das bahnbrechende Konzept von Antje C. Heckner und Natalie Quagliata hat sich längst über die Grenzen Deutschlands hinaus herumgesprochen.

Wer nach der Beratung seinen Körper besser kennt, braucht sich fortan um sein Gewicht keine Sorgen mehr zu machen – so sehen Antje C. Heckner und Natalie Quagliata ihre zufriedenen Kunden in der Regel nicht wieder. Außer vielleicht bei Dieter Müller im Schloss Lerbach, wo man sich den edlen Gourmandisen fortan bedenkenlos hingeben kann ...

Gebackenes Kabeljaufilet im Kartoffelmantel mit geschmolzenen Tomaten*

Zutaten

480 g Kabeljaufilet
4 große Kartoffeln, mehlig
Salz, Pfeffer aus der Mühle
4 Eiertomaten
2 EL Tomatensauce
1 EL Olivenöl, kalt gepresst
1 TL Kräuter, gehackt
(Rosmarin, Thymian, Basilikum)
2 EL schwarzes Olivenpüree
8 Ofentomatenfilets
8 Basilikumblätter

Zubereitung

Kartoffeln in der Gemüseschneide-Maschine zu langen Kartoffelfäden schneiden. Kabeljau in vier gleiche Stücke teilen, salzen, pfeffern und gleichmäßig in die Kartoffelfäden einwickeln, im Fettbad bei 180 °C gleichmäßig goldbraun ausbacken. Tomaten kreuzweise einritzen, in kochendem Salzwasser kurz blanchieren und in Eiswasser abschrecken. Dann häuten, Kerngehäuse entfernen, in grobe Stücke schneiden, in der Tomatensauce bei geringer Hitze zerschmelzen lassen, mit Olivenöl, Kräutern, Salz und Pfeffer abschmecken. Geschmolzene Tomaten in der Tellermitte anrichten, daneben je zwei Ofentomatenfilets mit kleinen Nocken Olivenpüree anlegen und Sauce Pistou (das Rezept dazu gibt's auf der Website von S-lust bzw. bei Dieter Müller) umlaufen lassen. Zum Schluss den Fisch mittig aufsetzen und mit frittierten Basilikumblättern dekorieren.

** Rezept von Dieter Müller für die „Vitale Sterneküche"*

Ein besonders schönes Fleckchen haben sich die Grafen von Berg als Heimat auserkoren, die idyllische Region bezaubert mit vielen Seen und tiefen Wäldern, mit Kirchen, Burgen und Schlössern sowie pittoresken Altstädten voll prachtvoller Fachwerk- und Schieferhäuser, die von einer wechselvollen Geschichte zeugen. Von den vielen erwähnenswerten Sehenswürdigkeiten kann im Folgenden nur eine kleine Auswahl dargestellt werden.

Ziel von Gourmets aus aller Welt ist Bergisch Gladbach östlich von Köln, schließlich kochen hier – Luftlinie gerade mal drei Kilometer voneinander entfernt – zwei Große ihres Fachs in der höchsten lukullischen Liga, bekrönt von je drei Michelin-Sternen: In Schloss Lerbach residiert Spitzenkoch Dieter Müller, im Restaurant „Vendôme" auf Schloss Bensberg, dem einstigen Lustschloss des Kurfürsten Johann Wilhelm II., erbaut 1705–1711 nach Versailler Vorbild, zeigt Joachim Wissler seine Kunst.

Zu den sehenswerten Sakralbauten der Stadt zählen die neuromanische St. Laurentiuskirche in Bergisch Gladbach mit wertvollen Heiligenfiguren und dem kostbaren Kirchenschatz sowie die Pfarrkirche St. Clemens in Paffrath und die Refrather Taufkirche aus dem 12. Jahrhundert. Das Bergische Museum für Bergbau, Handwerk und Gewerbe gibt auf einer Freilichtanlage mit zwölf historischen Häusern (Handwerksvorführungen) einen guten Einblick in die Lebensbedingungen früherer Jahrhunderte, während die Städtische Galerie Villa Zanders in Wechsel-

ausstellungen moderne Kunst präsentiert und zu Kulturevents lädt.
In Odenthal-Altenberg ist mit dem Altenberger Dom eine der bedeutendsten Kirchen des Bergischen Lands zu finden. Heute der Schauplatz eines anspruchsvollen Kulturprogramms, war die Kirche einst Teil eines bedeutenden Zisterzienserklosters, das ab 1133 entstand und 1803 aufgehoben wurde. Besonders sehenswert ist das 144 Quadratmeter große Westfenster, ein Musterbeispiel gotischer Glasbaukunst (Sa und So kostenlose Führungen).
Wermelskirchen verströmt mit seinen verschieferten Bürgerhäusern aus dem 17. und 18. Jahrhundert viel altbergischen Charme. Ein besonders pittoreskes Bild zeigt sich mit dem Schieferensemble am Markt, gleich neben der evangelischen Pfarrkirche. Im Advent wird das Wahrzeichen der Stadt, die 1870 gepflanzte kalifornische Mammutkiefer, zum größten Naturweihnachtsbaum Deutschlands.
In der Blütenstadt Leichlingen gibt es gleich drei Schlösser zu entdecken: Schloss Eicherhof, einst repräsentativer Rokoko-Landsitz, heute eine exklusive Veranstaltungslocation, Haus Vorst, ein stattlicher Rittersitz, der auf den Fundamenten einer frühen Höhenburg erbaut wurde, und Schloss Nesselrath, dessen wenige Reste auf die einst stattliche Größe der 1536 erbauten Burganlage verweisen. Die evangelische Pfarrkirche entwickelte sich von einer frühen Taufkirche zum stattlichen dreischiffigen Barockbau, dessen Kirchturm eine Glocke aus dem 16. Jahrhundert birgt. „Der Alte vom Berg“ – das ist der mächtige Turm der Witzheldener Pfarrkirche, der bereits im 12. Jahrhundert erbaut wurde und heute die im 18. Jahrhundert angefügte Kirche im schlichten Bauern-Barock ergänzt.
Zwischen Erkrath und Mettmann lohnt das renommierte Neanderthal Museum einen Ausflug, führt es doch zurück in die Ur-

Schloß Burg in Solingen-Burg

und Frühgeschichte der Menschheit und erläutert anschaulich die Welt des Neanderthalers, unserem nahen Urverwandten.
Auf Ratingens Marktplatz wird – bewacht vom 1300 erbauten Bürgerhaus – seit über 600 Jahren ein lebendiger Markt gehalten. Sehenswert sind, neben schönen Fachwerkbauten wie dem Wallerschen Haus in der Oberstraße, die frühgotische Kirche St. Peter und Paul, die evangelische Stadtkirche von 1684 (älteste protestantische Kirche des Rheinlandes) und das Minoritenkloster von 1656. Von der einstigen Stadtbefestigung mit Wehrmauer und 15 Wachtürmen sind neben Mauerresten der Dicke, der Kornsund der Trinsenturm sowie der Stadtgraben erhalten geblieben. Ebenso wehrhaft zeigt sich die Wasserburg „Haus zum Haus“ aus dem 13. Jahrhundert mit drei Rundtürmen, dem rechteckigen Torturm, einer dicken Burgmauer sowie einem Wassergraben.
Mit der Textilfabrik Cromford des Fabrikanten Brügelmann präsentiert das dezentral strukturierte Rheinische Industriemuseum einen seiner sechs Standorte. Die Baumwollspinnerei in der Hohen Fabrik und das einstige Herrenhaus zeigen anschaulich die früheren Betriebsabläufe, dahinter erstreckt sich der kunstvoll angelegte Poensgen-Park.
In Velbert lohnen der Stadtteil Langenberg mit dem historischen Stadtkern rund um die Alte Kirche und das Wasserschloss der Herren von Hardenberg in Neviges mit vier Ecktürmen, Burggraben und herrschaftlichen Räumen wie dem großen Rittersaal (zurzeit wg. Sanierung geschlossen) einen Besuch.

Kirche in Immekeppel

SCHLOSS-CAFÉ HIMPERICH

Schloss-Café Himperich
Brigitte und Wolfgang Himperich

Schlossstraße 22
Filiale: Kölner Straße 69
51429 Bergisch Gladbach-Bensberg

Telefon 0 22 04 / 5 22 27
Telefax 0 22 04 / 5 11 34

Von der Eleganz des prachtvollen Barockschlosses in Bensberg war schon Goethe begeistert, als er 1774 hier auf seiner Rheinreise Station machte. Sicher wäre der bekennende Feinschmecker auch im Schloss-Café Himperich eingekehrt, wenn es dieses damals schon gegeben hätte, denn hier wird – und das nun schon seit über 100 Jahren – so manche Köstlichkeit mit viel Sorgfalt, handwerklichem Können und kreativer Freude hergestellt.

Seit 1982 zeichnen die Konditormeister Brigitte und Wolfgang Himperich für das kulinarische Programm des Hauses verantwortlich; mit Sohn Christoph, einem der drei Kinder der Himperichs, der gerade seine Konditor-Gesellenprüfung mit „sehr gut" bestanden hat, steht die nächste Generation schon in den Startlöchern.

Los geht's am Morgen mit zahlreichen Frühstücksangeboten, am Mittag warten abwechslungsreiche Tagesmenüs auf die Gäste und am Nachmittag – der wichtigsten Tageszeit im Café – verlocken dann die vielen Torten und Kuchen, die sich mit Zutaten und Früchten der Jahreszeit anpassen. Mehr als 30 verschiedene Pralinen und Trüffel, das große Sortiment an handgegossenen Schokoladen und viele Sorten knusprigzarten Gebäckes lassen Genießerwünsche wahr werden.

Wichtigste Voraussetzung bei der Herstellung sind frische Rohstoffe von bester Qualität, handwerkliche Präzision und das ausgewogene Verhältnis von Tradition und Innovation. So werden einige Spezialitäten noch nach alten Familienrezepten zubereitet, andere entwickeln die Himperichs, die sogar schon für einige Zeit in einer Bäckerei in Japan gearbeitet haben, mit Blick auf die Trends des Zeitgeistes.

Geschmackliche Höhepunkte wechseln sich

Rheinischer Margaretenkuchen

Zutaten

125 g + 165 g Vollei
85 g Puderzucker
380 g Marzipanrohmasse
1 Prise Salz
abgeriebene Schale 1/2 Zitrone
Mark 1/2 Vanilleschote
80 g Mehl
100 g Butter
Aprikosenkonfitüre
Fondant
Marzipanplättchen
Pistazienkerne

Zubereitung

125 g Vollei, Puderzucker und Marzipan zu einer glatten Masse verarbeiten. Salz, Zitronenschale und Vanillemark hinzufügen und das restliche Ei mit dem Rührbesen nach und nach unterheben. Masse leicht schaumig schlagen, Mehl sieben und unter die Masse heben. Butter auflösen, zum Schluss unterheben (kann noch warm sein) und Masse leicht zusammenschlagen. Bei 170 °C ca. 65 Minuten backen. Sofort aus der Form stürzen und erkalten lassen. Dann mit heißer Aprikosenkonfitüre bestreichen und mit Fondant glasieren. Mit Marzipanplättchen und halben Pistazienkernen garnieren.

das ganze Jahr über ab. An Ostern gibt es knusprige Mandelsplittereier, an Karneval Mutzen und Mutzemandeln, an Weihnachten feinsten Christstollen und traumhaft zarte Zimtsterne und zu Silvester Neujahrsbrezeln mit Butter-Marzipan-Füllung. Unbedingt probieren sollte man die Rembrandt-Torte, bei der sich Nougat-Buttercreme zwischen hauchdünne Nuss-Krokant-Böden schmiegt, umhüllt von einem Marzipanmantel und einem Nougatüberzug – gekrönt von einer Walnuss.
Für besondere Anlässe vom Geburtstag bis zur Hochzeit zaubern die Himperichs bunte und fantasievolle Torten, die Auge und Gaumen gleichermaßen zu begeistern wissen.
Nicht zuletzt warten das Schloss-Café sowie seine Filiale an der Kölner Straße mit einem kleinen, feinen Bäckerei-Sortiment auf. Hausgemachter Sauerteig ist die Grundlage für sämtliche Brot- und Brötchensorten, darunter Dinkel- und Vollkornbrot, Schwarzbrot, auch mit Nüssen und Rosinen, das DLG-prämierte Berliner Landbrot oder die knusprigen Roggenkrüstchen. Nur elf Meter sind es von der Backstube zur Verkaufstheke, so dass die Backwaren noch warm in den Verkauf gelangen – frische Qualität, die man schmeckt.

DELIKATESSEN HAUPT

Delikatessen Haupt GmbH
Dagmar und Kurt Demmrich

Schlossstraße 26
51429 Bergisch Gladbach-Bensberg

Telefon 0 22 04 / 5 66 67
Telefax 0 22 04 / 5 42 95

Seit mehr als zwei Jahrzehnten steht der Name „Delikatessen Haupt" in Bergisch Gladbach für Genuss mit Niveau. 1984 von dem Küchenmeister, Konditor und Hotelkaufmann Ludwig Haupt und Ehefrau Margret gegründet, führen auch Tochter Dagmar und Ehemann Kurt Demmrich in zweiter Generation das Ladengeschäft im Herzen von Bensberg mit dem nötigen Engagement erfolgreich fort.

Die Lebenswege des Küchenmeisters und der Serviermeisterin kreuzten sich vor vielen Jahren auf dem einstigen „Traumschiff" MS Astor, und seitdem sind die beiden ein eingespieltes Team, das mit gutem Geschmack und handwerklichem Können die Geschicke des Traditionshauses prägt. Die Demmrichs haben sich der Gemeinschaft führender Delikatess-Kaufleute, „Corpus Culinario", angeschlossen, deren Mitglieder nach einem „Code of honors" mit strengen Grundsätzen ausgesucht werden und sich dem Motto „Delikatessen – delikat essen" verpflichtet sehen: Produkte aus eigener Herstellung, eine ausgewogene Mischung aus internationalen und regionalen Spezialitäten, hohe Qualitätsmaßstäbe in Bezug auf Produkte, Service und Beratung – für die Demmrichs ohnehin eine Selbstverständlichkeit.

„Wir stellen alles täglich frisch her, aus hochwertigen Grundprodukten, die wir gern aus der Region beziehen", erklärt Dagmar Demmrich das Frischekonzept des Hauses, das auf ein ständig wechselndes Angebot an kalten und warmen Speisen setzt. Je nach Saison stehen mediterrane Antipasti, Spargel und Erdbeeren auf dem Programm. Wild liefern befreundete Jäger aus ihren Revieren in der Eifel an, Steinpilze erhalten die Demmrichs direkt von Sammlern aus dem Bergischen Land.

Aus hochwertigen Grundprodukten entsteht dann ein abwechslungsreiches Angebot an Fleisch- und Wildpasteten, Fischterrinen, hausgebeiztem Lachs, warmen Mittagsgerichten und verführerischen Desserts. Frische Pasta mit den dazugehörigen Saucen, Marmeladen und Honig, Essig und Öl, Gebäck und Pralinen sowie Weine und Spirituosen komplettieren die Auswahl. Der hauseigene Präsentservice stellt aus all diesen Spezialitäten gern individuelle Geschenkideen zusammen, die auf Wunsch direkt an den Adressaten versandt werden. Der Party-Service des Hauses kann bis zu 700 Personen kulinarisch verwöhnen, wobei von Kanapees und Fingerfood über kaltwarme Buffets bis zu mehrgängigen Gourmet-Menüs alles möglich ist. Auch ein Komplett-Service inklusive Porzellan und Besteck, Servicekräften und Tischdekoration sowie dem musikalischen Rahmenprogramm kann gebucht werden. Wenn man am liebsten in den eigenen vier Wänden feiert, aber

auf eine professionelle kulinarische Begleitung nicht verzichten möchte: Kurt Demmrich kocht auf Wunsch auch bei seinen Kunden zu Hause, während diese den Abend ganz entspannt genießen können, statt ihn in der Küche zu verbringen. Außerdem bewirten Kurt und Dagmar Demmrich als Exklusiv-Caterer das Schlossberg-Restaurant in der ServiceResidenz im Schlosspark (der Gebäudekomplex befindet sich im Besitz der Aachen Münchener Versicherung) und verwöhnen dabei Businessgäste im Rahmen von Seminaren, die Besucher der kulturellen Veranstaltungen des Hauses sowie private Festgesellschaften, die sich die eleganten Räumlichkeiten für einen besonderen Anlass ausgesucht haben, mit Köstlichkeiten aus ihrem Hause.

Tipp: Wollten Sie immer schon mal Hummer zum Frühstück? Das Restaurant Schlossberg ist auch der Schauplatz des sonntäglichen Brunchs, zu dem die Demmrichs einmal im Monat – stets in Verbindung mit der Matinee in der ServiceResidenz – als Gastgeber laden. Dann kommt je nach Jahreszeit und Anlass – vom traditionellen Fischbuffet an Aschermittwoch bis zum Muttertags- oder Adventsbrunch – zu einem sehr gästefreundlichen Preis allerlei Feines und Exklusives auf den Tisch!

FACHWERK 33

Restaurant Fachwerk 33

Julia Stahl

Romaney 33

51467 Bergisch Gladbach-Romaney

Telefon 0 22 02 / 97 99 07

Telefax 0 22 02 / 97 99 08

Ein wenig ungewöhnlich ist er schon, der Name des Restaurants im ländlichen Romaney, etwa fünf Fahrminuten von der Innenstadt Bergisch Gladbachs entfernt. Doch er bringt schlicht und einfach zwei wesentliche Dinge auf den Punkt: das hübsche Fachwerkkleid des historischen Landgasthofes und – seine Hausnummer!

So reduziert der Name, so umfangreich das Angebot, das sich dahinter verbirgt. Inhaberin Julia Stahl, von Hause aus eigentlich Betriebswirtin, übernahm die Leitung des Restaurants 1998 und etablierte ein neues Konzept, das die Gäste nicht allein wegen des Namens, sondern wegen einer anspruchsvollen Küchenleistung, einem zuvorkommenden Service und dem gewissen Etwas, das darüber hinausreicht, ins Fachwerk 33 ziehen soll.

Im Ambiente des 1650 erbauten Hauses treffen mediterrane Leichtigkeit auf bergische Architektur: Der südlich inspirierte Landhausstil des lichtdurchfluteten, eher modern und klar inszenierten Erdgeschosses wird in der ersten Etage ergänzt von einer sehr charmanten rustikalen Gemütlichkeit mit antiken Schränken und den passenden Accessoires darin und drum herum. Im Sommer kommen noch die überdachte Terrasse und der üppig grüne Restaurantgarten hinzu. Große Festgesellschaften können die

jeweiligen Etagen komplett mieten, für kleine Gruppen gibt es zudem separate Räumlichkeiten.
Die lebendige und abwechslungsreiche Küche des Hauses passt sich im stetigen Wandel dem saisonalen Warenkorb ab.
Die Auswahl reicht vom kleinen Gericht wie hausgemachten Spaghetti mit Mandel-Basilikum-Pesto oder dem großen Sommersalat, wahlweise mit Scampispieß, gebratener Geflügelleber oder Rinderfiletstreifen, bis zum Rückenfilet vom Kaninchen mit Pommery-Senfsauce und Chateaubriand für zwei mit frisch geschabten Spätzle, gefüllten Kartoffeln und Gemüsen der Saison.

Immer im Programm: das große Brunchbuffet an Sonn- und Feiertagen. Je nach Jahreszeit kommen spezielle Thementage hinzu. So wird der Dienstag zum Tapas-Tag, am Donnerstag gibt's „Two for Twentytwo" für Paare, die sich auf ein gemeinsames Gericht einigen können (kostet dann zusammen nur 22 Euro), samstags und sonntags gibt es Bergische Waffeln und hausgemachte Eissplittertorte. Doch damit nicht genug, dieses ohnehin runde, vielfältige Programm wird auch noch durch Fondue-Abende im Winter, Garnelen-Menüs für zwei, fünfgängige Candle-Light-Dinner mit begleitender Klaviermusik und Amuse-Bouche-Menüs mit den Hauswinzern des Fachwerk 33 erweitert. Ab Ende Oktober kommen ganze Gänse auf den Tisch, werden vor den Augen der Gäste tranchiert und mit Maronensauce, Apfelrotkohl, Klößen und Bratäpfeln serviert.
Und dann gibt es noch einige lukullische Aktionen, die man sonst nicht in jedem kulinarischen Kalender antrifft, wie „Azubiko". Das ist keine japanische Spezialität, sondern die Abkürzung für „Auszubildende kochen" – und zwar ein 3-Gang-Menü, mit dem sie beweisen können, was sie schon in der Fachwerk-33-Küche gelernt haben. Hier können übrigens auch all jene die

Grundlagen des Kochens erlernen, die man sonst nicht zu häufig in der Nähe des Herdes antrifft: Kinder und Männer. Letztere kochen in fröhlicher Runde vier Gänge, die dann natürlich auch gemeinsam genusslich verspeist werden, zu jedem Gang gibt es einen leckeren Wein aus dem international sortierten Weinkeller des Hauses. Die Kinderkochkurse widmen sich Themen aus dem (Genuss-)Alltag der Nachwuchsköche. Mal steht die Erdbeere im Mittelpunkt, mal das fantasievolle Pausenbrot, mal lernen die Kleinen, dass Nudeln keineswegs in der Packung im Supermarkt wachsen, sondern dass man sie mit wenig Aufwand selbst herstellen kann. Beim Sensorik-Seminar werden die Kinder bewusst auf das Sehen, Riechen, Schmecken und Fühlen von Lebensmitteln aufmerksam gemacht. So werden die Feinschmecker von morgen geboren!

ZUR ALTEN STADTGRENZE

Das Restaurant „Zur Alten Stadtgrenze“ liegt genau zwischen Bergisch Gladbach, Bensberg und Refrath, und so bezeichnet Till Herkenrath, seit März 2006 Gastgeber des Traditionshauses, die meisten seiner Gäste auch als „gute Nachbarn“. Bewusst umschreibt er sein Konzept mit „Restaurant und Kneipe“; so ist in den modern inszenierten Gasträumen und der idyllischen Gartenwirtschaft willkommen, wer auf ein Feierabendbier einkehrt, aber auch all jene, die sich am Abend die Zeit zum Genuss der illustren Gaumenfreuden nehmen. Dabei kommt der gelernte Koch am liebsten hinter seinem Herd hervor und kümmert sich selbst um das Wohl seiner Gäste, während sein Zweitkoch Clemens Rosenfeld dafür sorgt, dass in der Küche alles professionell weiterläuft.

Der Schwerpunkt der Speisenauswahl liegt auf saisonalen und regionalen Produkten, also der klassischen Genussklaviatur von Spargel und Pfifferlingen im Frühling bis zu Wild, das ein Gast aus dem eigenen Revier in der Eifel mitbringt, Fasanen und Gänsen im Herbst. Die feine bürgerliche Küche wird von aktuellen Angeboten, die dem täglichen Einkauf Rechnung tragen, und einem Menü ergänzt, das – jeden Monat neu – drei illustre Gänge und eine passende Flasche Wein offeriert, wenn man es zu zweit bestellt.

Die Speisekarte, im Sommer eher mediterran und leicht ausgerichtet, im Winter auch gern mal mit etwas deftigeren Gerichten versehen, reicht vom Räucherlachstatar mit Berner Rösti und rosa gebratener Entenbrust mit Aprikosen-Pfifferling-Salat bis zur Poulardenbrust, in Rosmarinbutter gebraten, mit provenzalischem Bohnenragout oder würzigem Schweinefilet mit Speck & Estragonsenf, das mit knackigem Gemüse und Petersilienkartoffeln serviert wird.

Zur Alten Stadtgrenze
Restaurant & Kneipe
Till Herkenrath

Am Fürstenbrünnchen 21
51429 Bergisch Gladbach-Lückerath

Telefon 0 22 02 / 45 91 64

Bergisch Gladbach-Lückerath

Am Sonntag kommt „Omas Sonntagsbraten" zur Freude vieler Gäste auf den Tisch. Danach verlocken, falls man noch ein Plätzchen frei hat, hausgemachte Bergische Waffeln, Apfelstrudel und Käsekuchen.
Gut 30 verschiedene Weine aus aller Welt und vier Biersorten vom Fass zeigen sich als adäquater Begleiter zu diesem abwechslungsreichen Genussprogramm.
Bei der Planung und Umsetzung von Feierlichkeiten kann Till Herkenrath sein ganzes Können, das er sich im Laufe seiner Berufsjahre in vielen namhaften Betrieben erwarb, unter Beweis stellen und im Rahmen von festlichen Menüs groß aufkochen. Hier im Haus finden bis zu 50 Personen Platz, im Rahmen des Catering-Service können per mobiler Küche sogar bis zu 300 Personen kulinarisch verwöhnt werden.
Da Till Herkenrath von Haus aus ein geselliger Mensch ist, feiert er auch gern mit seinen Gästen. Zum Beispiel beim Tanz in den Mai, zu dem eigens ein Maibaum, ein Zelt und ein Bierpavillon im Garten aufgestellt werden. Für die nächsten Jahre sind weitere Events geplant. Man kann sich also schon jetzt auf die kommenden Pläne des engagierten Vollblutgastronomen freuen.

Zanderfilet, auf der Haut gebraten, mit Ingwermöhren und Kartoffel-Parmesanwaffeln

Zutaten (für 2 Personen)
2 Zanderfilets
200 ml Riesling
2 TL Olivenöl
2 TL feine Schalottenwürfel
frischer Thymian
Möhren
frischer Ingwer, gewürfelt
Zwiebeln, gewürfelt
Zucker, Butter
5 Eigelb
100 g Butter
5 g Zucker
1/4 l Milch
250 g Mehl
1 große Pellkartoffel, gekocht
50 g Parmesan
Salz, Pfeffer, Muskat

Zubereitung
Die Zanderfilets in Riesling, Olivenöl, Schalottenwürfeln und Thymian ca. 10 Minuten marinieren, dann trockentupfen, salzen und auf der Hautseite anbraten. Bei schwacher Hitze fertig garen, nicht wenden. Möhren schälen, längs halbieren, diagonal in feine Scheiben schneiden. Mit Salz, Zucker und Pfeffer würzen, ziehen lassen. Zwiebel- und Ingwerwürfel in Butter anschwitzen, Möhren hinzufügen und zugedeckt für 8–10 Minuten garen.
Das Eigelb mit Butter und Zucker schaumig schlagen, Milch zugeben und das Mehl unterrühren. Die Pellkartoffel kalt in den Teig pressen, abschließend Parmesan hineinreiben.
Mit Pfeffer, Muskat und Salz abschmecken, in einem Waffeleisen knusprig ausbacken.

Von außen ist das Ladengeschäft in Herkenrath mit seinen halbrunden Schaufenstern schön anzusehen. Im Inneren erwartet den Weinfreund eine große Auswahl erlesener Tropfen aus allen relevanten Weinregionen Europas. Nach mehreren Jahren in der Sterne-Gastronomie in Deutschland und der Schweiz eröffnete Christiane Weise im Oktober 2004 den Laden, um sich fortan ganz ihrem Wissensgebiet zu widmen. Für Ehemann Stefan Weise ist Wein ebenfalls die Profession: Er ist Chefsommelier im nahe gelegenen und exklusiven Restaurant Vendôme des Grandhotels Schloss Bensberg – und er wurde im Jahr 2006 vom Gault Millau zum Sommelier des Jahres gewählt. Außer zum gemeinsamen Sohn teilen sie auch die Liebe zum Wein. Man spürt, hier ist der Rebensaft mehr als ein Produkt, hier ist er Leidenschaft und Lebensqualität!

„Ich kaufe nur Weine, die mir selbst schmecken", meint Christiane Weise selbstbewusst. „Wenn das Preis-Genuss-Verhältnis nicht stimmt, verzichte ich lieber, auch wenn der jeweilige Wein gerade im Trend liegt", fügt sie hinzu.

wein welt weise

Wein Welt Weise
Christiane Weise

Straßen 46
51429 Bergisch Gladbach-Herkenrath

Telefon 0 22 04 / 97 90 61
Telefax 0 22 04 / 97 90 62

Sonntag und Montag geschlossen

Derzeit haben rund 300 Weine diesen Qualitätstest bestanden, ihre Zahl steigt kontinuierlich.
Deutschland, Italien und Frankreich, dort vor allem das Burgund, bilden den Schwerpunkt des Angebotes, das auch noch einige Kreszenzen aus Österreich und Spanien beinhaltet. Dabei reicht die Auswahl vom einfachen Landwein bis zum hochklassigen Gewächs.
Selbstverständlich ist es für Christiane Weise, gemeinsam mit ihrem Mann die Winzer zu besuchen, sich vor Ort mit den Methoden und der Philosophie des einzelnen Weingutes vertraut zu machen. Auf diesem Wege entstehen oftmals eigene Selektionen, welche die persönliche Handschrift des Ehepaares und des Winzers tragen.
In dem kleinen Laden findet der Weinfreund auch adäquates Zubehör wie Gläser, Dekanter, Öffner sowie Feinkost für den perfekten Genuss.
Die Weises sehen ihre „Welt“ auch als Forum für Weininteressierte, viele nutzen deshalb den dreimal jährlich aktualisierten Veranstaltungskalender. „Käse & Wein“ stellt je zehn Weine und Käsesorten vor,

wobei die Gäste ihre Favoriten herausschmecken können. Das Sensorik-Seminar macht auf Aromen im Wein wie Pfirsich, Beere oder Schokolade aufmerksam. Bei den Themenabenden stehen beliebte Weinanbauregionen wie die Toskana, der Süden Frankreichs oder Österreich im Mittelpunkt. Dazu wird ein landes- oder themenspezifisches Menü serviert.
Unbestrittenes Highlight des Jahres sind die anspruchsvollen „Wein Welt Weise“-Reisen.

Exzellente Beziehungen zu Spitzenwinzern ermöglichen Verkostungen der Extraklasse und seltene Einblicke hinter die Kulissen von berühmten Weingütern, verbunden mit einem niveauvollen Rahmenprogramm, das Top-Hotels und Sterne-Restaurants beinhaltet.
Die bisherigen Touren führten nach Österreich, an die Ahr und Mosel und in die Toskana – weitere spannende Reisen werden in den kommenden Jahren folgen.

HOTEL RESTAURANT ZUR POST

Hotel Restaurant Zur Post
Familie Wilbrand

Altenberger-Dom-Straße 23
51519 Odenthal

Telefon 0 22 02 / 9 77 78-0
Telefax 0 22 02 / 9 77 78-49

Ruhetag Gourmet-Restaurant: Montag

Die Gemeinde Odenthal lohnt mit ihrem hübschen Fachwerk-Kern und der Pfarrkirche St. Pankratius mit der ältesten benutzten Glocke des Rheinlands den Besuch. Hier, in einem geschichtsträchtigen und denkmalgeschützten Haus gleich am Ortseingang, verbirgt sich auch ein Restaurant der Extraklasse, das zu den Spitzenadressen des Landes gehört. Äußerlich zeigt es sich in der typischen Architektur des Bergischen Landes, im Inneren erschließt sich eine ganz besondere Genusswelt, die Gourmets von nah und fern ins Bergische Land zieht, nachdem es sich 2002 mit dem ersten Michelin-Stern in den Küchen-Olymp aufschwang. Damit reiht sich das Haus in die Sterne-Equipe der Region ein, über dem insgesamt sieben der begehrten lukullischen Sterne leuchten.

Christopher Wilbrand führt gemeinsam mit Bruder Alejandro das Traditionshaus in zweiter Generation, nachdem sich die Eltern des Erfolgsduos, die das Haus in den 1970er Jahren übernahmen, aus dem aktiven Geschäft zurückgezogen haben.
Das „Hotel Restaurant Zur Post" begann, wie der Name nahelegt, seine gastronomische Laufbahn als Postkutschen- und Pferdewechselstation, diente aber auch jahrzehntelang als Turnhalle von Odenthal. Dieses besondere Ambiente haben die Wil-

brands im „Spiegelsaal“ bewahrt, der mit hallenartigen Ausmaßen an die einstige Nutzung erinnert, heute jedoch mit einer festlichen Ausleuchtung, geschickt platzierten Spiegeln und eleganter Tischkultur das perfekte Ambiente für festliche Anlässe bis zu 120 Personen bietet.
Die Zeiten, in denen möglichst exotische Delikatessen aus fernen Landen in ausgefallenen Kombinationen die Kritiker begeisterten, sind vorbei. Heute machen vor allem jene Köche von sich reden, die den heimischen Gaben das Besondere entlocken, die sich auf die Kunst verstehen, Traditionen neu zu interpretieren und das Bekannte so einfallsreich zu variieren, dass der Feinschmecker neue Geschmackswelten darin entdeckt. „Der Grund für den Erfolg unserer Küche liegt in ihrer kreativen Individualität, dem regen Interesse an bodenständigen Rezepturen heimischer sowie anderer europäischer Regionen“, erklären Christopher und Alejandro Wilbrand ihre Sicht der Dinge. Dabei sieht Christopher Wilbrand das Erreichen des ersten Sterns nicht als Pflichtübung, sondern vielmehr als logisches Resultat seines eigenen Qualitätsanspruchs, der auf jeden Bereich seines Hauses zutrifft, sei es beim Einkauf hochwertiger Grundprodukte, sei es bei der handwerklich perfekten Umsetzung anspruchsvoller Rezepte oder bei der Präsentation der Goumandisen.
Eine große Rolle spielen heimische Produkte, die Christopher Wilbrand von regionalen Erzeugern bezieht, wenn diese ihm eine gleichbleibend hohe Qualität garantieren. Sogar das Tafelwasser ist bergischen Ursprungs. Des Weiteren stammen Lamm, Forelle, Zander und Bachsaibling sowie das Weideochsenfleisch von hiesigen Erzeugerbetrieben, die alle benötigten Produkte frisch und tagesaktuell anliefern und somit ihren Teil zur Philosophie „aus der Region für die Region“ beitragen.
Da die Familie für einige Zeit in Spanien lebte, spielen auch iberische Einflüsse eine bestimmende Rolle. Richtig spannend wird es dort, wo beide Welten aufeinandertreffen, quasi als binationales Genuss-Ehepaar, das sich auf dem Teller harmonisch vereint. So wie beim Latte Macchiato von der Jakobsmuschel, zu der sich die gratinierte Brust vom bergischen Landschwein gesellt, oder bei den gefüllten Filets vom bergischen Bachsaibling auf Paprika-Perlgraupen mit weißem Balsamicoschaum und Strudel von

Artischocken und Thymian. Mehr als gelungen auch die Liaison aus bergischem Rehrücken mit Wirsingcanneloni, der mit Kartoffel-Walnussmaultasche, Holunderjus und einem Bonbon von der Rehschulter auf die kulinarische Bühne tritt.
Christopher Wilbrand prägt mit solchen Kompositionen seinen ganz eigenständigen Stil. Gelernt hat er die Grundlagen solcher

Küchenvirtuosität in adäquaten Häusern, allesamt sternegekrönt, in Deutschland, Italien und der Schweiz. An seiner Seite sorgt Patissier Alejandro Wilbrand für den fulminanten Abschluss seiner Geschmacksfeuerwerke, auch sie Meisterwerke mit eigenem Charme. So wie das Topfenmousse im Sesamblatt mit zweierlei Sorbets oder die Crème Brûlée von der Tahiti-Vanille mit Buttermilcheis.

Die illustre Speisenauswahl wird in exquisiten Menüs, individuellen Tages- und saisonaffinen Monatsmenüs komprimiert, die in vier bis zehn Gängen die Kunstfertigkeit der Küchencrew zelebrieren. Mittags stehen ebenfalls drei Menüs sowie À-la-carte-Gerichte zur Auswahl. Alle zwei bis drei Monate gibt es eine komplett neue Karte mit neuen saisonalen Einflüssen der jeweiligen Jahreszeit.

Die Weinkarte nimmt sich gern der Aufgabe an, diese Aromenvielfalt zu unterstützen, unter den rund 280 Positionen, die bevorzugt deutsche Kreszenzen empfehlen, aber auch die klassischen italienischen und spanischen Anbaugebiete repräsentieren, ist für jeden Anspruch und jeden Geschmack das Passende dabei. Korrespondierende Weinempfehlungen umrahmen alle Menüs, doch selbstverständlich kann man sich auch auf das kompetente Service-Team unter der Leitung von Andreas Butzkamm verlassen. Auch die dem Gourmet-Restaurant gegenüberliegende Poststube lohnt den Besuch, schließlich muss es ja nicht immer die große Gourmet-Küche sein. Mit postgelben Wänden und vielen Accessoires macht die gemütliche Stube viel Lust auf die regionale, bodenständige Küche, die mit dem gleich hohen Anspruch die Speisen inszeniert.

Gebratene Semmelknödel mit Speck, jungem Lauch und Blattsalaten in Walnussdressing, Sauerbraten vom bergischen Reh auf Wirsing mit Selleriepüree, Spätzle vom Brett und kalt gerührten Preiselbeeren oder geschmorte Lammhaxe auf Bohnencassoulette mit Rahmpolenta und Rosmarinjus sind die Hauptpersonen des 3-Gang-Menüs und der gehoben gutbürgerlichen À-la-carte-Auswahl.

Bleibt noch zu erwähnen, dass das mit vier Sternen bewertete Hotel über 16 stilvoll-elegante und geräumige Hotelzimmer und zwei moderne Tagungsräume verfügt, die einen angenehmen Aufenthalt für Kurzurlauber sowie angenehmes Tagen in stilvoller Atmosphäre ermöglichen. Wer alle Annehmlichkeiten des Hauses genießen möchte, dem seien die Arrangements empfohlen, die zu einem genussreichen Wochenende im Bergischen Land einladen. Hier bleibt die Wahl zwischen einem legeren Wochenende mit Sightseeing rund um Odenthal und einem regionalen Menü in der Poststube oder dem Arrangement „Sternstunden für Genießer", das ein erlesenes Gourmet-Menü inklusive Sektfrühstück am nächsten Morgen beinhaltet. So erlebt man auf vielfältige Weise die genussvollen Seiten des Bergischen Lands.

Latte Macchiato von der Jakobsmuschel mit gratinierter Brust vom bergischen Landschwein

Zutaten

Schweinebrust

je 50 g Möhren und Sellerie
100 g Zwiebeln/Schalotten
400 g Schweinebrust
30 ml Balsamessig
je 2 Zweige Thymian u. Rosmarin
4 Lorbeerblätter
1 EL Wacholderbeeren
3 Nelken
Meersalz, Pfeffer
4 EL Kräuterkruste (4 Scheiben Weißbrot, fein zerbröselt, 1 Ei, Parmesan, 2 EL flüssige Butter, 4 EL Kräuter, Salz, Pfeffer)

Latte Macchiato

8 Jakobsmuschelkerne
6 EL Blumenkohlpüree (Blumenkohl mit Sahne und Salz weich dünsten, mixen)
6 EL Rotweinschalottenmarmelade (6 mittelgr. Schalotten fein würfeln, mit 1/4 l Rotwein und 1 EL Zucker trocken dünsten, mit etwas Cassis abschmecken)
4 Eigelb
8 EL Champagnerbuttersauce
2 EL Öl
1 Pr. Meersalz, Pfeffer

Zubereitung

Schweinebrust mit allen Zutaten in einen Bräter legen, einen Schuss Wasser dazugeben, mit Alufolie abdecken. Im Backofen ca. 3 Stunden bei 170 °C garen. Im Kühlschrank auskühlen lassen. 4 Scheiben abschneiden und in beschichteter Pfanne beidseitig anbraten, trockentupfen und auf ein Backblech legen. Je 1 EL Kräuterkruste pro Scheibe aufstreichen. Muschelkerne in einer beschichteten Pfanne in Öl beidseitig goldbraun anbraten, würzen, auf Küchenkrepp ablegen. 4 zylindrische Schnapsgläser nun abwechselnd befüllen: zuerst Blumenkohlpüree, dann eine Jakobsmuschel, Rotweinschalottenmarmelade, ein Eigelb, mit aufgeschäumter Champagnerbuttersauce abschließen.

Schweinebrust im Ofen gratinieren und mit der warmen Latte Macchiato, restlichen Jakobsmuscheln und etwas Salat anrichten.

HOTEL-RESTAURANT WISSKIRCHEN

Willkommen beim Grafen von Berg! Markus Wißkirchen, Gastgeber im Hotel-Restaurant gleichen Namens in Odenthal-Altenberg, ist zwar kein direkter Nachkomme des edlen Geschlechtes, das dem Bergischen Land seinen Namen gab und nur wenige hundert Meter von hier auf der Burg Berge residierte, aber er repräsentiert die Region bei öffentlichen Anlässen, quasi als echt bergischer „Hingucker", im historischen Kostüm. An seiner Seite weitere märchenhaft historisierende Figuren wie der Nachtwächter, Bruder Pilger, der Lügschuster, Bruder Grimm und Dornröschen ...

Von Hause aus eigentlich Maschinenbau- und Wirtschaftsingenieur, fühlt sich Markus Wißkirchen seiner Heimat so sehr verbunden, dass er nicht nur mit seinem Engagement als Graf von Berg, sondern auch mit dem traditionellen Konzept der bergischen Gastlichkeit die Region stärken und fördern will. 1999 erwarb der engagierte Gastronom das historische Haus unweit des Altenberger Domes, das auf Grundmauern aus dem 18. Jahrhundert erbaut wurde, mal eine Ziegelei, mal ein Sägewerk, später dann eine Gaststätte mit der Poststelle des Ortes beherbergte, und eröffnete es zwei Jahre später komplett renoviert und – natürlich – im typisch bergischen Gewand mit schwarzweißem Fachwerk und grünen Klappläden inmitten der idyllischen Natur dieses Landstriches.

Schon beim Betreten des gastlichen Hauses umfängt eine gediegene, edel-rustikale Atmosphäre den Besucher, die beiden Gasträume warten mit Kachelofen und einer reich verzierten Holzdecke und vielen Accessoires auf, die von der Geschichte des Hauses zu berichten wissen. Neben den beiden Gasträumen gibt es noch die „Sonne-pur-Terrasse", die natürlich auch Plätze im Schatten bereithält. Der Bau eines Festsaals als adäquate Veranstaltungslocation ist bereits geplant.

Und die geräumigen, stilgerecht gestalteten Zimmer des Hauses machen Lust, gleich ein paar Tage im schönen Altenberg einzuplanen, z. B. mit dem Arrangement „Pillekuchen und Altenberger Dom" im Rahmen des Programms „Betthüpfen – Wandern ohne Gepäck".

Wenn man über Nacht bleibt, sollte man sich die Begegnung mit dem Odenthaler Nachtwächter nicht entgehen lassen, der viele Geschichten über das Kloster und die Zisterzienser-Mönche, aber auch aus dem Leben der Grafen von Berg zu berichten weiß.

Die Küche des Hauses richtet sich mit ihrer

Hotel-Restaurant Wißkirchen
Markus Wißkirchen

Am Rösberg 2
51519 Odenthal-Altenberg

Telefon 0 21 74 / 67 18-0
Telefax 0 21 74 / 67 18-18

Köln

Bandbreite an den Wanderer, den Kirchenbesucher wie an den Feinschmecker. „Grundsätzlich ist es unser Ziel, die bergische Küche handwerklich perfekt und optisch anspruchsvoll präsentiert zu servieren", erklärt Markus Wißkirchen das Wesentliche der hauseigenen Genussphilosophie. Für die Umsetzung sorgt sein Küchenchef Frank Deterling, der eindrucksvoll beweist, wie wandlungsfähig die heimische Küche, wie vielseitig die bergischen Produkte sein können, dass sie sich sogar als weltoffene Kosmopoliten auf dem Teller entpuppen!

Das zeigen die klare Tomatenbrühe mit Shrimps und Pestocrostini und die bergische Graupensuppe mit Sekt und Gemüse. Himmel und Äd, also Kartoffelstampf mit Blut- und Leberwurst, Röstzwiebeln und gebratenen Apfelspalten, und original bergische „Pillekuchen" begeistern die Traditionalisten, doch gleich daneben offerieren sich auch edle Rinderfilettranchen mit Trüffelspitzkohl an gekräuterten Kartoffelscheiben und das Zanderfilet an Cassissenf auf Olivenrisotto für die Anhänger einer mediterranen Leichtigkeit.

Auch der aromenreichen und derzeit sehr angesagten Asia-Küche trägt Frank Deterling Rechnung, zum Beispiel mit dem Gambasspieß im Tempuramantel auf Vanille-Limettenschaum oder dem asiatischen Kürbissüppchen mit Shrimps. Süße Verführungen runden das Geschmackserlebnis ab, wie die die Nougatmousse mit Erdbeerragout, das Gratin von Mandarinen mit Schokoladenrahmeis oder das Champagnerparfait mit glasierten Trauben. So gelingt der Spagat zwischen traditioneller Hausmannskost und zeitgemäßer Genießerküche mit spielerischem Mut zur Variation.

Die À-la-carte-Auswahl wird ergänzt von ideenreichen Monatsmenüs, die sich den saisonalen Schwerpunkten des Warenangebots gekonnt anzunehmen verstehen, und ebenso abwechslungsreichen 3- und 4-Gang-Menüs, die Lukullisches „Aus dem Fischernetz" oder „Von Wald und Feld" zu berichten wissen.

An Feiertagen wird besonders groß aufgekocht im Hause Wißkirchen, dann gibt es thematische Festmenüs, die das bergische Weiderind, Wildes aus heimischen Revieren oder die Gans in vielfacher Variation präsentieren.

Der Weinkeller bietet dazu eine breit gefächerte Auswahl mit Positionen „von der Ahr bis Südafrika", also vielfältigen Ge-

Odenthal-Altenberg

schmacksnoten und Rebsorten, die sich garantiert den aromenreichen Speisen harmonisch anzupassen verstehen.
Das Haus ist nicht nur für seine bergischen, sondern auch für ganz spezielle hauseigene Spezialitäten bekannt. Dazu zählen die hausgemachten Zisterziensernudeln, eine Reminiszenz an die ehemaligen Bewohner der Altenberger Abtei. Die schwarz-weiße Rotwein-Schoko-Nudel sieht nicht nur toll aus, sie schmeckt auch ganz wunderbar.
Eine weitere beliebte Spezialität des Hauses ist die „Forelle Altenberg", blau oder in Mandelbutter gebraten, mit Petersilienkartoffeln und Salat serviert, aufgewachsen in einem der vielen Forellenteiche des Bergischen Landes. Und natürlich wird hier auch die Bergische Kaffeetafel mit allen nötigen Ingredienzien von süß bis herzhaft zelebriert.
Und dann gibt es noch einen ganz besonderen Digestif, der hierzulande zu einem guten Essen gehört wie der Graf von Berg zum Bergischen Land: der ebenso beliebte wie bekannte Altenberger Kräuterlikör. Gemeinsam mit dem Kölner Spirituosenfabrikanten Laufenberg entwickelte der „Graf von Berg" alias Markus Wißkirchen das Rezept. Schon 1910 hatte die Kornbrennerei Laufenberg einen Abteilikör auf den Markt gebracht. Diese Tradition greift das Etikett des heutigen Kräuterlikörs gekonnt auf.
Der aromatische Altenberger Kräuterlikör enthält nicht weniger als 38 Kräuter und einige weitere Ingredienzien aus aller Welt, die genaue Zusammenstellung bleibt jedoch geheim. Das tut dem Geschmack keinen Abbruch. Er wird in der Region sehr gern getrunken, entweder pur nach dem Essen – natürlich auch gern einfach zwischendurch – oder als Cocktail mit Sekt, zu dem er mit seinem leicht süßlichen Aroma gut harmoniert.
Als ganz besondere Geschenkidee präsentiert sich die „Altenberger Schnapsdrossel" – eine Holzkiste, die an einen Starenkasten erinnert, birgt den guten Kräuterlikör sowie handbemalte Gläser aus der Altenberger Töpferei.
Aber wie das mit regionalen Spezialitäten so ist – leider wird der Altenberger Kräuterlikör nur in Nordrhein-Westfalen vertrieben. Da bleibt den Menschen der übrigen 15 Bundesländer nur eins: Nichts wie hin zum Hotel-Restaurant Wißkirchen, dort serviert man ihn gerne, den guten Altenberger Kräuterlikör. Und dass er sich in der Küche genussreich einsetzen lässt, beweist das vorgestellte Rezept!

Parfait von Cassisbeeren & Altenberger Kräuterlikör

Zutaten
3 Eigelb
120 g Zucker
250 g schwarze Johannisbeeren
6 cl Altenberger Kräuterlikör
500 g Sahne

Zubereitung
Die schwarzen Johannisbeeren und zwei Drittel des Zuckers mit dem Pürierstab zerkleinern und durch ein Sieb streichen. Das Eigelb mit dem restlichen Zucker über einem nicht zu heißen Wasserbad aufschlagen, bis die Masse 75 °C erreicht hat. Anschließend kalt rühren.
Das Johannisbeermark beigeben und mit der Eimasse verrühren. Nun noch den Kräuterlikör hinzufügen und gut verrühren. Zum guten Schluss die zuvor steif geschlagene Sahne zur Johannisbeermasse geben und vorsichtig unterheben.
Die Masse nun in eine Form geben und diese mindestens 8 Stunden in den Gefrierschrank stellen. Dann in Scheiben aufschneiden und dekorativ anrichten.

HOTEL-RESTAURANT ALTENBERGER HOF

Hotel-Restaurant Altenberger Hof GmbH
Familien Bongard und Spital

Eugen-Heinen-Platz 7
51519 Odenthal-Altenberg

Telefon 0 21 74 / 4 97-0
Telefax 0 21 74 / 4 97-1 23

Der imposante Altenberger Dom, Anfang des 12. Jahrhunderts als Kirche für das neu gegründete Zisterzienserkloster erbaut, im 18. Jahrhundert säkularisiert, gehört zu den bedeutendsten sakralen Bauwerken Nordrhein-Westfalens und ist – auch im Rahmen der renommierten Domkonzerte, beliebtes Ziel von Besuchern aus nah und fern. Fast jedes Gebäude in Altenberg hat einen Bezug zum Dom, so auch das vis-a-vis liegende Hotel-Restaurant „Altenberger Hof", das, wie das streng gegliederte Äußere andeutet, einst als Wirtschaftsgebäude des Klosters diente und sich dann zur gastlichen Herberge für die Pilger entwickelte. 1969 pachteten Herbert und Eva Bongard, die heutigen Eigentümer des Anwesens, den „Altenberger Hof" und bauten den guten Ruf des Hauses stetig aus. Im Juli 2006 haben Tochter Claudia und Schwiegersohn Thomas Spital die Geschäftsleitung des Hotelrestaurants übernommen.

Trotz zeitgemäßen Komforts zeigt sich die Tradition mit vielen kleinen Reminiszenzen in den großzügigen Gasträumen, Festsälen und Gästezimmern. Besonders lauschige Plätze bietet die Sommerterrasse mit Blick auf den Dom, behütet vom dichten Laubdach der umstehenden Linden und Kastanien. Hier schmecken die Bergischen Waffeln und hausgemachten Kuchen zum Kaffee besonders gut.

Die Gäste schätzen die ungestörte Ruhe des idyllischen Fleckens, das anspruchsvolle Kulturprogramm im Dom, natürlich auch die verheißungsvollen Gaumenfreuden des Hauses und nutzen daher gern eines der Gourmet-, Kultur- oder Wander-Arrangements, die alle Annehmlichkeiten des Hauses miteinander verbinden.

Die Küche bietet eine gelungene Fusion heimischer und mediterraner Zutaten, vereint Traditionelles und Innovatives gleichsam zeitgemäß und variantenreich mit Gerichten wie Medaillons vom Maibock mit schwarzem Pfeffer, gratiniertem Spitzkohl und Pistazienspätzle, Ochsenfiletsteak mit frischen Pfifferlingen, Sauce Bearnaise und Bratkartoffeln, Carpaccio vom Steinbutt und Lachs

in Limonenbeize sowie Mousse von weißer Valrhona-Schokolade auf Beerenragout. Feines in drei bis sieben Gängen bieten das regional orientierte Bergische Menü, das saisonale Monats-Menü und das variationsreiche Gabel-Menü. Jahreszeitliche Spezialitäten wie die abwechslungsreiche Spargelkarte, die Wildwochen im Oktober oder der knusprige Gänsebraten ab November runden das Angebot ab. Ostern und Weihnachten werden mit festlichen Menüs für die ganze Familie zelebriert, hinzu kommen Weindegustationen, der Jazz-Brunch und kulinarische Sommerabende auf der Terrasse.
Im Weinkeller schlummern rund 400 edle Tropfen aus aller Welt, darunter auch eine ansehnliche Raritätensammlung mit vinophilen Schätzen vergangener Jahrzehnte. Da freut sich so manch ein Gast, dass er nicht wie einst die Zisterzienser asketisch leben muss, sondern sich den vielfältigen Gaumenfreuden lustvoll hingeben kann.

Filet vom bergischen Milchkalb auf bäuerlichen Gemüsen mit frischen Pfifferlingen an Kerbelschaum

Zutaten
800 g Milchkalbsfilet
100 g magerer Speck
1 kg frische Pfifferlinge
1 Bund Kerbel
Pernod
Weißwein
1/4 l Kalbsfond
Butterschmalz
Olivenöl
Butter
Salz, Pfeffer
1/4 l Sahne
180 g Schalotten, gewürfelt
2 mittelgroße weiße Zwiebeln
2–3 Möhren
2 Kohlrabi
1 Bund Zwiebellauch

Zubereitung
Kalbsfilet von Sehnen befreien, salzen, pfeffern, in Butterschmalz und Olivenöl von allen Seiten anbraten, im Ofen bei 180 °C ca. 20 Minuten garen.
Möhren und Kohlrabi putzen, klein schneiden und blanchieren. Zwiebeln schälen und vierteln, in Olivenöl anbraten, mit etwas Weißwein und Kalbsfond ablöschen und schmoren lassen. Kurz vor Ende des Garpunkts Gemüse und Lauchzwiebeln zufügen.
Pfifferlinge putzen, waschen, mit 80 g Schalotten und Speckwürfeln anbraten, mit Salz, Pfeffer abschmecken, etwas Grün vom Zwiebellauch zugeben. Restliche Schalottenwürfel mit Kerbelstängeln in Olivenöl andünsten, mit Weißwein, Kalbsfond und Sahne ablöschen, gut durchkochen, passieren, mit kalten Butterflocken und Kerbelblättern aufmixen. Mit Salz, Pfeffer und einem Tropfen Pernod abrunden.
Alles gemeinsam anrichten und mit kleinen bergischen Pillekuchen servieren.

Schloss des Grafen zu Hückeswagen

Das Oberbergische Land – lange Historie in reizvoller Natur

Wipperfürth

Das Oberbergische Land, genauer gesagt der Oberbergische Kreis mit seinen 13 Gemeinden – von Radevormwald bis Morsbach, von Engelskirchen bis Gummersbach –, im Osten des Bergischen Landes bezaubert mit einer ganzen Reihe von historischen und landschaftlichen Sehenswürdigkeiten mit vor allem wald- und wasserreichen Schwerpunkten, die der Region auch die Beinamen „Land der tausend Bäche" bzw. „Land der tausend Täler" einbrachte.
Als besonders pittoreskes bergisches Kleinod zeigt sich die Altstadt der Tuchmacherstadt Hückeswagen – zahlreiche historische Schieferhäuser mit grünen Klappläden, weißen Fensterrahmen und kunstvollen Eingangstüren bieten im „Rothenburg über der Wupper" ein vollkommenes Bild mit altbergischem Charme. Vorbei an der Pauluskirche mit ihrem für die Region unüblichen Zwiebelturm und einer Ausgestaltung im so genannten „Bergischen Barock" geht es zum Schloss der Grafen zu Hückeswagen (1138 erbaut, in den folgenden Jahrhunderten ausgebaut und erweitert), das heute das Rathaus und das Heimatmuseum birgt.
Kaum bei Marienheide entsprungen, setzt das Flüsschen Wipper ab Wipperfürth als Wupper seinen insgesamt 113 Kilometer langen Weg durchs Bergische Land bis zur Rheinmündung bei Leverkusen fort. Als älteste Stadt im Bergischen Land haben Wipperfürth, aber auch seine heutigen Stadtteile, die ihrerseits auf eine lange eigenständige Entwicklung zurückblicken, viele historische Zeugen zu bieten. Mit ihrem 57 Meter hohen Turm ragt die romanische Pfarrkirche St. Nikolaus weit aus der Stadtkulisse heraus – die zahlreichen Stadtbrände haben ihr nie etwas anhaben können, so ist sie das älteste Gebäude der Stadt.
Am Marktplatz lohnen neben dem Münzschlägerdenkmal – zur Erinnerung daran, dass die Grafen von Berg in Wipperfürth ihre Münzen prägen ließen – das Herrenhaus „Gasthaus Penne", das Alte Stadthaus von 1780 und gleich daneben im Gässchen „Krakenburg" das ehemalige Stall-Gesindehaus desselben einen genauen Blick. Der Name erinnert an die wehrhafte Krakenburg, die einst über der Stadt thronte. Aus ihren

Überresten wurde an gleicher Stelle ein Franziskanerkloster erbaut (heute Familienbildungsstätte).
Das Bergische Freilichtmuseum in Lindlar gibt einen authentischen Einblick in den Alltag von Bauern und Handwerkern des 19. Jahrhunderts und lädt mit Vorführungen, Seminaren und Märkten zum Besuch des weitläufigen Geländes.
Etwas herrschaftlicher geht es auf Schloss Heiligenhoven zu, das stattliche gelbe Herrenhaus entwickelte sich im 18. Jahrhundert aus einer wehrhaften Burg und wird von einem weitläufigen Park im englischen Stil mit altem Baumbestand umgeben. Nicht minder imposant: Schloss Gimborn bei Marienheide – die einstige Wasserburg im Tal der oberen Leppe wurde im Laufe der Jahrhunderte zu einem stattlichen Schloss ausgebaut (nicht öffentlich zugänglich).
Das dezentrale Rheinische Industriemuseum hat einen seiner sechs Standorte in der denkmalgeschützten Baumwollspinnerei Ermen und Engels in Engelskirchen eingerichtet, die der Vater des Sozialisten Friedrich Engels gründete. Als eines der ersten Elektrizitätswerke der Region gibt die Ausstellung nicht nur Einblick in die Geschichte der Baumwollindustrie im Bergischen Land – spannend und interaktiv mit Guckkästen, Tastvitrinen und Computeranimationen –, sondern zeigt mit seiner Dauerausstellung „Unter Spannung" auch auf, wie der Strom das Leben der Menschen veränderte.
Ohne Strom, aber mithilfe von Wasserkraft verarbeitete der Oelchenshammer (Außenstelle des Museums), der Letzte seiner Art in der Region, Eisen zu Stahl, wie es noch heute regelmäßig demonstriert wird.
Rund um Engelskirchen bieten sich Ausflüge zu den Wasserschlössern Ehreshoven und Alsbach (in Privatbesitz, nicht zugänglich) und zur Aggertalhöhle in Ründeroth an, die eine weitläufige 350 Millionen Jahre alte Karstlandschaft mit Korallenbänken und versteinerten Meerestieren (im Winter geschl.) vorzeigt, während die Tropfsteinhöhle in Wiehl viele Stalagtiten und Stalagmiten birgt, die zu mehrfarbigen Säulen, Pfeilern und Kaskaden angewachsen sind.
In der Nähe beginnt ein Wald- und Naturlehrpfad mit verschiedenen Info-Stationen und Wildgehegen – oder man nimmt die historische Postkutsche nach Nümbrecht

und zuckelt gemächlich wie anno dazumal in dem historischen Schmuckstück, gezogen von zwei ruhigen Rössern, durch die Lande.
Blumenfans reisen zur jährlichen Wiehler Dalienschau im Sommer (Aug.–Okt. in Alperbrück) an, um die gut 300 verschiedenen Dahlien zu bewundern, darunter die größte Dahlie der Welt sowie Wild- und Urformen aus Südamerika.
Aus kulturhistorischer Sicht lohnt die Kirche in Marienhagen den Besuch, sie birgt wertvolle mittelalterliche Wandmalereien – während das Museum „Achse, Rad und Wagen" mit 5500 Jahren Technik- und Kulturgeschichte rund ums Rad aufwarten kann.

Kirche St. Nikolaus in Wipperfürth

JULE'S KÄSEKISTE

Jule's Käsekiste

Juliane Schmitz

Reinshagen 14
53804 Much-Reinshagen

Telefon 0 22 45 / 30 21
Telefax 0 22 45 / 91 26 71

Öffnungszeiten Hofladen:
Donnerstag, Freitag: 16–18.30 Uhr
Samstag: 10–12 Uhr

Die kulinarische Entdeckungsreise macht Station auf dem Bauernhof von Juliane und Rainer Schmitz in Much-Reinshagen, der Heimat von 85 Kühen und 250 Ziegen, die in modernen offenen und lichtdurchfluteten Laufställen leben und deren hochwertige Rohmilch in der hauseigenen Käserei täglich zu Frisch-, Weich- und Schnittkäse, Quark und Joghurt verarbeitet wird.
Es ist schon ein putziges Schauspiel, wenn die weißen und braunen Edelziegen nacheinander zur Melkstation rennen und sich dann ordentlich wie eine Fußballmannschaft vor dem Gruppenfoto in Reih und Glied aufstellen, bis sie an die Melkmaschine angeschlossen werden, von wo aus die Rohmilch direkt in die Käserei fließt.
Während Rainer Schmitz, der den Hof in fünfter Generation von seinen Eltern übernommen hat, für die Tiere und ihr Futter sorgt, das er zu einem Großteil selbst produziert, ist die Käserei das Revier von Juliane Schmitz, das sie sich gemeinsam mit dem Hofladen 1995 eingerichtet hat. Hier zählt trotz moderner Gerätschaften vor allem Handarbeit und Sorgfalt. Auf Farb- und Konservierungsstoffe, Geschmacksverstärker oder künstliche Aromen verzichtet Juliane Schmitz völlig, denn die Rohmilch ist von so guter Qualität, dass es dann nur noch ein paar kreative Ideen, die richtigen Zutaten, Gewürze und Kräuter braucht, um köstliche Käsespezialitäten herzustellen. Die gelernte Krankenschwester eignete sich das Käsen auf einer Schweizer Alm, in einer Käserei in Burscheid und durch verschiedene Fortbildungen an, aber es ist auch ihre unermüdliche kreative Energie, die Jule's Käsekiste zum Schlemmerparadies für Käsefans macht.
Der Verkaufsschlager ist eine hierzulande bisher einzigartige Spezialität: Deutschlands erster Höhlenkäse! Er ruht in einem Nebengang der größten deutschen Tropfsteinhöhle, der Attendorner Tropfsteinhöhle im Sauerland (siehe auch S. 116/117). Bei konstanten 8 °C reifen die gelben, runden Käselaibe hier für etwa zwei Monate, bis sie ihren ganz individuellen Geschmack ausgebildet haben, den man in einem herkömmlichen Reiferaum nicht erzeugen kann.
Auch die übrigen Schnittkäse haben viel zu bieten, den Bergischen Bauernkäse gibt's u.a. mit Brennnesseln, Bockshornkleesamen, Bärlauch oder Basilikum und Peperoni, den „Olivia" mit grünen Oliven und Paprika (als Kuhkäse) bzw. mit schwarzen marokkanischen Oliven (als Ziegenkäse), das Räucher-

laibchen wird in Buchenholz geräuchert, „Signor Rossi“ präsentiert sich mit Tomate, Kräuter und Peperoni. Hinzu kommen, appetitlich im wiederverschließbaren Becher verpackt, Frischkäsespezialitäten mit Knoblauch, Kräutern oder Meerrettich, Köstlichkeiten wie der Ziegen-Topas mit Tomate oder Olive, die als „C'est Bon“ bezeichneten Frischkäsebällchen im Pistazienmantel, die in einer Öl-Pesto-Mischung baden, oder der Ziegen-Hirtenkäse „Rosalinde“. Den Rohmilch-Camembert „Ma Pit Blanc“ gibt es auch mit Pfeffer bzw. Knob- und Schnittlauch und als würzigen „Ma Pit Rouge“, sein Ziegenpendant zeigt sich unter dem Namen „Ma Felice“.

Auch etwas Süßes zum Dessert hat das Sortiment zu bieten, „Tropino“, einen Ziegenfrischkäse mit Papaya-Ananas, und „Va Bene“, ein schokoladiges Milchvergnügen. Wer jetzt Appetit auf die köstlichen Käsespezialitäten bekommen hat, sollte dem Hofladen einen Besuch abstatten, in dem auch ein Info-Film über die Arbeit mit den Tieren und das Käsen aufklärt. Außerdem ist das Sortiment der Käsekiste auf verschiedenen Wochenmärkten der Region zu finden (z. B. in Bonn, Siegburg, Köln), und es gibt zwischen Hannover und Freiburg einige Wiederverkäufer, die den Käse beziehen. Und zu guter Letzt kann man die Schnittkäse-Spezialitäten auch im Online-Shop direkt nach Hause ordern.

Ein tolles Angebot sind auch die käsigen Geschenkideen, wie individuell dekorierte Käselaibe oder der im „Überraschungskäse“ verpackte Geschenkgutschein!

Tipp: Sehr beliebt sind die buchbaren „Gaumenzauberabende“, an denen Jules Team ganz bequem bei Ihnen zu Hause das gesamte Sortiment vorstellt. Sie können schlemmen, bekommen interessante Tipps rund um den Käse und können schließlich Ihre persönlichen Highlights erwerben!

Giuseppe's L'Osteria

Giuseppe De Donatis und Carmen Poppitz

Tüschenbonnen 8
53804 Much-Tüschenbonnen

Telefon 0 22 95 / 90 99 81
Telefax 0 22 95 / 90 99 82

Ruhetag: Dienstag

Wer sich auf den Weg zur L'Osteria von Giuseppe De Donatis macht, der lernt das Oberbergische Land von seiner besten Seite kennen. Durch Zufall wird man die malerisch gelegene L'Osteria des Gastronomen aus Apulien allerdings nicht finden, man muss schon wissen, dass eines der besten italienischen Restaurants der Region im kleinen Dörfchen Tüschenbonnen – süd-östlich von Much – seine Heimat gefunden hat, umgeben von grünen Wiesen mit grasenden Pferden und träge dösenden Kühen, in der Kulisse der aufwändig und sehr stilvoll umgebauten ehemaligen Scheune eines Bauernhofes. Nachdem Giuseppe De Donatis lange Jahre in der Kölner Innenstadt bei einem sternegekrönten italienischen Restaurant gearbeitet und sich dann selbst in der Domstadt selbstständig gemacht hatte, zog es ihn vor einigen Jahren gemeinsam mit Ehefrau Carmen Poppitz „aufs Land" und im September 2003 schließlich nach Tüschenbonnen. Viele seiner Kölner Stammgäste sind ihm treu geblieben und verbinden heute das kulinarische Vergnügen mit einem

Ausflug ins Bergische Land, wo sie in Giuseppe's L'Osteria zugleich auch einen „Tag im Süden" genießen.
Man nimmt Platz in einem großzügig gestalteten Ambiente, das den Charakter der Scheune mit einem stilvollen gastronomischen Konzept verbindet, mit einer offenen Galerie und der sonnigen Terrasse mit Blick ins Oberbergische Land.
So bildet eine gelungene Mixtur aus mediterranem Lebensgefühl und bergischer Gemütlichkeit den Rahmen für die natürlich italienisch geprägte Speisenauswahl. Auch wenn Giuseppe De Donatis gern auf Produkte aus der Region zurückgreift, so sind es doch die Spezialitäten seiner Heimat, die seine Kompositionen bestimmen. Mit Blick für die Details überlässt der engagierte Koch die Qualität seiner Speisen nicht dem Zufall, das knusprige Brot, das zum Essen gereicht wird, backt er selbst, die Nudeln sind sämtlich hausgemacht, und die Kräuter für die aromatischen, lustvoll-leicht inszenierten Gerichte wachsen im eigenen Garten.
Die Klassiker der italienischen Küche, wie Vitello tonnato, Tiramisu oder Zabaione mit Früchten und Eis, entdeckt man in der kleinen, feinen Speisenauswahl ebenso wie Traditionelles von Leber in Butter und Salbei gebraten über Penne all'Arrabiata bis zur Lammkrone mit frischen Kräutern – selbstverständlich wird alles frisch und mit viel Liebe zubereitet.

Giuseppe De Donatis lässt sich gern beim täglichen Einkauf auf dem Markt vom saisonalen Angebot inspirieren und kreiert zusätzlich noch einige tagesaktuelle Gerichte, die Carmen Poppitz ihren Gästen mündlich ans Herz legt. Und diese vertrauen dem Einfallsreichtum des Küchenchefs nur zu gern und lassen sich dazu dann auch die illustren italienischen Weine – von Südtirol bis Sizilien – als optimale Begleiter der Gaumenfreuden offerieren.
Grund genug also für einen Ausflug „ins bergische Italien"! Am Wochenende ist eine Tischreservierung allerdings empfehlenswert.

Tagliatelle mit Gemüse- und Edelfischstreifen

Zutaten

300 g frische Tagliatelle
2 große Garnelen
200 g verschiedene Fischfilets (z. B. Dorade, Steinbutt)
200 g verschiedene Gemüse (z. B. Spinat, Zucchini, Karotten, Tomaten, Lauch)
100 ml Weißwein
100 ml Fischfond
4 EL Olivenöl
1 Knoblauchzehe
2 EL Butter
1 Bund Basilikum
Salz, Pfeffer

Zubereitung

Fischfilets in ca. 2 cm breite Streifen schneiden, Garnelen schälen und in 1 cm große Stücke teilen. Gemüse in feine Streifen schneiden. In einer großen Pfanne Olivenöl erhitzen, erst Knoblauch, dann Fisch zugeben, kurz anbraten, Gemüse hinzugeben, kurz anschwitzen und mit Weißwein ablöschen. Danach Fischfond zugießen, mit Salz und Pfeffer abschmecken.
Die Tagliatelle in reichlich Salzwasser al dente garen, abtropfen lassen und in die Fisch-Gemüse-Pfanne geben. Basilikum und Butter zugeben, gründlich durchschwenken und servieren.

FLEISCHEREI UND PARTY-FULL-SERVICE FEDDER

Auf den ersten Blick präsentiert sich die Fleischerei Fedder als typisch bergische Landmetzgerei. Eine appetitliche Frischtheke mit vielfältigen Wurstspezialitäten aus eigener Herstellung, Fleisch von Tieren der Region, an den Wänden die Zertifikate, die nicht nur die Qualität der Erzeugnisse, sondern auch die Kunstfertigkeit des Metzgermeisters Heinz Fedder bezeugen. Beim Anblick der vielen Pokale, allen voran der große silberne Europapokal eines internationalen Fachwettbewerbs, der für den guten Nuss-Schinken des Hauses verliehen wurde, wird allmählich klar, dass es sich hier um eine ganz besondere Fleischerei handelt. Wenn man dann noch weiß, dass der Party-Full-Service Fedder bis zu 2000 Personen je Veranstaltung bewirten kann, begreift man: Hier sind Profis am Werk, die vom Stammhaus in Much aus Spitzenevents in ganz Deutschland kulinarisch anspruchsvoll begleiten.
Aus der kleinen Fleischerei, die Heinz Fedders Großeltern 1889 in der Hauptstraße eröffneten, hat sich zwei Generationen später ein mittelständisches Unternehmen entwickelt, das noch immer komplett in Familienhand liegt. Seele des Hauses ist Dorothee Fedder, die ihren Mann überall unterstützt. Und mit Sohn Daniel tritt schon der nächste Fedder in die Fußstapfen seiner Vorväter. Trotz der Größe seines Betriebes kauft Heinz Fedder die Tiere, vor allem Rind, Schwein und Lamm, ausschließlich von Bauernhöfen der Region. So weiß er um Haltungsbedingungen und Fütterung. Die Tiere dürfen im Sommer auf den Wiesen des Bergischen Landes grasen und werden auch am Ende ihres Lebens würdevoll behandelt. Geschlachtet wird im eigenen Schlachthof – das ist Qualität, die man schmeckt und für die Heinz Fedder mit seinem Namen bürgt. Die meisten seiner Wurstsorten stellt der engagierte Metzgermeister selbst her, zu den Spezialitäten des Hauses gehören der „Mucher Knochenschinken", geräucherte Mettwürstchen, Fleisch- und Leberwurst, Salami und Presskopf. Auch Salate werden täglich frisch zusammengestellt und in der Kühlauslage appetitlich präsentiert.
Zum hervorragenden Geschmack tragen auch die hauseigenen Gewürzmischungen bei, die zum Teil nach alten, von Generation zu Generation weitergegebenen Rezepten, zum Teil aber auch nach neu entwickelten Ideen eingesetzt werden.
Als Heinz und Dorothee Fedder vor 30 Jahren den Betrieb übernahmen und den Party-Full-Service etablierten, konnten sie noch nicht ahnen, dass sie einmal zu den besten Caterern des Landes gehören und sogar einen Staatsempfang für den französischen Staatspräsidenten ausrichten würden. Nicht nur die Qualität ihres Angebots, auch die kulinarischen Leckerbissen werden auf Großveranstaltungen ausgelegt. Die „Fedder-Flotte" verfügt über Kühl- und Bierwagen, imposante Pagodenzelte, das nötige Service-Team, Mobiliar und die komplette Ausstattung inklusive der passenden Dekoration, um private und öffentliche Festlichkeiten, Firmenpräsentationen, Straßen- und Kinderfeste professionell auszustatten und exzellent durchzuführen.
Dabei gilt auch hier: beste Qualität aller Produkte, Innovation bei der Komposition der Gerichte, traditionelles Handwerk bei

Fleischerei & Party-Full-Service Fedder

Dorothee und Heinz Fedder

Hauptstraße19
53804 Much

Telefon 0 22 45 / 22 17
Telefax 0 22 45 / 53 62

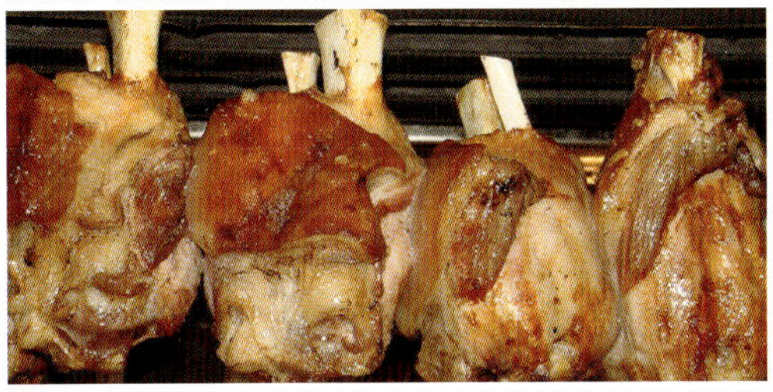

der Ausführung. Feinkostspezialitäten aus aller Welt werden zu höchst appetitlichen kalten Platten und Häppchenpyramiden, aufwändigen Themenbuffets und stilvollen Gala-Menüs verarbeitet. Zu den Catering-Highlights gehört unbestreitbar der beeindruckende Ochs am Spieß, der für 14 bis 16 Stunden gebraten und dann am Ort des Geschehens fertiggegrillt wird, wozu sich Gemüse und Kartoffeln aus der Riesenpfanne gesellen.

Wenn die Fedders also versprechen: „Lassen Sie Ihre Party-Träume Wirklichkeit werden!", so kann man sich diesen Profis mit gutem Gewissen anvertrauen. Schließlich vereint sich hier eine knapp 120-jährige Tradition mit viel Kompetenz und einem klaren Sinn für die Bedürfnisse anspruchsvoller Gäste im 21. Jahrhundert.

NÜMBRECHTER KUR GMBH

Nümbrechter Kur GmbH

Lindchenweg 1
51588 Nümbrecht

Telefon 0 22 93 / 9 09 48-0
Telefax 0 22 93 / 9 09 48-9

Nur 15 Kurorte in Deutschland dürfen sich als „Heilklimatischer Kurort der Premium-Class" bezeichnen, ausgezeichnet für ihre besonderen Anstrengungen im Bereich der Urlaubs- und Umweltqualität. Der beschauliche Kurort Nümbrecht im Herzen des Oberbergischen Lands gehört zu dieser Heilklima-Elite und lädt mit seiner „Champagner-Luft" zur „Bewegung im Heilklima". So kann, wer sich auf einen der insgesamt 300 Kilometer umfassenden Wanderwege oder auf einen Spaziergang durch den Kurpark mit seinem sehenswerten Säulenbrunnen begibt, Gesundheit förmlich „atmen". Außerdem gilt die renommierte Rhein-Sieg-Klinik als empfehlenswerte Rehabilitationsklinik für die Bereiche Orthopädie und Neurologie. Abseits des modernen Kurbetriebs verweist Nümbrecht mit vielen historischen Sehenswürdigkeiten auf seine 875-jährige Geschichte. Während der pittoreske Ortskern mit seinen denkmalgeschützten Fachwerkbauten und der über 1000-jährigen Schlosskirche auf sich aufmerksam macht, thront Schloss Homburg mit stolzer Würde auf einer bewaldeten Anhöhe etwas außerhalb der Altstadt. Die einstige Höhenburg der Grafen von Sayn wurde 1276 erstmals urkundlich erwähnt. Im Laufe der Jahrhunderte verwandelte sich die wehrhafte Burg mit den steigenden Komfortansprüchen ihrer Herren in ein prächtiges Barockschloss, das in seinen ehrwürdigen Räumen das kulturhistorische Museum des Oberbergischen Kreises mit Exponaten, Mobiliar und Alltagsgegenständen birgt, die vom herrschaftlichen und bürgerlichen Leben vergangener Jahrhunderte berichten – von Münzen, Waffen und Jagdtrophäen über Spielzeug und die große Burgküche bis zur naturkundlichen Ausstellung zur Flora und Fauna der Region im Wandel der Zeiten. Am Parkplatz des Schlosses beginnt ein abwechslungsreicher Naturerlebnispfad, der den großen und kleinen Besuchern auf den drei Rundwegen – dem Wander-, dem Lern- und dem Klangpfad – viel Interessantes über die Oberbergische Kulturlandschaft vermittelt.
Die Vergangenheit wird im Rahmen des „Mittelalterlichen Burgmarkts" im Schlosshof lebendig, des Weiteren finden im Schloss das ganze Jahr über zahlreiche Kulturevents, z. B. das „Klassik-Open-Air" im Sommer, statt.
Die historische Holstein's Mühle am Fuße des

Schlosses ist das älteste erhaltene Gebäude des Oberbergischen Landes, die einstige Mehl- und Sägemühle wurde im 13. Jahrhundert gleich neben einer frühen Wasserburg der Grafen von Sayn erbaut (siehe auch S. 70). Sportive Gäste können sich in und um Nümbrecht vielfältig betätigen. Drei Themen-Radwandertouren – die Fachwerk-, die Höhen- und die Familienroute – führen auf 13 bis 40 Kilometern rund um die Gemeinde. Der Golf-Park Nümbrecht bietet mit seinem 9-Loch-Platz Spaß und Spiel für jedermann (Golfschule für Einsteiger). Und wer den hölzernen Aussichtsturm auf dem „Lindchen" erklimmt, genießt aus 30 Metern Höhe einen wunderbaren Panoramablick, bei gutem Wetter sogar bis zum Sieben- und zum Rothaargebirge. Rund um Nümbrecht lohnen Abstecher in einige der insgesamt 91 Dörfer, die zur Gemeinde Nümbrecht gehören. Zum Beispiel nach Benroth, ins „Ökologische Dorf der Zukunft", ins schöne Fachwerkdorf Bruch oder zu den „Golddörfern" Marienberghausen und Heddinghausen, die gemeinsam mit Nümbrecht den Wettbewerb „Unser Dorf soll schöner werden" bereits viermal gewannen. Das absolute Highlight eines Nümbrecht-Besuch ist aber die Fahrt mit der historischen Postkutsche (ein Originalnachbau der kaiserlichen Postkutsche von 1871), die von Mai bis September am Wochenende und an Feiertagen regelmäßig die Strecke Nümbrecht-Wiehl zurücklegt und an insgesamt acht Stationen Halt macht.

Wenn man so in dem schwarz-gelben Schmuckstück, gezogen von zwei geduldigen Rössern, durch die idyllische Landschaft zuckelt und der Postillion ins Horn bläst, fühlt man sich in frühere Jahrhunderte zurückversetzt ...

HISTORISCHE HOLSTEIN'S MÜHLE

Historisches Holstein's Mühle

Historische Holstein's Mühle
Lieselotte Koch

Am Fuße von Schloss Homburg
51588 Nümbrecht

Telefon 0 22 93 / 69 56
Telefax 0 22 93 / 10 22

Ruhetag: Montag

Historische Mühlen gibt es so einige im an Bächen, Seen und Flüssen reichen Oberbergischen Land. Die Holstein's Mühle in Nümbrecht gehört zweifelsohne zu den schönsten. Noch bis 1969 war die Mehl- und Sägemühle in Betrieb und gehörte – wie Schloss Homburg, zu dessen Füßen die Mühle zu finden ist – den Fürsten Sayn-Wittgenstein-Berleburg. Dann nahm sich die

Familie Koch, die auch das Hotel Zur Post in Wiehl betreibt, dem unter Landschaftsschutz stehenden Anwesen an und verwandelte es in ein Kleinod der Mühlenromantik, das heute mit einem urgemütlichen Restaurant sowie reizvollen Gästezimmern zum Verweilen einlädt.

Beim Umbau hat man auf die Wahrung des Charakters des historischen Gebäudes, das zu den ältesten Bauwerken des Homburger Landes gehört und auf den Fundamenten einer mittelalterlichen Wasserburg erbaut wurde, sorgsam geachtet. Überall sind noch die Reminiszenzen an den Mühlenalltag zu bewundern. Man nimmt Platz im alten Sägewerk oder in der alten Mehlmühle, umgeben von altem Arbeitsgerät – Treibriemen und Sägegatter, Schrotmühlensockel und Walzenstühle – und natürlich klappert auch noch das alte Mühlrad seine „Mühlen-

musik“ zu den kulinarischen Genüssen des Hauses, die eng mit der Oberbergischen Heimat verwoben sind. Dazu gehören natürlich die Oberbergische Kaffeetafel mit allem Drum und Dran, Bergische Waffeln und Speckpfannekuchen. Zum Kaffee gibt es selbstgebackenen Kuchen und Apfelstrudel aus dem Alten Backhaus der Mühle, in dem auch das beliebte Mühlenbrot gebacken wird.
Da die Mühle mitten im fürstlichen Revier liegt, stehen auch köstliche Wildgerichte zur Auswahl, z. B. das Wildragout „Forstmeister Art“ mit Waldpilzen, Schattenmorellen, Williamsbirne mit Preiselbeeren und Kartoffelkrusteln oder der feine Wildschweinschinken, der ebenso wie der Mühlenschinken aus dem hauseigenen Räucherofen kommt. Auch die rustikale Suppe nach überliefertem Rezept oder die Forelle „Müllerin Art“ aus dem Mühlengewässer stellen die Vielfalt der Oberbergischen Küche unter Beweis. Der kleine Verkaufsladen im Eingangsbereich bietet viele Schmankerln aus der Mühlenküche feil.
Die Spezialität des Hauses ist das so genannte „Oberbergische Herdplattenfleisch“, bei dem ein Rump- oder Filetsteak auf einer heißen Eisenplatte aufgetragen wird, das sich der Gast dann selbst am Tisch zubereitet. Das eigens dafür angefertigte Holztablett verfügt auch über kleine Vertiefungen für die Gewürze und Töpfchen, die Sahnemeerrettich und Kräuterbutter als Zutat offerieren. Serviert wird das Ganze mit Pommes frites und einem frischen Salat. Um 18 Uhr schließt die Holstein's Mühle für Besucher ihre Tore. Nun können Gruppen und Festgesellschaften die Mühle erobern, ob sie nun zur Hochzeit, zum Geburtstag oder anderen Anlässen hier zusammenkommen. Dabei steht das gesamte Areal zur Verfügung, die Gasträume samt Terrasse und auch die beiden Seen – idyllische Plätzchen gibt es genug und das Team um Lieselotte Koch bewirtet seine Gäste allerorts mit viel Herzlichkeit und Charme.
Für Gruppen gibt es besondere Angebote: das mittelalterliche Rittermahl mit Spanferkel vom Grill, das zünftige Festgelage mit Gauklern und Fanfarenmusik sowie einem rustikalen mittelalterlichen Buffet oder der Schweizer Spezialitätenabend „Auf den Spuren von Wilhelm Tell“, der sogar zum Armbrust-Wettschießen lädt.
Für die Nacht stehen dann 14 romantische Zimmer zur Verfügung, die mit Bauernmöbeln, karierten Bettbezügen und z. T. sogar mit Himmelbett für Verzückung sorgen. Gründe zum Verweilen gibt es viele. Die Mühle liegt mitten in einem romantischen Waldgebiet, das man erwandern kann; der Fernwanderweg X11 führt ebenfalls direkt am Haus vorbei. Schloss Homburg mit seinem Museum und dem Barockgarten sind nur zehn Gehminuten entfernt und im Sommer hält am Wochenende sogar die historische Postkutsche direkt vor der Mühlentür.

WOLFRAM BERGE – DELIKATESSEN & GESCHENKE

Wolfram Berge – Delikatessen & Geschenke

Wolfram und Helga Berge

Alfred-Nobel-Straße 1
51588 Nümbrecht-Breunfeld

Telefon 0 22 93 / 30 60
Telefon Ladengeschäft 0 22 93 / 3 06 39
Telefax 0 22 93 / 74 61

Montag geschlossen

Das Schlaraffenland liegt in Nümbrecht! Jedenfalls kommt das Delikatessen & Geschenkehaus von Wolfram und Helga Berge der Vorstellung des sagenhaften Schlemmerlandes ziemlich nahe, denn hier gibt es auf einer Verkaufsfläche von 500 Quadratmetern alles, was das Feinschmeckerherz begehrt. Wenn man also ist, was man isst, wie das Sprichwort sagt, dann sind Wolfram und

Helga Berge sowie ihre Kunden ganz besondere Menschen, denn sie wollen nichts Geringeres als das Beste.

Wolfram und Helga Berge sind beide gelernte Lebensmittelkaufleute. Im Nachkriegsdeutschland haben sie den Beruf von der Pieke auf gelernt und 1960 den Sprung in die Selbstständigkeit gewagt. 1962 – mit der Übernahme des in Köln seit 75 Jahren bestehenden Delikatessengeschäftes Peter Adolphs – begann der Aufstieg in die Sphären kulinarischer Genüsse. Die sehr anspruchsvolle Kundschaft, zu der unter anderem auch der damalige Wirtschaftsminister und spätere Bundeskanzler Ludwig Erhard zählte – seine Lieblingsspezialität: Westfälischer Knochenschinken, von Hand geschnitten, nicht zu dünn und mit üppigem Fettrand –, konnte unter einer Vielzahl hausge-

machter Salate, Braten und vieler anderer Delikatessen wählen. Mit den Jahrzehnten entwickelte sich das Importgeschäft – Köln als Standort musste wegen steigender Mieten aufgegeben werden – und 1987 wurde in Nümbrecht der Grundstein für das heutige Unternehmenshaus gelegt. Dem Charakter des Bergischen Landes angepasst und geplant von dem hiesigen Architekten Hein, entstand ein Gewerbebetrieb, in welchem heute 50 Mitarbeiter dafür sorgen, dass über 2000 Kunden in Deutschland und Europa aus einem Sortiment von 3000 Feinkostartikeln wählen können.
Treffpunkt für Gourmets aus dem Oberbergischen und Bergischen Land sowie aus dem weiteren Umkreis ist das angegliederte Delikatessen- und Geschenkehaus. Hier finden die Besucher Produkte, die es eben nicht in jedem Supermarkt gibt, und verstehen sehr schnell die Hausphilosophie: „Das Leben wird durch gutes Essen erst schön!" Je nach Jahreszeit wird stimmungsvoll die gesamte Verkaufsfläche dekoriert: im Winter

Ziegenfrischkäse mit Feigensenf-Vinaigrette im Salatbett

Zutaten
400 g Ziegenfrischkäse
(aus 100 % Ziegenmilch)
1 Zucchini
bunte Salatblätter
100 g Tessiner Feigensenfsauce
50 ml mildes Olivenöl
1 EL weißer Balsamico
1 EL Wasser
1/2 Tomate
reichlich frischer Kerbel
1 Prise Salz

Zubereitung
Die Feigensenfsauce mit dem Olivenöl sehr cremig rühren. Anschließend den Balsamico und das Wasser hinzufügen und alles zusammen gut vermischen. Die Tomate entkernen und in sehr kleine Würfel schneiden, den Kerbel zupfen und fein hacken und zu der Feigensenfvinaigrette geben. Mit etwas Salz abschmecken.
Die Zucchini der Länge nach in dünne Scheiben schneiden und an beiden Enden leicht einschneiden, um sie anschließend zu einem Ring zusammenzusetzen. Zum Anrichten den Ring mit dem Ziegenfrischkäse füllen und in die Mitte des Tellers setzen, Salatblätter darum anrichten. Zum Schluss den Ziegenfrischkäse mit der Feigensenfvinaigrette übergießen.

Berge's
200
200g
Fruchteinwaage: 100g
51588

Miel

mit Christrosen und später mit Narzissen und Krokussen, der Frühling kommt mit Tulpen, gefolgt vom Sommer mit Rosen, Lavendel und Oliven, herbstlich zeigen sich die Räumlichkeiten mit Früchten und Maronen und der krönende Abschluss ist ab November die weit über die Region hinaus bekannte üppige Weihnachtsdekoration. In den Monaten November und Dezember erstrahlt das Haus Berge in einem besonderen Lichterglanz, dem sich kaum ein Besucher entziehen kann. An der kleinen Bar einen Espresso oder einen Cappuccino genießen oder am Kamin bei einem hausgemachten Punsch und Weihnachtsgebäck für Augenblicke die hektische Zeit vergessen ... so macht Einkaufen noch Freude. Finden Gourmets in den Herbstmonaten sicherlich viele Höhepunkte, so bietet das Haus Berge auch während des Jahres viele Anlässe, bei denen Freunde der gehobenen Küche begeistert sind. Ein geschmackvoll gestalteter kulinarischer Kalender, der Anfang des Jahres an über 1000 eingetragene Stammkunden verschickt wird, gibt die Termine für besondere kulinarische Höhepunkte bekannt.
Dass ein „Captain's Table" nicht unbedingt auf dem Ozean stattfinden muss, wissen inzwischen viele Gäste. Dass Rosen & Karibik wunderbar zusammenpassen, genießen im Juni sehr viele Kunden. Halali & Waidmannsheil im Oktober vereint die Liebhaber der Wildgerichte – und im November gibt es Köstlichkeiten rund um die Gans.
Kleine Geschenke erhöhen die Freundschaft – große vertiefen sie. Das Haus Berge ist im nahen wie im weiten Umkreis für seine besonders geschmackvoll gestalteten Präsente bekannt. Ob für den kleinen oder großen Anlass, hier findet man das passende Geschenk. Will man es persönlich überreichen, wird es natürlich auch mit frischen Produkten arrangiert. Viele kulinarische Grüße aus Nümbrecht werden in die ganze Welt verschickt, und die liebevoll verpackten Geschenke, oft im Auftrag von oberbergischen Firmen – viele hundert Stück –, kommen überall immer sehr gut an.
Nebenbei sei da noch bemerkt: Wolfram und Helga Berge kreieren Produkte, die schon in manchem Haushalt Einzug gehalten haben und viele Gourmets erfreuen. Sie sind beispielsweise Produkt-Ideengeber für die mittlerweile sehr bekannte Original Tessiner Feigensenfsauce, als No.1 in Deutschland bekannt.
Ein Besuch im Haus Berge ist ein Erlebnis – lassen Sie sich überraschen.

Kalbshaxe an Steinpilzpolenta

Zutaten
1 Kalbshaxe
3 Möhren
3 Stangen Staudensellerie
1 Zwiebel
2 Knoblauchzehen
300 ml Rotwein
Olivenöl
1 kleine Dose Tomaten
1 Bund Petersilie
1 Beutel Berges Tessiner Steinpilzpolenta

Zubereitung
Das Gemüse und die Zwiebeln putzen bzw. schälen und in kleine Würfel schneiden, den Knoblauch schälen und fein hacken. Die Kalbshaxe mit Salz und Pfeffer würzen und in einem Bräter mit Olivenöl rundherum braun anbraten. Dann herausnehmen und das Gemüse mit den Zwiebeln und dem Knoblauch im Bratensatz anbraten. Mit Rotwein ablöschen und leicht einkochen lassen. Nun die Tomaten hinzufügen und alles mit Salz und Pfeffer abschmecken. Die Haxe in die Gemüsesauce legen, eventuell noch etwas Wasser angießen und zugedeckt ca. 3,5 bis 4 Stunden langsam schmoren. Die Haxe gelegentlich drehen und die Flüssigkeit kontrollieren. Die Kalbshaxe ist fertig, wenn das Fleisch vom Knochen fällt. Die Polenta nach Anweisung zubereiten und mit der in Scheiben geschnittenen Kalbshaxe anrichten. Anschließend mit fein gehackter Petersilie bestreuen.

HOTEL & RESTAURANT BIERENBACHER HOF

Das romantische Bierenbachtal – zwischen Nümbrecht und Wiehl – ist die Heimat des stattlichen „Bierenbacher Hofs“, ein historisches Fachwerkjuwel aus dem 18. Jahrhundert, das sich im Inneren als komfortables 3-Sterne-Haus mit viel Charme präsentiert. 1999 nahm der Koch und Hotelkaufmann Wilfried Orth die Geschicke des Hauses in seine erfahrenen Hände und entwickelte mit zukunftsweisendem Blick für die Bedürfnisse des Marktes ein vielfältiges Angebot, das gleich mehrere Zielgruppen anspricht. So sind es in der Woche vor allem Businessgäste, die hier die optimalen Voraussetzungen für professionelles Arbeiten finden: fünf mit dem nötigen Equipment ausgestattete helle Seminarräume, diverse Sportmöglichkeiten bis hin zum Outdoor-Training im nah gelegenen Hochseilklettergarten – und natürlich auch ein umfassendes kulina-

Hotel & Restaurant
Bierenbacher Hof
Wilfried Orth

Schlenke 3
51588 Nümbrecht-Bierenbachtal

Telefon 0 22 93 / 30 70
Telefax 0 22 93 / 3 07 99

risches Gesamtangebot, das vom Snack in der Kaffeepause bis zum 5-Gang-Menü reicht.
Und des Nachts begibt man sich in komfortablen Zimmern zur Ruhe, die mit einem weiten Blick in die idyllische Natur begeistern. Sie sind auch ein behagliches Zuhause auf Zeit für die Kurzurlauber, die dann am Wochenende die Geschäftsgäste ablösen und sich in der hauseigenen Sauna und im Solarium entspannen, auf der Kegelbahn vergnügen oder mit einer Massage oder Kosmetikbehandlung verwöhnen lassen.
Der oft gelobte herzliche und zuvorkommende Service des engagierten Teams um Wilfried Orth geht einher mit einer gutbürgerlichen Küche, die viele regionale Klassiker bereithält, aber auch mit mediterranen, kreativen Fischgerichten, die täglich frisch auf den großen Tafeln im Restaurant empfohlen werden, auf sich aufmerksam macht. Bekannt ist der Bierenbacher Hof vor allem für seine vielfältigen Rumpsteak-Variationen, die auch mal in ungewöhnlichen Kombinationen, z. B. mit Räucherlachs und Meerrettich-Sahne, mit Pfeffer-Senfkruste oder mit Tomate und Mozzarella überbacken, auftreten.
Man speist im Restaurant, der rustikalen Schänke, im schönen Fachwerkzimmer oder im Panoramazimmer, das mit seinen großen Glasfronten seinem Namen alle Ehre macht. Hinzu kommen der große Bankettsaal mit eigener Terrasse für größere Festgesellschaften, die urige Grillhütte für ungestörtes Beisammensein im weitläufigen Garten und die Tanzbar im Keller, die Wilfried Orth am Freitagabend zur Disco mit Musik der 80er und 90er Jahre umfunktioniert.
Der engagierte Gastronom ist stets bemüht, für seine Gäste das ganze Jahr über ein attraktives Angebot zusammenzustellen. Und so vergeht kein Monat, in dem nicht mindestens ein Highlight die Menschen in den Bierenbacher Hof zieht, mal ein Sommerfest mit Barbecue im Garten, mal Mottoabende mit fantasievollen Spezialitäten-Buffets, der obligatorische „Tanz in den Mai", die beliebte Nikolaus- und die große

Silvesterparty sowie die „etwas andere" Weihnachtsfeier am 1. Samstag im Dezember, bei der mit Speis & Trank, Musik & Tanz in den Advent hineingefeiert wird.

Topfenknödel

Zutaten (für 6 Personen)
1 kg Quark
120 g Zucker
40 g Butter
Mark 1 Vanilleschote
3 Eigelb
40 g Grieß
70 g Brösel
1 Prise Kardamom
Abrieb von Orange und Zitrone
1 Prise Salz
1 EL Zucker

Zubereitung
Quark gut ausdrücken, bis er trocken ist. Dann in eine Schüssel geben und mit allen Zutaten gut vermengen. Wasser mit Salz und Zucker zum Kochen bringen, dann bei kleiner Hitze nur noch sieden lassen. Aus der Quarkmasse kleine Kugeln formen und ca. 8 Minuten im heißen Wasser sieden lassen. Herausnehmen, auf Küchenpapier abtropfen lassen und dekorativ anrichten.

HOTEL-RESTAURANT ZUR ALTEN POST

Hotel-Restaurant Zur alten Post

Reiner Schmidt

Humperdinckstraße 6
51588 Nümbrecht-Marienberghausen

Telefon 0 22 93 / 91 18-0
Telefax 0 22 93 / 91 18-18

Ruhetag: Montag

Tradition und mehr ... das beschreibt die Gastronomiegeschichte der Familien Stöcker und Schmidt, die seit über 150 Jahren in der einstigen kaiserlichen Postagentur und Dorfkneipe und dem heutigen Landgasthaus ihre Gäste willkommen heißen.

Vor der Einkehr lohnt ein Spaziergang durch das idyllische Dorf Marienberghausen, das mit seinem typisch bergischen Ortsbild – viel Fachwerk und Schiefer, grüne Schlagläden, Kopfsteinpflaster und gepflegte Vorgärten – schon zweimal zum „schönsten Dorf Deutschlands" gekürt wurde! Wer ein wenig an diesem idyllischen Ort verweilen möchte, den laden 16 moderne, komfortable Hotelzimmer zur geruhsamen Nacht.

Reiner Schmidt, der heutige Hausherr der „Alten Post", führt das Hotel-Restaurant in nunmehr fünfter Generation gemäß der alten Familientradition: „Ein jeder Gast ist willkommen!"

Der Wanderurlauber findet das Gasthaus im Qualitätsgastgeberverzeichnis „Wanderbares Deutschland", dem Seminarteilnehmer steht ein Schulungsraum mit allen technischen Voraussetzungen zur Verfügung, der regionale Gast entdeckt alte Zeiten mit modernen Einflüssen.

Die urige Poststube ist der richtige Platz für einen zünftigen Schluck und Treffpunkt für das örtliche Vereinsleben (seit 1854 z. B. Vereinslokal des MGV 1854 Marienberghausen).
In Restaurant und Wirtsstube lässt man sich von Küche und Keller verwöhnen. Als Mitgliedsbetrieb der Initiative „Bergische Gastlichkeit" hat man sich vor allem klassischen bergischen Gerichten verschrieben. So zeigt die Karte ein genussvolles Stück Heimat, mit Klassikern der westfälischen und rheinischen Küche wie Dicke Bohnen mit Mettwurst und Speck, Kartoffelsuppe, frischen Reibekuchen, Himmel un Äd, Sauerbraten und Bergischem Geschnetzelten.
Doch Reiner Schmidt schaut auch gern mal über den heimischen Tellerrand hinaus, hüllt Lachsfilet in Frühlingsrollenteig, bietet hausgemachte Antipasti an oder variiert seine Fischgerichte mediterran oder exotisch.
Ein am Gast orientiertes Programm wird nach individuellen Wünschen, den Jahreszeiten und ausführlicher Beratung zusammengestellt – von A wie Aperitif bis Z wie Zwiebelkuchen.
Einmal im Monat lädt das große Sonntagsbuffet, das sich den Köstlichkeiten der Saison widmet, zum Schlemmerfest. Und am Jahresende bittet Reiner Schmidt zum festlichen Silvesterabend mit einem umfangreichen Spezialitätenbuffet.
Das Hotel-Restaurant Zur alten Post birgt übrigens ein ganz bedeutendes Schmuckstück: ein altes Klavier, auf dem der berühmte Engelbert Humperdinck – Komponist der Märchenoper Hänsel und Gretel – bei der Rast von seinen Wanderungen rund um Marienberghausen gespielt hat.

Bergisches Geschnetzeltes

Zutaten (für 1 Person)
180 g Schweinefiletstreifen
Butterschmalz
1 EL Zwiebelwürfel
1 EL Speckwürfel
50 g geräucherte Mettwurst, in Scheiben
100 ml braune Grundsauce
100 ml Crème fraîche
frische Kräuter
Salz
weißer Pfeffer

Zubereitung
Schweinefiletstreifen mit Salz und Pfeffer würzen, in Butterschmalz von allen Seiten anbraten, dann aus der Pfanne nehmen und warm stellen. In der gleichen Pfanne Zwiebeln, Speck und Mettwurst glasig werden lassen, mit der braunen Grundsauce ablöschen, Crème fraîche und Kräuter hinzufügen und mit Salz und Pfeffer abschmecken.
Schweinefiletstreifen wieder hinzugeben und alles noch einmal aufkochen lassen.
Dazu passen frische Reibekuchen, Spätzle oder Salzkartoffeln sowie ein frischer Marktsalat.

CAFÉ RESTAURANT TIFFANY

Wer kennt ihn nicht, den romantischen Film mit Audrey Hepburn, der auf einer berühmten Kurzgeschichte von Truman Capote basiert – „Frühstück bei Tiffany". Nun, in Nümbrecht kann man tatsächlich bei Tiffany frühstücken. Nämlich im Café gleichen Namens direkt am beschaulichen Kurpark des heilklimatischen Kurorts.
Den Namen haben Andrea und Jürgen Müller beibehalten, als sie 1996 die Leitung des Cafés übernahmen, auf die ebenso witzige wie treffende Idee zum „Frühstück bei Tiffany" sind sie selbst gekommen. Gleich acht verschiedene Frühstücksangebote gehören zum ersten kulinarischen Highlight des Tages, vom Postkutscher-Frühstück, eine Reminiszenz an die historische Postkutsche von Nümbrecht, mit herzhaften Bratkartoffeln und Spiegeleiern bis zum umfangreichen Schlemmer-Frühstück mit allem Drum und Dran von süß bis herzhaft.
Am Mittag bereitet Jürgen Müller die Klassiker der bergischen Küche für seine Gäste zu: Reibekuchen in vier verschiedenen Variationen – mit Apfelmus, Vollkornbrot und Butter, wie es hierzulande üblich ist, aber auch mit Lachs, vegetarisch und mit Filet-Medaillons –, Oberbergische Kartoffelsuppe, die neben Speck, Zwiebeln und Petersilie sogar noch eine Sauerländer Bockwurst birgt, das Nümbrechter Postkutscher-Schnitzel mit Pilzrahmsauce oder die Bergische Bauernsülze mit Kräuterbratkartoffeln sind nur einige Beispiele für die einfallsreiche, saisonale Küche.
Fischfans kommen jeden Mittwoch und Donnerstag auf ihre Kosten, dann gibt's feine Gerichte rund um die Bewohner des Meeres. Welcher Fisch in Butter und Mandeln gebraten, gedünstet in Gemüse-Wein-

Café Restaurant Tiffany
Andrea und Jürgen Müller

Lindchenweg 1
51588 Nümbrecht

Telefon 0 22 93 / 39 94
Telefax 0 22 93 / 39 94

sud oder auf Finkenwerder Art mit Speckwürfeln, Tomaten und Zucchini-Streifen auf den Tisch kommt, entscheidet Andrea Müller spontan beim Einkauf auf dem Nümbrechter Wochenmarkt. Der Tiffany-Meeresfrüchteteller gehört hingegen immer zum festen Repertoire.

Am Nachmittag übernehmen dann die Spezialitäten von Konditormeister Jürgen Müller die Hauptrolle. Dazu zählen leckere Kuchen und feine Torten sowie Pralinen und Trüffel mit vielfältigen Geschmacksvariationen, mit Nougat, Mandelsplitter oder Marzipan, von denen eine ganze Reihe auch für Diabetiker geeignet sind.

Zu den beliebtesten Torten zählen die Herren-Weincreme- und die Spanische-Vanille-Torte, Frankfurter Kranz und der Klassiker, Schwarzwälder Kirsch. Weg wie warme Semmeln geht auch der leckere Pflaumenkuchen, der, wie alle Obstkuchen des Hauses, mit frischen Früchten aus der Region belegt wird. Den Rhabarber für die gleichnamige Sahnetorte ernten die Müllers sogar im eigenen Garten.

Je nach Jahreszeit kommen Muzenmandeln (Karneval), Neujahrsbrezeln (Silvester) und weihnachtliche Stollen und Gebäcksorten hinzu.

Während die „Bergische Kaffeetafel" nur auf Vorbestellung und ab zwei Personen serviert wird, duftet es jeden Tag verlockend nach Bergischen Waffeln. Puristen mögen sie nur mit Puderzucker, aber die Kombination mit heißen Pflaumen, Nougat-Krokanteis oder Sahne und Karamellsauce ist auch nicht zu verachten.

Um 18 Uhr schließt das Café Restaurant Tiffany seine Pforten. Ist das Wetter schön und verspricht laue Sommerabende, darf man aber auch noch ein wenig länger verweilen und sich dabei vielleicht schon wieder auf das nächste „Frühstück bei Tiffany" freuen.

Züricher Spitzen

Zutaten

150 g Butter
150 g Fondant (gibt's beim Konditor)
100 ml Kirschwasser
200 g Vollmilchkuvertüre
200 g Zartbitterkuvertüre

Zubereitung

Butter und Fondant mit dem Kirschwasser über dem heißen Wasserbad auflösen, Kuvertüre klein gehackt unterziehen, bis eine cremige Masse entsteht. Die Masse über Nacht erkalten lassen, am nächsten Tag kurz aufschlagen. In einen Spritzbeutel füllen und kleine Tupfen auf ein Blech mit Backpapier setzen. Kalt stellen. Anschließend mit Zartbitterkuvertüre überziehen.

Klein, aber fein: Das gilt nicht nur für den Rahmen, sondern auch für das kulinarische Programm des Gourmet Inn. Das Restaurant am Stadtrand von Nümbrecht, unweit des Kurparks im „Well-fit-Haus" zu finden, bietet eine frische internationale Küche, die gern mit den Aromen und Produkten der Küchen dieser Welt spielt und sich besonders den mediterranen Stilelementen verschrieben hat. Man speist in einem leger inszenierten Ambiente, das mit einer Melange aus hellen Farben, warmem Holz und indirektem Licht sowie moderner Kunst an den Wänden auf sich aufmerksam macht und gut 30 Gästen Platz bietet, im Sommer ergänzt durch die sonnenverwöhnte Terrasse vor dem Haus. Unter der Ägide des Kochs Josef Lucic, der sich mit dem Gourmet Inn im Jahre 2002 zum ersten Mal selbstständig machte, hat sich das Haus unter Feinschmeckern des Bergischen und des Rheinlandes einen guten Namen erworben. Die Speisekarte bietet eine Reihe von südlich inspirierten Gerichten, die sich in ihrer Komposition nach der Saison und dem aktuellen Warenangebot richten. Dabei reicht die Auswahl vom klassischen Carpaccio mit Parmesan und dem Rinderfiletsteak an Gorgonzolasauce über tagesaktuell variierende Fischgerichte, wie z. B. Zander an Champagner-Kapernsauce, bis zum hausgemachten Eisparfait oder Tiramisu.

Josef Lucic zaubert aus den frischen Produkten, die ihm beim Einkauf begegnen, auch gern mal ausgefallene Kreationen wie Fenchelparfait, Spargelrisotto mit Schwertfisch oder Perlhuhnbrust in Schalotten-Thymiansauce. Individuelle Wünsche sind für ihn eine Herausforderung, bei der er seine ganze Kunstfertigkeit unter Beweis stellen kann.

Die Gäste verlassen sich gern auf seine Empfehlungen, den „Tipp des Tages", oder entscheiden sich am Freitag für das Überraschungs-Menü, das in drei Gängen manchen Gaumenkitzel bereithält. Dazu gibt es eine Weinempfehlung aus dem internationalen Sortiment des Hauses, das von Deutschland bis Australien, von Frankreich bis Südafrika reicht.

Restaurant Gourmet Inn

Josef Lucic

Bitzenweg 1b
51588 Nümbrecht

Telefon 0 22 93 / 90 91 10
Telefax 0 22 93 / 90 91 19

Ruhetag: Dienstag

FISCHFEINKOST KAREN MÖLZ

Als Karen Mölz vor 22 Jahren ihre Ausbildung zur Fischwirtin abschloss – übrigens damals als einzige Frau in Nordrhein-Westfalen – und das im Alpetal gelegene Familienunternehmen übernahm, war ihr bewusst, dass sie nur dann langfristigen Erfolg haben würde, wenn sie den Ab-Hof-Verkauf aufgab und stattdessen selbst zu ihren Kunden fuhr. So wurden aus den Forellenzuchtteichen, die ihre Eltern ab 1969 angelegt, bewirtschaftet und erweitert hatten, idyllische Zierteiche und Karen Mölz bot fortan neben hausgeräucherten Forellen auch zahlreiche Seefische an.
Vor allem Fische aus dem Atlantik und der Nordsee bestimmen das Sortiment, denn ihr Weg aus dem Meer bis ins Bergische Land ist kurz. Zweimal in der Woche wird die engagierte Fischspezialistin mit Frischfisch beliefert. Auch von der unweit gelegenen Lambachtaler Forellenzucht Kamp (siehe S. 88) reisen Forellen und Lachsforellen nach Alperbrück, die hier – so wie auch köstlicher Aal – im hauseigenen Räucherofen per Handfeuerung mit gutem Buchenholz ganze vier Stunden lang geräuchert werden.
In der appetitlichen Auslage ihrer Verkaufswagen bietet Karen Mölz auf 15 Wochenmärkten der weiteren Region neben Frisch- und Rauchfisch eine große Palette an Salaten und Marinaden an – und als leckeren Imbiss für die Mittagspause sogar frisch zubereiteten Backfisch im Bierteig. Je nach Saison kommen Maischolle, junge Matjes, die nach einem Rezept von Karen Mölz' Großmutter nach Hausfrauenart eingelegt werden, und Muscheln hinzu.
Für festliche Anlässe richtet Karen Mölz auf Bestellung köstliche Fischplatten mit ihren Spezialitäten an.
Unterstützt wird sie dabei von ihrem engagierten Verkaufsteam und Sohn Felix, der gerade seine Ausbildung zum Fischwirt begonnen hat und somit in dritter Generation die Geschichte des Familienunternehmens fortschreiben wird.

Fischfeinkost Karen Mölz
Karen Mölz

Alperbrück 25
51674 Wiehl

Telefon 0 22 62 / 94 66
Telefax 0 22 62 / 9 13 70

DIE BERGISCHE KÜCHE
– VON PILLEKUCHEN, POTTHUCKE UND PANHAS ...

Die Küche des Bergischen Lands wird geprägt vom Charakter seiner Landschaft: sattgrüne Wiesen, auf denen stattliche bergische Bullen und behäbige Milchkühe grasen, dichte, wildreiche Wälder, Flüsse, Bäche und Talsperren, in denen sich Forelle, Zander und Co. tummeln ... sie alle sind Teil des bergischen Genussprogramms und liefern die Basis für traditionsreiche Gerichte sowie ihre zeitgemäße, kreative Variation.
Zwei Initiativen haben es sich zur Aufgabe gemacht, die bergische Kulturlandschaft zu erhalten und zu fördern. Unter der Regionalmarke „bergisch pur“ werden ausschließlich heimische Spezialitäten angeboten, die im Bergischen erzeugt und verarbeitet werden: Rind- und Lammfleisch von Tieren, die hier geboren und aufgewachsen sind, artgerecht gehalten, gesund gefüttert und in der Region geschlachtet werden, Wild, Forellen und Käse, Apfelsaft und Mineralwasser.
Das sind die wohlschmeckenden Grundprodukte, mit denen die Küchenchefs der Region arbeiten. 39 von ihnen haben sich zur Initiative „Bergische Gastlichkeit“ zusammengeschlossen, die mit dem ovalen Wirtshausschild mit der Dröppelmina an der Tür auf eine authentische, regional geprägte Gastlichkeit verweist, die mit heimischen Gaumenfreuden zu überzeugen weiß.
Die Kartoffel steht im Mittelpunkt vieler typischer Gerichte der Region, so wie beim Pillekuchen, einer üppigen Variation des Kartoffelpfannkuchens. Bei der Potthucke vereinen sich geriebene Kartoffeln mit Zwiebeln, Eiern, Mehl, Mettwurst und Speck und werden im Ofen knusprig gebacken. Der Panhas, ein traditionelles Schlachtessen, bei dem man die Wurstbrühe mit Buchweizenmehl andickt und mit Fleisch- und Wurststücken stärkt, wird nach dem Stocken in Scheiben geschnitten und in reichlich Butter gebraten. Hinter der bergischen Kottenbutter verbirgt sich Schwarzbrot – das man zu fast jeder bergischen Speise, ob nun süß oder herzhaft, gereicht –, das mit Butter und geräucherter Mettwurst belegt und mit Zwiebeln und Senf dekoriert wird.
Das Bergische Land ist auch bekannt für seine süßen Leckereien – allen voran die Bergischen Waffeln mit Kirschen und Sahne, Pfannkuchen, der aber auch als herzhafter Speckpfannkuchen zu den Rennern gehört und Milchreis, der nicht nur zur Bergischen Kaffeetafel schmeckt – dem Klassiker der bergischen Küche schlechthin, dem auf Seite 25 ein eigenes Kapitel gewidmet ist.
Saisonale Schmankerln, wie die in heißem Öl ausgebackenen Muzemandeln zu Karneval oder Neujahrsbrezeln, die man in der Silvesternacht verspeist, begleiten die Menschen im Bergischen Land das ganze Jahr über kulinarisch.

TAPAS Y MÁS

Ein Abstecher nach Engelskirchen, in dessen „Weihnachtspostamt" jedes Jahr gut 100 000 Wunschbriefe eintreffen, die allesamt (!) beantwortet werden, gehört wegen des Rheinischen Industriemuseums in der ehemaligen Fabrik Ermen und Engels (vom Vater des berühmten Sozialisten Friedrich Engels gegründet) und der vollständig erhaltenen Villa Braunswerth, dem ehemaligen Wohnhaus der Familie Engels, mit ihrem kleinen Park unbedingt zu einem Besuch im Oberbergischen Land.

Nach dem Kulturprogramm empfiehlt sich die Einkehr ins „Tapas y más" von Gitta Quercia-Naumann, die hier ein Kleinod südlicher Lebens- und Genussfreude etabliert hat. Ihre Liebe zu Spanien entwickelte sich schon vor vielen Jahren und wird auch heute noch mit regelmäßigen Urlaubsreisen vertieft. So war es die logische Konsequenz, dass sich die engagierte Gastronomin, die seit ihrem 8. Lebensjahr begeistert kocht, vor 15 Jahren auf die spanische Küche und im Besonderen auf Tapas spezialisierte. Deren Reiz liegt in der hohen Qualität aller Grundprodukte, ihrer nachvollziehbaren Herkunft und den nordafrikanischen Einflüssen mit süßen Ingredienzien und exotischen Gewürzen. Schon wenige Zutaten genügen, um finessenreiche Köstlichkeiten von schlichter, aber ausdrucksstarker Präsenz zu entwickeln.
Gitta Quercia-Naumann präsentiert Tapas aus unterschiedlichen Landstrichen, aber auch kreative Eigenkompositionen wie Graupen mit Oliven und Orangen, Reissalat mit Minze und Rosinen, Wirsing mit Feigen, Chorizo und Zimt. Das Sortiment wechselt täglich, so dass sich der Gast beim nächsten Besuch schon wieder von Neuem durch das Angebot schlemmen kann. Angefangen bei Oliven und Kapernbeeren, Suppen und warmem Tomatenbrot über Tortillas und Salate bis zu Gambas in vielfältigen Varia-

Tapas y más – Restaurant, Feinkost, Catering & Vinothek
Gitta Quercia-Naumann

Märkische Straße 41
51766 Engelskirchen

Telefon 0 22 63 / 80 18 99
Telefax 0 22 63 / 95 15 18

tionen, Chorizo (Paprikawurst), Pata negra (Schinken des schwarzen Hausschweins) und Pimientos con Nata (milde Paprikacreme), Boquerones (eingelegte Sardinen), Datteln im Serranomantel und, und, und.
Natürlich gibt es auch Paella, das traditionelle spanische Reisgericht, das stilecht in der Pfanne auf den Tisch kommt. Und unbedingt ein Plätzchen für die Desserts reservieren, Flan, Crema Catalana oder Gató, den mallorquinischen Mandelbiskuitkuchen.
Die dazugehörige Getränkeauswahl – ca. 70 verschiedene Weine, Bier, Cava und Sangria, Sherry, Port und Brandy – stammt aus Spanien oder Portugal und ist auch in der Vinothek „Don Bernardo" zu erwerben, die sogar als eines der 60 besten Fachgeschäfte für Sherry eingestuft wurde.
Neben Tapas, Käse, Schinken- und Wurstspezialitäten hält der Feinkostbereich des Hauses auch Sherryessig und edle Öle, Meersalz, Oliven, Kapernbeeren, Senf und Paellareis vor – fürs professionelle Nachkochen zu Hause. Klappt das nicht so gut, kommt Gitta Quercia-Naumann gern als Mietköchin ins Haus oder begleitet Festlichkeiten im Rahmen ihres Catering-Service mit ihren mediterranen Gaumenfreuden.
In regelmäßigen Abständen lädt die Gastgeberin außerdem zu interessanten Veranstaltungen ins Tapas y más, das kann eine Ausstellungseröffnung, ein Themenbrunch oder eine Weinprobe in der Vinothek sein. Fester Termin am Jahresende: das große Silversterbuffet, das Spanien einmal mehr kulinarisch auf den Tisch bringt.

Karamellisierte Paprika mit Gambas im Serranoschinkenmantel

Zutaten

je 3 rote und gelbe Paprika
Olivenöl
4 EL gehobelte Mandeln
4 EL Honig
Sherryessig
Salz
12 Gambas, mit Schale, gekocht
12 Scheiben Serranoschinken
1 Knoblauchzehe
Basilikumblätter, Ailoli

Zubereitung

Paprika in Olivenöl ca. 15 Minuten braten, salzen. Wenn sie weich sind, Mandeln, Honig und etwas Sherryessig zufügen, nochmals 15 Minuten garen. Abschmecken, gegebenenfalls mit Honig und Essig nachwürzen, etwas ziehen lassen. Gambas bis auf Kopf und Schwanz vorsichtig schälen, Darm entfernen. Mit Schinken umwickeln und in der Pfanne kross braten, eine gepresste Knoblauchzehe zufügen. Gemeinsam mit den Paprika anrichten, mit Basilikum und Aioli garnieren und mit geröstetem Landbrot servieren.

LAMBACHTALER FORELLENZUCHT & RÄUCHEREI KAMP

Lambachtaler Forellenzucht & Räucherei Kamp

Familie Kamp

Lambachtalstraße 58
51766 Engelskirchen-Oesinghausen

Telefon 0 22 61 / 7 27 84
Telefax 0 22 61 / 7 86 34

Die Forelle gehört zu den typischsten Spezialitäten des Bergischen Landes und ist von den Speisekarten dort gar nicht wegzudenken. Das ist durchaus kein Zufall. Der hügelige, waldreiche Landstrich bietet den zahlreichen Bächen viel Ruhe und Zeit, um sich mit natürlichem Sauerstoff anzureichern, den die Forellen für eine gesunde Entwicklung so dringend benötigen.

Der Name Kamp ist in der Region besonders bekannt für die Aufzucht und Weiterveredlung von Forellen. 1971 als Hobby begonnen, stellte Erich Kamp sechs Jahre später seinen Betrieb im idyllischen Lambachtal bei Engelskirchen auf den Vollerwerb um. Inzwischen haben seine Söhne Michael und Guido die Leitung übernommen, doch noch immer steht er ihnen mit Rat und Tat zur Seite. 2003 erwarb die Familie die Fischzucht Koppelweide in Wiehl, wo es ein weiteres Fischgeschäft gibt und ein schöner Angelpark zum beschaulichen Angeln in idyllischer Umgebung lädt.

Die Kamps betreuen ihre Tiere – Regenbogen-, Lachs- und Bachforellen – vom Ei bis zur Schlachtung. Zur Laichzeit im Winter schlüpfen die kleinen Forellen in eigenen Behältnissen mit Brunnenwasser, kommen dann in ihren „Kindergarten", den Brutteich, von wo aus sie in die Aufzuchtteiche überwechseln, bevor sie dann in die Mastteiche entlassen werden. Hier verbleiben die Forellen bis zu anderthalb Jahre, die Lachsforellen ein gutes Jahr länger und die Bachforellen sogar bis zu drei Jahre. Die naturbelassenen Erdteiche werden vom Lambach gespeist, der sich durch eine exzellente Wasserqualität mit hohem Sauerstoffgehalt auszeichnet. Pro Teich werden gerade so viele Tiere gehalten, dass der natürliche Sauerstoffgehalt des Felsquellwassers nicht beeinträchtigt wird. Wenn die Fische ihre Schlachtreife erlangt haben, kommen sie für zwei Tage in eine Anlage mit frischem Quellwasser, dann werden sie tagesfrisch – und nur auf Bestellung – für die Kunden verarbeitet.

Sämtliche Forellen werden zum einen frisch verkauft, im Ganzen, als Filet oder Steak, zum anderen als Räucherware angeboten. Dabei lassen sich die heiß geräucherten Forellenfilets von den kalt geräucherten Lachsforellen unterscheiden, die sich wie Räucherlachs im satten Rot präsentieren. Als weitere Delikatessen gibt es die Lachsforelle als Graved-Lachs-Variante, also in Kräutern mariniert, und die Forelle im Ganzen als süß-sauer eingelegte Bratforelle.

Auch Aale leisten den Forellen im Räucherofen Gesellschaft, sie kaufen die Kamps allerdings zu. Vor dem Gang in den Ofen werden die Fische für zwölf Stunden in eine spezielle Gewürzlake eingelegt, dann nach alter Tradition in einem so genannten „Altonaer Ofen" für mehrere Stunden mit frischem Buchenholz und Kräutern geräuchert.

Neben dem Verkauf ab Hof – der kleine Laden hat täglich außer sonntags geöffnet – arrangieren die Kamps auf Bestellung auch üppige Fischplatten mit einer Auswahl ihrer Köstlichkeiten. Auch zahlreiche Gastronomen der Region verarbeiten die hochwertigen Fische zu einfallsreichen Gerichten. Jeden Freitag ist die Lambachtaler Forellenzucht zudem auf dem Bauernmarkt in Düsseldorf-Bilk mit ihren Spezialitäten vertreten.

Die Fische können aber auch lebend den Hof verlassen. Die Kamps verkaufen sie zum einen an Teichbesitzer und Angler, zum anderen besetzen sie Flüsse, Bäche und Talsperren mit Jungfischen, um den Arterhalt gesunder Fische zu sichern. So tragen die Kamps auch zu einer nachhaltigen Bewahrung der Kulturlandschaft bei. Nicht ohne Grund ist die Forellenzucht der Vereinigung „bergisch pur" angeschlossen, die nur hochwertige Produkte aus dem Naturpark Bergisches Land empfiehlt, die zur Erhaltung der Kulturlandschaft beitragen und nicht zuletzt hohe Standards bei der Erzeugung bzw. Bewirtschaftung einhalten.

ARTGENOSSEN GMBH

artgenossen gmbh
landarthotel, café, bistro,
kulturwerkstatt

Pollerhofstraße 35-37
51789 Lindlar

Telefon 0 22 66 / 9 01 28-0
Telefax 0 22 66 / 9 01 28-99

Ruhetag: Montag

Die Art zu genießen, die Art zu wohnen und die Art und Weise, wie man Kultur mit beidem verbinden kann – das ist das Konzept der artgenossen gmbh in Lindlar mit den Geschäftsführern Ursula Neumann und Franz Hermann.
Herzstück in dem großen Jugendstilhaus ist das gemütliche Restaurant, der Schauplatz der innovativen Genießerküche, die eine abwechslungsreiche, geerdete Speisenauswahl einfallsreich inszeniert. Der Tag startet für die Hotelgäste mit einem großen Frühstücksbuffet, mittags gibt es ergänzend zur Speisekarte die „Künstlerspeisung", ein preiswertes Tagesgericht, am Nachmittag selbstgebackene Kuchen und Waffeln zu vielfältigen Tee- und Kaffeespezialitäten, und am Abend kann man dann schon mal ausgiebiger schlemmen.
Etwa vier- bis fünfmal im Jahr gibt es eine neue Speisekarte, alle zwei Wochen wechseln die aktuellen Empfehlungen, die dem saisonalen Angebot Rechnung tragen. Dabei sieht man gern über den bergischen Tellerrand hinaus und präsentiert eine illustre Vereinigung deutscher und mediterraner Kompositionen, die auch in der Weinauswahl ihre Entsprechung mit deutschen, italienischen, französischen sowie einigen spanischen Kreszenzen findet.
Als Mitglied von Slow-Food, dem weltweiten Zusammenschluss von Genießern, die Essen und Trinken als Kulturbegriff auffas-

sen statt als pure Nahrungsaufnahme, und der Initiative „bergisch pur“, die regionale Spezialitäten von kleinen Erzeugerbetrieben auf den Tisch bringt, zeigt das Haus Flagge für nachvollziehbar naturnahe Lebensmittel und den bewussten Umgang mit den Produkten der Heimat. Auch die Zugehörigkeit zu Viabono – dem Reiseportal für Naturgenießer, das einen ökologischen Tourismus fördert – ist bewusst gewählt.
Darüber hinaus lohnt es sich, ein wenig länger bei den „artgenossen“ zu verweilen. Denn die 13 Zimmer des Hauses tragen keine schnöden Nummern, sondern so romantische Namen wie „Zärtlicher kleiner Sprühregen“, „Alice im Wunderland“ oder „Hasenball im Alpenglühen“ und sind allesamt von Künstlern ganz individuell gestaltete und einzigartige Original-Kunstwerke, die zum Schauen und Träumen einladen. Des Weiteren bietet die Kulturwerkstatt des Hauses, organisiert von Gunhild Hermann, ein reges Programm mit Theater, Konzerten, Ausstellungen, Lesungen, Kleinkunst, Filmen und Performances. Wer sich von so viel Kunst inspirieren lässt, für den gibt es eine Reihe von Workshops zu den Themen Fotografie, Malerei, bildende Kunst, Bodypainting u. v. m.

An jedem letzten Freitag im Monat wird das Gesamtkonzept aus Kultur, Kunst und Kulinarik ganz besonders authentisch erlebbar. Dann nämlich heißt es: Künstler kochen für Künstler und andere Gäste. Mit besonderem Bezug zu ihren Werken, ihrer Heimat oder ihren Quellen der Inspiration kreieren die Maler, Bildhauer, Schriftsteller und Musiker auf ihre Arbeiten abgestimmte Speisen – lassen Sie sich überraschen!

Doradenfilet in Safransauce mit Gemüse

Zutaten

4 Doradenfilets à 100 g
4 Strauchtomaten
5 getrocknete Tomaten
1 Fenchelknolle
2 Bund Rucola
Saft einer Zitrone
100 ml süße Sahne
Safranfäden
Salz

Zubereitung

Rucola und Tomaten waschen und klein schneiden, getrocknete Tomaten in Streifen schneiden. Fenchelknolle in Streifen schneiden, blanchieren und in kaltem Wasser abschrecken, dann mit den getrockneten Tomaten in Butter andünsten, schließlich auch die frischen Tomaten und Rucola zufügen und alles noch einmal 2 Minuten ziehen lassen. Doradenfilets säubern, mit Zitrone säuern und salzen. Auf der Hautseite knusprig anbraten, umdrehen und nur noch gar ziehen lassen. Die Sahne einkochen, Safranfäden darin auskochen, leicht salzen und mit Zitronensaft abschmecken. Nun die Fischfilets mit dem Gemüse anrichten. Dazu passt Basmatireis.

WEIN & TEE BEI E.

Wein & Tee bei E. GbR

Elke Sachse

Kirchplatz 5
51789 Lindlar

Telefon 0 22 66 / 47 08 79
Telefax 0 22 66 / 47 08 86

und

Dr. Jörg Sachse

Bahnhofstraße 7
51674 Wiehl

Telefon 0 22 62 / 75 16 55
Telefax 0 22 62 / 75 16 54

Ruhetag: Sonntag

Wein & Tee – eine Kombination, die viel Genuss verheißt und die gut sortierten Ladengeschäfte von Elke Sachse – so erläutert sich auch das Initial im Firmennamen – und Dr. Jörg Sachse bieten davon in vielerlei Hinsicht eine große Auswahl. Nicht nur Wein und Tee sind hier zu finden – sie spielen aber die führende Rolle im Genussparadies im Herzen von Lindlar, das Elke Sachse seit Oktober 1996 betreibt, während Ehemann Dr. Jörg Sachse das im Jahr darauf eröffnete Ladengeschäft in Wiehl leitet. Die beiden Diplom-Ökonomen haben sich hier einen Traum erfüllt, der Hobby und Beruf, Passion und Interessen miteinander vereint. Sie haben als arrivierte Wein- und Teekenner ein anspruchsvolles Sortiment zusammengestellt, das den Menschen im Bergischen Land den Genuss in Flasche und Kanne näherbringen soll.
Die Weinauswahl hält über 500 verschiedene Weine der führenden deutschen und internationalen Anbaugebiete vor, wobei sich die durchschnittlichen Flaschenpreise erfreulicherweise unter der 10-Euro-Grenze bewegen. Der Schwerpunkt des internationalen Sortiments liegt bei Weinen aus Europa, vor allem aus Spanien, Frankreich, Italien, Österreich und Portugal.
Dazu gesellen sich Sekt, Prosecco und Champagner sowie feine Spirituosen, aber auch die passenden Gläser, Kühler, Öffner, Dekanter etc. Auch für das Teesortiment gibt es Zubehör wie Kannen, Tassen und Filter bis hin zu dekorativen Dosen und verschiedenen Zuckersorten.
Regelmäßig bringen auch interessante Weinverkostungen den Kunden ein Anbau-

gebiet oder ein bestimmtes Thema mit etwa einem Dutzend Weinen näher. Fester Bestandteil des sonst jährlich wechselnden Programms ist der beliebte Whisky-Abend, an dem vor allem schottische Single Malt Whiskys verkostet werden.
Probieren darf man natürlich auch während der regulären Öffnungszeiten. Neben offenen Weinen halten die Sachses für ihre Kunden stets auch ein Tässchen Tee bereit. Es stimmt ein auf die große Auswahl an grünen und schwarzen Tees, klassisch oder aromatisiert, Früchte-, Kräuter- und Roibuschtees. In dem großen Sortiment finden sich auch recht exotische Sorten wie beispielsweise ein exklusiver Grüntee mit roter bzw. gelber Blüte, die sich beim Übergießen mit heißem Wasser prachtvoll öffnet und einen aromatischen Geschmack entfaltet.
An der Frischetheke lohnt der genaue Blick auf die vielfältigen Käse-, Salami-, Pasteten- und Schinkenspezialitäten. So z. B. Kürbiskernsalami aus der Steiermark, „Ahle-Wurscht" aus Nordhessen, verschiedene luftgetrocknete Schinken aus Spanien, Frankreich, Österreich und Italien von kleinen Erzeugerbetrieben, die sich traditioneller Rezepte bedienen und die genussvolle Seite Europas authentisch wiedergeben. Dazu kommt ein feines Sortiment verschiedener Käse, vor allem Rohmilchkäse, aus Frankreich, der Schweiz, Italien, Österreich und Deutschland. Einer der beliebtesten Käse ist der Schweizer Nuss-Chäs mit seinem unverwechselbar urwürzigen Naturkräutergeschmack.
Eingelegte Antipasti, Essige, Öle, Teegebäck und Konfitüren komplettieren das Sortiment ebenso wie feinste Schoko-Trüffel.
Wer noch keine Vorstellung hat, was er aus dem umfangreichen Sortiment auswählen soll, kann zunächst einmal die aktuellen Angebote in Augenschein nehmen.
All diese Köstlichkeiten arrangieren die Sachses übrigens auf Bestellung auch zu dekorativen kalten Platten. Und natürlich besteht die Möglichkeit, individuelle Präsente für Privat- und auch Firmenkunden zusammenzustellen, die sogar weltweit versandt werden.
Nicht zuletzt gehört zum Sortiment eine Auswahl an Keramik der international bekannten Künstlerin Hedwig Bollhagen. Diese Keramik weiß mit ihrer Schlichtheit zu beeindrucken und versteht sich als adäquate Heimstatt für das Genusssortiment von Wein & Tee bei E.

RESTAURANT ZUR MÜHLE

Restaurant Zur Mühle

Familie Hermann Berger

Wipperfürthstraße 391
51515 Kürten

Telefon 0 22 68 / 66 29
Telefax 0 22 68 / 90 12 30

Ruhetag: Mittwoch

Auch wenn man es dem Restaurant „Zur Mühle" heute nicht mehr ansieht, so verweist sein Name durchaus auf seine frühere Funktion. Als die Familie Berger das Haus 1895 erwarb, führte der Ahlenbach noch direkt am Haus vorbei, speiste den großen Mühlteich und trieb das Mühlrad für die Mehlmühle der hauseigenen Bäckerei an. Heute gibt es Mühlenteich und Mühlrad zwar nicht mehr, doch die Familie Berger prägt noch immer mit herzlicher Gastlichkeit das Geschehen. Seit Sommer 2004 ist Hermann Berger in nunmehr vierter Generation der Chef im Haus, nachdem er sein Handwerk in so anspruchsvollen Häusern wie dem Hotel „Im Wasserturm" oder dem Restaurant „La Societé" in Köln erlernte. Ehefrau Kerstin, die während ihres Studiums beim Kellnern Gastronomieluft schnupperte und fortan dem Beruf treu blieb, bringt ihrerseits einen charmanten, herzlichen Service mit ein.

Die Speisenauswahl versteht sich mit brillanter Wandlungsfähigkeit auf den Spagat zwischen bergischer Tradition und kreativer junger Küche. Zum einen werden die Klassiker anspruchsvoll auf den Teller gebracht: Reibekuchen am Dienstag (auf Vorbestellung), Bergische Waffeln, Schnitzelvariationen, geschmorte Schweinebäckchen oder Schweinelendchen in Waldpilzrahmsauce gehören zum Standardrepertoire der Mühle. Zum anderen führt der sympathische junge Küchenchef seine Gäste allmählich hin zu mehr Kreativität auf dem Teller. Das beginnt mit einem ausgefallenen Amuse-Gueule und setzt sich mit der monatlich wechselnden Extrakarte fort, die sich gerne außergewöhnlichen Kompositionen hingibt. So „lernen" die Gäste über Sauerbraten von der Barbarie-Flugentenbrust, gebratenes Steinbeißerfilet auf karamellisiertem Sauerkraut mit Schaumsößchen vom Rieslingsekt oder

mariniertes Schweinefilet mit Apfel-Sellerie-Walnusssalat im Wan-Tan-Körbchen, dass es auch abseits gewohnter Pfade viel Genuss geben kann.
Und das Konzept geht auf, schon kommen Gourmets auch aus dem weiten Umkreis nach Kürten, um den extravaganten Stil der Küche (die durchgängig von 12–22 Uhr die Gäste verwöhnt) zu genießen.
Das Paar hat sich bewusst für ein stilvolles, aber reduziertes Ambiente entschlossen, als es an die Neugestaltung der Inneneinrichtung ging. Ein warmes Dunkelrot an der Seite heller Cremetöne und dunklen Holzes bestimmen das Ambiente der Stube und der mit offen gelegtem Fachwerk gestalteten Veranda.
Und die Ahnen blicken von ihren Schwarz-Weiß-Fotos an den Wänden mit wohlwollendem Blick auf diese engagierte Generation, die es unaufdringlich, aber souverän versteht, eine behagliche Wohlfühlatmosphäre für ihre Gäste zu schaffen.

Pikanter Scampi-Zitronengrasspieß auf Rote Bete-Carpaccio und Glasnudel-Ingwersalat

Zutaten
12 Scampi, gepult und entdarmt
2 lange Zitronengrashalme, schräg halbiert
1 gelbe Paprika, fein gewürfelt
1 Tomate, fein gewürfelt
etwas Zitronenthymian
2 Knoblauchzehen, gehackt
1 EL Sweet Chili-Sauce
1 EL Sojasauce
50 ml Fischfond
Salz, weißer Pfeffer

Marinade
2 rote Bete, gekocht
250 g Glasnudeln
4 EL Zitronensaft
1 TL geriebener Ingwer
150 ml Walnussöl
je 1 EL Sesamöl und gerösteter Sesam
4 EL Kräuteressig
1 EL Honig
1 TL Meerrettich
50 ml Weißwein
1 EL Sweet Chili-Sauce
Zucker
Muskatnuss

Zubereitung
Jeweils 3 Scampi auf einen Zitronengrashalm spießen, mit Salz und Pfeffer würzen. In der Pfanne kurz scharf anbraten, herausnehmen. Pfanne vom Herd nehmen, Knoblauch, Zitronenthymian, Paprika- und Tomatenwürfel darin anschwenken, Sweet Chili- und Sojasauce hinzugeben und verrühren. Mit Fischfond auffüllen, bei kleiner Hitze kurz aufkochen, Scampispieße darin gar ziehen lassen. Alle Zutaten für die Marinade verrühren, mit Salz, Muskat, Zucker und Pfeffer pikant abschmecken. Glasnudeln bissfest kochen, kalt abschrecken und sofort marinieren. Rote Bete dünn aufschneiden, rosettenförmig anrichten, gemahlenen Pfeffer und ein wenig Marinade darübergeben. Salat und Spieße darauf anrichten und mit dem pikanten Paprika-Tomatenragout übergießen.

GUMMERSBACH – HANDBALL UND HISTORIE

Gummersbach – die Heimatstadt des VFL Gummersbach, der erfolgreichsten Handball-Vereinsmannschaft der Welt – zeigt sich als sympathische Kreisstadt im Oberbergischen Land mit vielen sehenswerten historischen Zeugen einer langen Stadtgeschichte.

Während das Alte Rathaus in der Schützenstraße nach der Erhebung Gummersbachs zur Stadt 1857 als erstes Bürgermeisteramt diente, wurde die Vogtei, wegen des wehrhaften Äußeren auch „Burg" genannt, von den Grafen von Gimborn im Jahr 1700 für den ortsansässigen Richter erbaut. Ebenso herrschaftlich: das Alte Pfarrhaus, eines der ältesten erhaltenen Häuser der Stadt, 1751 als zweigeschossiges Fachwerkhaus auf einem Bruchsteinsockel erbaut. Unweit des Alten Markts erhebt sich nicht nur das älteste, sondern auch das erste in Massivbauweise errichtete Bürgerhaus der Stadt, Haus Hebekeuser, das sich damals über die sonst nur einstöckigen Fachwerkbauten mit Strohdach erhob.

Dem renommierten, in Gummersbach geborenen Maler Bruno Goller ist in dem über 300 Jahre alten Fachwerkhaus „im Baumhaus“ eine Ausstellung gewidmet. Außerdem dient dieses fühere Kontorhaus als Veranstaltungsort für ein abwechslungsreiches Kulturprogramm.

Durch die pittoreske schieferreiche Marktstraße geht es zur evangelischen Stadtkirche, wegen ihrer Größe auch „Oberbergischer Dom“ genannt. Die dreischiffige Pfeilerbasilika wurde im 12. Jahrhundert auf den Fundamenten einer Vorgängerkirche erbaut, im 15. Jahrhundert um ein Querhaus erweitert und vereint romanische und gotische Stilelemente. Im Inneren sind ein spätromanischer Taufstein, spätgotische Malereien in den Gewölben von Chor und Querhaus sowie ein hölzernes Altar-Ziborium sehenswert.

Gummersbach – das sind auch insgesamt 75 Stadtteile, davon viele einst selbstständige Dörfer mit einer langen eigenständigen Historie. Von besonderer kultureller Bedeu tung ist die Bunte Kerke in Lieberhausen. Die kleine spätromanische Pfeilerbasilika begeistert im Innern mit aufwändig restaurierten farbenreichen Wand- und Deckenmalereien. Sie ist zum Namensgeber für ähnlich gestaltete Kirchen der Region geworden: So gibt es auch in Wiedenest, Marienhagen und Marienberghausen Bunte Kerken. Die stattliche Kirche von Hülsenbusch mit ihrer mächtigen Bruchsteinmauer beeindruckt mit barocker Ausstattung. Außerdem lohnen das Alte Herrenhaus in Lützinghausen, Haus Jonas in Bernberg, ein altoberbergisches Fachwerkhaus, die historischen Wassermühlen in Rospe und Dümmlinghausen und die Aggertalsperre mit ihren drei fjodähnlichen Armen als beliebtes Ausflugsziel einen Abstecher. Freunde historischer Eisenbahnen kommen im Eisenbahnmuseum in Dieringhausen voll auf ihre Kosten.

LANDHAUS SCHWARZENBERGER HOF

Hülsenbusch, 1987 Sieger des Wettbewerbs „Unser Dorf soll schöner werden“, ist ein typisch oberbergisches Dorf mit schieferver kleideten Häusern, grünen Klappläden und bunt blühenden Vorgärten. Die 995 Hülsenbuscher nennen sogar eine imposante Barockkirche ihr Eigen, die mit einer sehenswerten Ausstattung und einer schönen Bruchsteinmauer auf sich aufmerksam macht.

Gleich gegenüber lädt der schmucke Landgasthof von Erika und Willi Kleinjung zum Besuch. Sein Name verweist auf die Fürsten von Schwarzenberg, die einst über den Landstrich, das Schwarzenberger Land, herrschten. Das Wappen des edlen Geschlechts schmückt heute auch Haus und Hof der Kleinjungs, die dafür sogar extra die Einwilligung des Fürsten einholten. Seit 1767 ist das prächtige Fachwerkhaus im Besitz der Familie – 2007 also stolze 240 Jahre!

Hinein geht's durch eine regionaltypische zweiteilige „Klön-Tür“, dann umfängt ein stilvoll-gemütliches Ambiente mit dunklen Holzbalken und einer Bruchsteinwand wie die der Kirche gegenüber den Gast. In der Bergischen Stube und dem Kaminzimmer sind eine ganze Reihe von historischen Bildern früherer Kleinjung-Generationen und wunderschönes antikes Mobiliar und Accessoires, allen voran mehrere Dröppelminas, zu bestaunen. Im Sommer zieht es die Gäste auf die aussichtsreiche Terrasse, die einen wunderbaren Blick auf den großen Garten freigibt.

Die perfekte Kulisse also – gemeinsam mit der eleganten Tischkultur und dem herzlich-familiär geprägten Service der Hausherrin, die mit Schwager Karl die Gäste umsorgt – für die anerkannte Küche des Hauses, die gekonnt die Brücke von der anspruchsvollen Interpretation regionaler Produkte zur zeit-

Landhaus Schwarzenberger Hof
Erika und Willi Kleinjung

Schwarzenberger Straße 48
51647 Gummersbach-Hülsenbusch

Telefon 0 22 61 / 2 21 75
Telefax 0 22 61 / 2 19 07

Ruhetag: Montag

gemäßen Variation traditionsreicher Klassiker schlägt. Mit dieser heimatverbundenen Gesinnung werden die Kleinjungs ihrer Zugehörigkeit zur regionalen Gastronomen-Initiative „Bergische Gastlichkeit“ und dem Zusammenschluss von Erzeugern und Gastronomen, der unter dem Namen „bergisch pur“ firmiert, anspruchsvoll gerecht.
Doch dies ist nur eine Seite des kulinarischen Könnens von Willi Kleinjung, die zweite schaut ganz gern mal über den heimischen Tellerrand und widmet sich exotischeren Bewohnern.
So sind auf der gut dreimal im Jahr neu konzipierten und durch täglich wechselnde Angebote sowie drei abwechslungsreiche Menüs ergänzten Speisekarte regionale Klassiker wie die Räucherfischterrine aus dem Lambach an Reibeküchlein, Hasenrücken mit bergischen Pilzen, Kohlrabi und Pommes Macaire und Arme Ritter mit Orangen-Preiselbeeren zu Walnusseis gleich neben gebratener Lotte auf Karotten-Mango-Lauchgemüse und Wildreistimbal, Zweierlei vom Lamm mit Spinatcrêpe oder gebratene Riesengarnelen auf Gemüseragout und Bandnudeln zu entdecken. Harmonisch ergänzt werden die feinen Gourmandisen von edlen Tropfen aus den führenden europäischen Weinregionen, kompetent empfohlen von Karl Kleinjung, dem Hüter des anspruchsvollen Weinsortiments.

Filet vom bergischen Weideochsen an Rotweinschalotten und Kartoffelblätterteigschnitte

Zutaten
(für 2 Personen)
2 Ochsenfilets à 200 g
Salz, Pfeffer
Muskat
100 g Zucker
100 g Schalotten
500 ml Bratenfond
100 ml Rotwein
1 Thymianzweig
200 g Kartoffeln
2 Eier, getrennt
2 EL Petersilie, gehackt
2 Blätterteigplatten

Zubereitung
Zucker in einem Topf hellbraun karamellisieren, die halbierten Schalotten zugeben und kurz umrühren. Mit Rotwein ablöschen, Bratenfond und Thymian zufügen, ca. 20 Minuten bei kleiner Hitze kochen lassen. Kartoffeln schälen, klein schneiden, in Salzwasser weich kochen und zerstampfen. Eiweiß steif schlagen, vorsichtig mit der Petersilie unterheben. Mit Salz und Muskat abschmecken und ca. 5 cm dick auf eine Blätterteigplatte aufstreichen. Die 2. Platte auflegen, mit Eigelb bestreichen, für 20 Minuten bei 170 °C im Backofen garen. Ochsenfilets salzen, pfeffern, in einer Pfanne mit heißem Öl bei mittlerer Hitze 7–8 Minuten auf jeder Seite braten. Gemeinsam mit der Sauce und der Blätterteigschnitte anrichten.

KONDITOREI CAFÉ HECKER

Die Kaiserstraße ist das lebendige Herz von Gummersbach. Hier in der Fußgängerzone kommen die Menschen der Stadt zusammen, zum Flanieren und Shoppen, zum Sehen und Gesehenwerden – und natürlich auch zum Einkehren und Genießen. Die alteingesessene Konditorei Hecker gehört dabei zu den festen Institutionen und ist ein beliebter Treffpunkt für Alt und Jung. Seit Wolfgang und Ellen Hecker 1984 das Traditionshaus erwarben, in dem schon 1886 erstmals ein Café eingerichtet wurde, gilt ihr Name als Synonym für hervorragende Konditorei- und Confiserie-Produkte. 2001 komplett renoviert, begrüßt das Ladengeschäft den Besucher mit einer bunten, vielfältigen Auswahl und das charmante Café lädt mit einem authentischen Kaffeehaus-Ambiente zum Besuch.

Der Konditormeister und die Konditoreifachverkäuferin, die sich einst in der Konditorei von Ellen Heckers Eltern kennen und lieben lernten, haben für ihre Gäste ein abwechslungsreiches Genussprogramm zusammengestellt, das weit über das übliche Café-Repertoire hinausgeht.

Das beginnt schon beim reichhaltigen Früh-

Konditorei Café Hecker

Ellen und Wolfgang Hecker

Kaiserstraße 18

51643 Gummersbach

Telefon 0 22 61 / 2 21 77

Telefax 0 22 61 / 2 34 14

stücksangebot, das vom klassischen Frühstück Hecker über das Jet-Set-Frühstück inklusive Sekt und köstlichem Trüffel bis zum herzhaften Seemannsfrühstück mit Krabbenrührei reicht.
Für die Mittagsgäste wird in der hauseigenen Küche groß aufgekocht. Nicht fehlen dürfen westfälische und regionale Klassiker wie Mett in Blätterteig, Sauerländer Toast und Gummersbacher Pfannkuchen. Des Weiteren werden im Rahmen der ständig wechselnden Wochenangebote saisonale Gerichte mit Spargel und Matjes, Grünkohl und Wild, das befreundete Jäger den Heckers frisch anliefern, einfallsreich dargeboten.
Am Nachmittag haben dann die süßen Köstlichkeiten des Hauses ihren großen Auftritt: die prachtvollen Torten, leckeren Kuchen und erlesenen Pralinen und Trüffel aus eigener Herstellung. Die Haustorte nennt sich schlicht, aber bedeutungsvoll „Hecker Royal" – dahinter verbirgt sich eine Vanillesahnetorte mit Erdbeer-Himbeer-Mark. Nicht minder köstlich: die Pralinentorte, bei der fein gehackte Pralinen aus eigener Herstellung zu einer Schoko-Rum-Buttercreme-Torte, überzogen von dunkler Kuvertüre, „recycelt" werden.
Rückt der Advent bzw. das Osterfest in greifbare Nähe, bereichern Marzipanfiguren und -früchte, Schoko-Osterhasen, Printen sowie Weihnachtsgebäck das Sortiment. Wolfgang Hecker ist ein echter Spezialist, wenn es um die arbeits- und zeitaufwändigen Baumkuchen geht, die es sogar in verschiedenen Geschmacksnoten, z. B. mit Mohn oder Orange und Walnuss, gibt. Kein Wunder, dass die Heckers diese Köstlichkeit in die ganze Welt versenden!
Köstliche Champagner- und Baileys-Trüffel, Campari-Orange- und Wodka-Lemon-Trüffel oder die alkoholfreien Gummersbacher Küsschen gehören das ganze Jahr über zu den beliebten Verkaufshits. Ebenso wie die mit feinsten Edelschokoladen handgegossenen Schokoladen oder die hausgemachten Eisspezialitäten, die zu fantasievollen Eisbechern zusammengestellt werden.

Schokoladen-Maracujamousse-Torte

Zutaten
1 Mürbteigboden
1 Wiener Boden dunkel, gehälftet
500 g Sahne
175 g Zucker
50 g dunkle Kuvertüre
300 g Sahne, steif geschlagen
350 ml Maracujasaft
7 Blatt Gelatine
Konfitüre bzw. flüssige Schokolade

Zubereitung
Sahne mit 60 g Zucker zum Kochen bringen, dunkle Kuvertüre einrühren und einmal aufkochen lassen, über Nacht kalt stellen. 200 ml Maracujasaft mit 100 g Zucker mischen, 4 Blatt Gelatine einweichen, ausdrücken und auflösen, in den Maracujasaft einrühren. Geschlagene Sahne unterheben.
Mürbteigboden mit Konfitüre oder flüssiger Schokolade einstreichen, eine Hälfte des Wiener Bodens auflegen, Schokosahne aufschlagen und daraufstreichen. Nun die zweite Hälfte des Wiener Bodens auflegen, darauf die Maracujasahne streichen. Restlichen Maracujasaft mit 15 g Zucker vermischen, 3 Blatt Gelatine auflösen und einrühren (sollte nicht zu flüssig sein). Kalt werden lassen und als Spiegel auf die Torte auftragen.

RISTORANTE PIZZERIA PINOCCHIO

Ristorante Pizzeria Pinocchio
Gaetano Copia

Marktstraße 14
51643 Gummersbach

Telefon 0 22 61 / 2 41 18
Telefax 0 22 61 / 6 19 00

Ruhetage: Montag, Samstagmittag

Das Ristorante Pinocchio in Gummersbach ist das, was man einen typisch italienischen Familienbetrieb nennt. Gaetano Copia zaubert in der Küche seine mediterranen Kreationen, unterstützt von seiner „guten Perle" Mary, während Ehefrau Graziella und Mutter Filippa für das Wohl der Gäste sorgen, von denen die meisten regelmäßig in das hübsche Häuschen mit der Schieferfassade einkehren. Und weil die obligatorischen Pizza- und Pastavariationen ebenfalls auf der Karte stehen, hat auch der Namenszusatz „Pizzeria" seine Berechtigung.
In der Küche ist Gaetano Copia ein Autodidakt, der bei dem Vorbesitzer des Ristorante Pinocchio das Kochen lernte. Doch heute kreiert er souverän seine eigenen einfallsreichen Gerichte mit viel südlichem

Esprit, die man als tagesaktuelle Angebote auf Tafeln im Restaurant wiederfindet. Fisch und Lamm, Wild und Meerestiere, Leber und Kalb bilden die aromenreiche Grundlage für die Köstlichkeiten des Hauses wie z. B. Lachsfilet in Zitronensauce, Lammfilet in Rotweinsauce oder hausgemachte Ravioli mit Spinat-Ricotta-Füllung.
Dazu werden natürlich auch Weine aus Bella Italia serviert. Zur Auswahl stehen etwa zwei Dutzend Positionen aus allen Anbaugebieten des Landes von Südtirol bis Sizilien, der Heimat der Familie Gaetano.
Die 65 Plätze des Hauses verteilen sich im gemütlichen Eingangsbereich vor dem leckeren Antipasti-Buffet und im lichtdurchfluteten Restaurant, das sich in den mediterran inszenierten Raucher- und den in Blautönen gestalteten Nichtraucherraum aufteilt. Da es so einige Gummersbacher gibt, die die familiäre Atmosphäre und das kulinarische Angebot zu schätzen wissen, sollte man vor allem am Wochenende rechtzeitig einen Tisch reservieren.
Sobald die Sonne scheint, erwacht auf der großen Freiterrasse, umrahmt von reichlich grüner Vegetation, südliches Lebensgefühl. Und ab Sommer 2007 lädt ein uriger Biergarten mit weiteren 60 Plätzen zum Besuch.

HOBBYIMKEREI MANFRED SOMMER

Honig ist ein wertvolles Naturprodukt, das sehr viele Menschen schätzen und lieben. Ob auf dem Brötchen, als Backzutat oder beim Kochen – Honig ist aus dem kulinarischen Alltag eigentlich gar nicht wegzudenken.

Manfred Sommer aus Gummersbach ist einer der vielen Imker in Deutschland, die es sich gemeinsam mit ihren Bienen zur Aufgabe gemacht haben, den wertvollen Honig aus der heimischen Flora zu gewinnen. Er ist Herr über 20 Völker, die jeweils aus 40 000–80 000 Bienen bestehen, darunter die Königin, die männlichen Drohnen sowie die fleißigen Arbeiterinnen, deren Zusammenleben durch eine strenge Hierarchie geregelt ist.

Ab Mai schwärmen die Bienen aus, um den Nektar in Obstblüten und Löwenzahn zu sammeln und zum Korb zu bringen. Ende Mai beginnt Manfred Sommer mit der Ernte des Honigs mit dem Namen „Frühtracht“ (Früherrnte), der einen zart-würzigen Geschmack und einen hellen, cremefarbenen Ton aufweist.

Doch auch außerhalb der Ernte hat ein Imker viel zu tun. Er unterstützt die Bienen beim Wabenbau, indem er so genannte Baurähmchen einfügt oder Alt-Waben durch neue ersetzt, er gibt am Ende des Sommers invertiertes Futter zu, damit die Bienen während der kommenden Wintermonate nicht verhungern, und er muss bei Eis und Schnee darauf achten, dass die Fluglöcher der Bienen offen bleiben.

Manfred Sommer arbeitet schon seit 20 Jahren als Imker, ist Mitglied im Imkerbund, der sich hohe Qualitätskriterien auferlegt, und des Weiteren in zwei Imkervereinen tätig. Außerdem nimmt er regelmäßig am renommierten Honigwettbewerb in Münster teil und erhält dort immer wieder Urkunden, die die Qualität seines Honigs bestätigen.

Am Dienstag und Donnerstag ist der sympathische „Herr der Bienen“ auf dem Gummersbacher Wochenmarkt zu finden, dort verkauft er auch die „Nebenprodukte“ des Honigs, wie Propolis, Met und Kerzen aus Bienenwachs.

Hobbyimkerei Manfred Sommer

Schlader Weg 6
51647 Gummersbach

Telefon 0 22 61 / 6 57 96
Telefax 0 22 61 / 6 57 96

RESTAURANT SCHWARZENBERGER HOF

Gourmetkunst trifft Bodenständigkeit, Tradition vereint sich mit Innovation und eine regionale Küche lugt gern über den Tellerrand in ferne Gefilde – so zeigt sich das Restaurant Schwarzenberger Hof in Dümmlinghausen seinen Gästen. Das Haus ist zum einen seit Generationen der kulinarische Mittelpunkt des Ortes und fühlt sich als solcher den heimischen Traditionen verpflichtet. Zum anderen prägen Klaus und Angelika Jaeger in dritter Generation eine anspruchsvolle Küche mit niveauvollen Gourmandisen, die bergisches Rezeptgut in die Moderne transportieren, aber sich auch gern mal den Küchen dieser Welt annehmen. Vor einigen Jahren komplett renoviert, präsentieren sich auch die Gasträume im frischen, eleganten Landhaus-Gewand. Der große Festsaal im Obergeschoss hingegen wartet mit einer inzwischen selten gewordenen Attraktion auf: einem Tanzboden, nicht nur für den Hochzeitswalzer perfekt geeignet.

Aus diesem kreativen Spannungsbogen erklärt sich der Charme des historischen Hauses, das 1887 erstmals Gäste bewirtete. Auch Sohn Christian tritt bereits erfolgreich in die Fußstapfen seiner Vorväter, erlernte sein Handwerk in der Schwarzwaldstube des

Restaurant Schwarzenberger Hof
Familie Jaeger

Hagener Straße 39
51645 Gummersbach-Dümmlinghausen

Telefon 0 22 61 / 5 30 98
Telefax 0 22 61 / 5 82 26

Ruhetag: Mittwoch

Lendchenroulade in Malzbiersauce

Zutaten

4 Schweinefilets à 200 g (Mittelstücke!)
je 4 Scheiben hauchdünner geräucherter fetter Speck und Parmaschinken
20 Erbsenschoten, in feine Streifen geschnitten
2 El grober süßer Senf
4 Salbeiblätter
9 kl. Schalotten
Salz, Pfeffer
4 Thymianzweige
2 Lorbeerblätter
50 g Butter
150 ml Demi glace
1 EL Balsamico-Essig
100 ml Malzbier

Zubereitung

Filets mit einem scharfen Messer längs einschneiden und mit der flach aufgelegten Hand seitwärts rollen, so weit einschneiden, dass ein Rechteck von ca. 15 cm Länge und 1/2 cm Dicke entsteht. Mit Salz, Pfeffer und klein gehacktem Salbei würzen und mit Senf bestreichen. Parmaschinken und Speck auflegen, die fein geschnittenen Erbsenschoten gleichmäßig in einer Richtung darauf verteilen. Eine Schalotte in hauchdünne Ringe schneiden und ebenfalls darüber verteilen. Dann alles zusammen fest aufrollen und zusammenbinden. Rouladen von allen Seiten anbraten. Die restlichen Schalotten halbieren und in die Pfanne geben, Thymianzweige und Lorbeer auflegen. Die Rouladen bei geringerer Hitze zugedeckt ca. 13-18 Minuten langsam weiterbraten (oder im Ofen bei 180 °C 10–12 Min.), von Zeit zu Zeit wenden. Herausnehmen und warm stellen. Den Bratensatz mit Malzbier und Balsamico ablöschen, einreduzieren lassen, mit Demi glace auffüllen, 5 Minuten ziehen lassen, passieren und mit Butter aufmontieren. Rouladen mit der Malzbiersauce dekorativ anrichten, dazu werden Gemüsebündchen und ein Sauerrahmpüree gereicht.

Restaurant Schwarzenberger Hof

Hotels Traube in Tonbach und in Victors Gourmet-Restaurant auf Schloss Berg an der Mosel, besuchte die Sommelierschule und ist daher auch Hüter der vinophilen Schätze des Hauses – und er lernte auf seinem Berufsweg seine gerade frisch angetraute Ehefrau Susanne kennen, die nun auch das „Kompetenzteam Schwarzenberger Hof" verstärkt.

Auch die wandlungsfähige Speisenauswahl setzt Traditionelles neben Modernes, Althergebrachtes neben neue Trends. So trifft die Bergische Kartoffelsuppe mit gebratener Blutwurst auf die Lachsroulade mit gegrillter Garnele an Hummerschaum, bleibt die Wahl zwischen Feinem vom bergischen Rehbock mit Pfifferlingen, Wildpfeffersauce und Pillekuchen oder Lammfilet an Rosmarinspieß mit Mozzarella und Honig überbacken. Reservieren sollte man sich aber auf jeden Fall noch ein Plätzchen für die himmlischen Desserts wie die eiskalte Trilogie von Walnuss, Zimt-Pflümli und Florentiner oder Champagnerschaum mit gebackenen Topfenkrapfen und Grenadine-Zimtapfel ... Oder man trifft eine Auswahl köstlicher Rohmilchkäse, eine würzige Alternative zum Dessert.

Die Karte wird zweimal im Jahr komplett überarbeitet und zusätzlich von jahreszeitlichen Schwerpunkten wie Maibock und Spargel, Wild und Gans sowie monatlichen Aktionen und dem Monats-Menü ergänzt.

Auch die Getränkeauswahl zeigt sich ausgewogen. Da gibt es eine Reihe von anspruchsvollen Weinen renommierter Winzer vor allem aus Deutschland, die Christian Jaeger direkt vor Ort bezieht und so mit fair kalkulierten Preisen zur Weinkompetenz seiner Gäste beitragen kann. Auf der anderen Seite stellt eine Reihe von Saisonbieren

vom Fass auch die Biertrinker zufrieden, je nach Jahreszeit mal mit Weiß-, Stark- oder Oktoberfestbier, mal mit Weihnachtsbock oder Kölsch zum Karneval. Die After-Dinner-Karte lädt dann noch zu einem Digestif, Spezialkaffee oder einer Zigarre zum krönenden Abschluss aller Gourmandisen ein.

Im Sommer öffnet das idyllische Gartenrestaurant des Hauses direkt an der Agger seine Pforten, hier verwöhnt von Mai bis September auch die Sommerküche mit spanisch-deutschen Tapaskreationen. Einmal monatlich, am zweiten Sonntag im Monat, lädt der Schwarzenberger Hof zum Familienbrunch, der jedes Mal ein anderes Thema hat, das kulinarisch einfallsreich dargeboten wird.

Zu den jahreszeitlichen Highlights gehören auch das traditionelle „Gänse-An-Essen" Anfang November, „Kerzenscheinabende" (z. B. am Valentinstag) mit dem „Menü zum Verlieben", jedes Jahr im Herbst ein Weinfest, ein zünftiges Oktoberfest und der Käse-Abend mit einer reichhaltigen Auswahl aus den Käsenationen Europas und korrespondierenden Weinen. Alle zwei Jahre findet auch noch ein Weihnachtsmarkt auf dem Gelände des Hauses statt.

Der Januar steht im Zeichen der eigenen Tradition, in diesem Monat des Jahres 1979 übernahmen nämlich Klaus und Angelika Jaeger das Haus und sie feiern dies alljährlich mit einer „Speisekarte von 1979" mit Gerichten aus jener Zeit.

Proseccogelee mit Beeren und Orangenzabaione

Zutaten

1/4 l Prosecco
Saft von 1 Limone
120 g Zucker
5 Blatt Gelatine
4 Physalis
8 Himbeeren
je 4 kleine Erdbeeren u. Brombeeren
20 rote Johannisbeeren

Zubereitung

Prosecco mit Limonensaft und Zucker erhitzen, bis der Zucker aufgelöst ist. Eingeweichte und ausgedrückte Gelatine hinzufügen. Flüssigkeit abkühlen lassen und schichtweise in höhere Förmchen einfüllen. Dabei pro Schicht einige Beeren einstreuen und jede Schicht einzeln im Kühlschrank fest werden lassen. Dann 5–6 Stunden gut durchkühlen. Zum Anrichten kurz in heißes Wasser tauchen und stürzen.

Orangenzabaione

Zutaten

3 Eigelb
1 ganzes Ei
120 g Zucker
Je 4 cl Orangensaft und Grand Marnier

Zubereitung

Alle Zutaten über dem heißen Wasserbad cremig aufschlagen.

HOTEL RESTAURANT STREMME

Hotel Restaurant Stremme

Ute und Eric Stremme

Beckestraße 55
51647 Gummersbach-Becke

Telefon 0 22 61 / 9 26 40
Telefax 0 22 61 / 2 95 21

Ruhetag: Freitag

Das Hotel Restaurant Stremme in Becke, einem kleinen, beschaulichen Dorf mit 525 Einwohnern nordöstlich von Gummersbach, blickt auf eine lange und bewegte Geschichte als gastlicher Ort zurück. Die Keimzelle des historischen Hauses bildete eine Bäckerei, die bereits um das Jahr 1800 die Menschen in Gummersbach mit Backwaren versorgte und damals noch auf der gegenüberliegenden Straßenseite zu finden war. Mitte des 19. Jahrhunderts kam eine Wirtschaft hinzu, die 1903 auf der anderen Straßenseite neu erbaut wurde. Zu den Gästen damals zählten vor allem die Arbeiter der nahen Steinbrüche, die hier ihren Durst nach staubigen langen Arbeitstagen stillten. Am Freitag, heute sinnigerweise der Ruhetag des Hauses, kam es dann zum so genannten „Lohntütenball", bei dem die Arbeiter mit ihren Frauen um den mühsam verdienten Lohn rangen – war der Gatte schneller, blieb Schmalhans in der kommenden Woche Küchenmeister.

1967 erwarben Ingrid und Egon Stremme das Anwesen und erweiterten mit den Jahren die Kapazitäten Stück für Stück. Zum Stammhaus ist ein schönes Gästehaus hinzugekommen, welches das typische schwarz-

weiße Fachwerkkleid des Bergischen Landes trägt. Neben 19 Zimmern im behaglichen Landhausstil gibt es hier auch einen weiteren Festsaal, in dem es sich ungestört feiern lässt.
1997 übernahmen dann Sohn Eric und dessen Ehefrau Ute das Haus. Der Küchenmeister kehrte nach Stationen am Chiemsee, im Elsass und in Köln gern zurück in die Heimat, wo er die bergische Gastlichkeit zu bewahren, sie aber auch den Bedürfnissen der Zeit anzupassen vermag. Dabei ist das Haus Treffpunkt für die Menschen aus Becke und Gummersbach, aber auch Stammlokal des Rotary- und des Lions-Clubs sowie der hiesigen Sportvereine.
„Nicht selten", so erzählt Eric Stremme, „feiern Familien schon seit Generationen wichtige Anlässe hier im Haus, von der Taufe über die Kommunion bis zur Hochzeit und runden Geburtstagen und Jubiläen." Und nicht zuletzt ist das Hotel Stremme mit seinen beiden Seminarräumen inklusive der notwendigen Technik für professionelles Tagen auch für Businessgäste eine gute Adresse, wo es sich störungsfrei arbeiten,

am Abend in geselliger Runde beisammensitzen und des Nachts angenehm schlafen lässt.
Die Speisenauswahl schließt die unterschiedlichen Ansprüche der Gäste mit einer großen Bandbreite an Gerichten ein. Die Klassiker, wie Potthucke, Bergische Kartoffelsuppe, Speckpfannekuchen und Mettwurst mit dicken Bohnen, sind allesamt vertreten und werden nach alter Tradition zubereitet. Diese Gerichte finden sich in der Speisekarte unter dem Symbol der Dröppelmina, für Eingeweihte der Hinweis auf die Gastronomen-Vereinigung „Bergische Gastlichkeit", die mit ebensolchen Gerichten die regionale Küche bewahren und pflegen will.
Doch Eric Stremme lugt genauso gern über den heimischen Tellerrand und kocht ebenso souverän mit mediterranem oder exotischem Akzent. Das beweisen die indische Currycremesuppe mit Ananas, gerösteten Mandelsplittern und Sahnehäubchen ebenso wie die geschmorte Lammschulter in Honig-Feigenrahmsauce, wozu sich Grillgemüse und Rosmarinkartoffeln gesellen. Das Zanderfilet hüllt sich derweil in eine Kartoffelkruste und kommt mit frischer Schnittlauchsauce

Bergische Potthucke

Zutaten
1,5 kg Kartoffeln, 2 Eier, 3 EL Mehl, 2 TL Salz, 1 große Zwiebel, 200–250 g durchwachsener Speck, 2 Mettwürstchen

Zubereitung
Die geschälten Kartoffeln und die Zwiebel auf einer Reibe zur Hälfte grob und zur Hälfte fein reiben. Beides miteinander vermischen, Eier, Mehl und Salz unterheben. Eine Kastenform mit dem durchwachsenen Speck auslegen. Die Hälfte der Reibemasse in die Form geben, Mettwürstchen in die Mitte legen und mit dem restlichen Teig auffüllen. Mit durchwachsenem Speck bedecken und im Backofen abgedeckt bei 180 °C für 1 1/4 Stunden backen. Danach aus der Form stürzen und sofort servieren.
Noch besser schmeckt die Potthucke, wenn man sie im erkalteten Zustand in daumendicke Scheiben schneidet und dann nochmals in der Pfanne brät.
Man serviert dazu Rübenkraut und Schwarzbrot oder reicht sie als Kartoffelbeilage, z. B. zu Geschnetzeltem oder Gulasch.

daher, während das Rumpsteak Bornholm gemeinsam mit frischem Räucherlachs und Meerrettichsahne auftritt.
Die erste Seite der Speisekarte richtet sich stets nach dem jahreszeitlichen Warenkorb und widmet sich saisonalen Spezialitäten, also beispielsweise Wild, das befreundete Jäger in den hiesigen Revieren erlegen, und Gans im Herbst, Fisch und Muscheln, Lamm, Spargel und Pfifferlinge im Frühjahr, bayrische Schmankerln zum Oktoberfest, ein Grillbuffet im Sommer.
Auch abseits des kulinarischen Programms lassen sich die Stremmes immer wieder etwas Neues einfallen, um ihre Gäste zu verwöhnen.

Da Ute Stremme selbst Pferdebesitzerin und passionierte Reiterin ist, gibt es im Garten einen Anbindebalken für die Vierbeiner, während deren Reiter sich in Sichtweite eine kulinarische Pause auf der Terrasse gönnen. Für die Seminargäste und Sportive lädt die hauseigene Kegelbahn zum Duell mit der Kugel.
Die absolut einmalige Sensation des Hauses ist aber unbestritten die weltweit (!) einzige Bierseilbahn, die das Gartenhäuschen mit dem Haupthaus verbindet. Eine ideenreiche Einrichtung, die man unbedingt mal erleben sollte. Wie es dazu kam? Die kleine, urgemütliche Gartenlaube mit Platz für bis zu 15 Gäste lädt schon seit vielen Jahren zum Besuch, sogar ein eigenes WC-Häuschen gibt es in unmittelbarer Nähe, aber wie an ein frisch gezapftes Kölsch kommen, ohne jedes Mal die gut 50 Meter bis zur Theke zurücklegen zu müssen? Das fragte sich auch eine Runde von Stammgästen, darunter ein Ingenieur, der auf die glorreiche Idee kam, eine Seilbahn zu konstruieren, in die ein Kölsch-Tablett mit Vertiefungen für die Gläser eingehängt wird, die so ganz gemütlich herübergezogen werden können ohne umzukippen. Fertig war die Attraktion, die sogar der BILD-Zeitung eine Schlagzeile

wert war und auch heute noch eine Gaudi für alle Beteiligten bietet.
Ist die Laube schon besetzt, gibt es von Mitte Mai bis Ende September auch noch idyllische Plätze im Biergarten des Anwesens, wo ein richtiger Bierbrunnen eingerichtet wurde, ein schöner Pavillon, in dem mehrere Zapfhähne das Bier schnell fließen lassen, so dass Durst erst gar nicht aufkommen kann. Hier wird im Sommer bei gutem Wetter auch gegrillt.
Es gibt also viel zu entdecken im Hotel Restaurant Stremme, das einen authentischen Einblick in die bergische Gastlichkeit vermittelt.

Haferflockenparfait mit warmer Pflaumengrütze

Zutaten
240 g Haferflocken
100 g Butter
160 g Rohrzucker
12 Eigelb
100 g Honig
4 cl Rum
1 TL Zitronensaft
1 EL Vanillezucker
1/2 l geschlagene Sahne

Zubereitung
Haferflocken, Butter und Rohrzucker in einer Pfanne goldgelb rösten, auf ein gefettetes Blech geben und kurz abkühlen lassen. Mit dem Nudelholz darüberfahren, bis alles zu Krümeln zerbrochen ist (Haferflockenkrokant). Eigelb und Honig im Wasserbad zunächst warm schlagen, dann wieder kalt schlagen, Zitronensaft, Vanillezucker, zwei Drittel des Haferflockenkrokants, Rum und die geschlagene Sahne (nach Belieben eventuell auch noch Schokoraspel) unterheben. Die Masse in eine Form geben und über Nacht in den Tiefkühlschrank stellen. Am nächsten Tag das Parfait in Scheiben schneiden. Mit Schlagsahne und dem restlichen Haferflockenkrokant garnieren. Dazu passen eingekochte Pflaumen, die mit Zucker und etwas Speisestärke zur Grütze eingedickt werden.

LANDGASTHOF REINHOLD

Der idyllisch gelegene Landgasthof Reinhold in Lieberhausen lädt nicht nur zu Touren in die reizvolle Region ein – in unmittelbarer Nähe zur Agger- und zur Genkeltalsperre –, sondern hat auch in direkter Nachbarschaft ein kulturhistorisches Kleinod zu bieten: die Bunte Kerke. Die einschiffige spätromanische Pfeilerbasilika beeindruckt mit ihren üppig bunten Wand- und Deckenmalereien das Auge des Betrachters.
Seit 1750 bewirtet der Landgasthof Reinhold gleich gegenüber seine Gäste, zunächst als

Hotel Restaurant Café
Landgasthof Reinhold
Christina und Uwe Reinhold

Kirchplatz 2
51647 Gummersbach-Lieberhausen

Telefon 0 23 54 / 52 73
Telefax 0 23 54 / 58 73

Ruhetag: Donnerstag

Postkutschenstation Reisende auf dem Weg nach Köln, später als typisch bergisches Dorfgasthaus die Menschen der Region. Familie Reinhold führt diese gastliche Tradition seit über 35 Jahren fort. Die Dröppelmina – Signet des gastronomischen Interessensverbands „Bergische Gastlichkeit" – zeigt schon an der Eingangstür: Drinnen warten gemütliche Gasträume, Gästezimmer zum Wohlfühlen und eine umfangreiche kulinarische Auswahl mit Spezialitäten der Region auf die Gäste, zubereitet von Uwe Reinhold und mit familiärer Herzlichkeit serviert von Ehefrau Christina.
Die gutbürgerliche Speisenauswahl versteht sich neben den Klassikern der deutschen Küche, wie Rumpsteak Hofmeister, gebratene Bachforelle mit Mandeln, Braumeistertoast und Schlemmerplatte, vor allem auf die traditionellen bergischen Gerichte. Potthucke mit Schwarzbrot und Apfelkraut, Bergischer Leineweber-Pfannkuchen mit Kartoffeln, Speck und Zwiebeln oder Reibekuchen mit rohem Schinken und natürlich auch Bergische Waffeln und die traditionsreiche Bergische Kaffeetafel gehören zum festen Repertoire. Die Spezialität des Hauses ist zugleich auch eine dieses Gummersbacher Stadtteils: Lieberhäuser Eierkuchen, ein luftiger, dicker Pfannkuchen – so hoch wie eine Sahnetorte –, der mit Speck oder Zimt-Zucker auf den Tisch kommt.

Nach alten überlieferten Rezepten stellt Uwe Reinhold nicht nur selbst Sülze, Mett-, Blut- und Leberwurst her, sondern er versteht sich auch noch auf die Kunst des Sonntagsbratens, was auch die vielen Stammgäste zu schätzen wissen. „Unsere Stärke liegt darin, dass wir in Zeiten einer immer zeitsparender ausgerichteten Kochkultur noch immer deutsche Hausmannskost bieten, die schmeckt wie bei Muttern", weiß Christina Reinhold. Der klassische rheinische Sauerbraten, feiner Kalbsrahm- oder Hirschbraten, Rinder- und Kohlrouladen sind fester Bestandteil des kulinarischen Geschehens im Landgasthof Reinhold. Vor allem die Mittagskarte bietet eine Auswahl von deftigen Hauptgerichten, zu denen auch noch eine Tagessuppe serviert wird.
Wer gern ein wenig länger an diesem gastfreundlichen Ort verweilen möchte, kann beim „Wandern ohne Gepäck" den Koffertransport ruhig anderen überlassen und sich am Abend auf sein gemütliches Hotelzimmer freuen, zum rustikalen Wochenende mit Wettkegeln auf der hauseigenen Kegelbahn und Planwagenfahrt anreisen oder romantische Tage zu zweit mit dem Rosenarrangement genießen und des Nachts im Himmelbett auf Rosen gebettet einschlafen.

Bergischer Leineweber

Zutaten (für 1 Person)
1 Ei
Salz, Pfeffer
2 EL Mehl
Milch
300 g Pellkartoffeln
je 50 g Zwiebeln und magerer Speck
Butter

Zubereitung
Pellkartoffeln in Scheiben schneiden, Zwiebeln und Speck in Würfel schneiden und in Butter in der Pfanne anschwitzen. Kartoffelscheiben dazugeben und goldgelb anbraten. Aus dem Ei, Salz, Pfeffer, Mehl und Milch einen Pfannkuchenteig anrühren. Diesen über die Kartoffeln gießen und Pfanne zudecken. Wenn der Teig gestockt ist, Pfannkuchen wenden, nach ca. 5 Minuten herausnehmen. Dazu passen ein gemischter Salatteller und ein kühles Bier!

BIGGE
WESTFALEN

Östlich von Gummersbach geht das Bergische Land ins Sauerland über, geografisch grenzt es ans Ebbegebirge, in dessen Zentrum der Biggesee liegt, die nächste Station dieser „Kulinarischen Entdeckungsreise".
Hier kann man segeln, surfen, schwimmen und sogar tauchen gehen. Wer es ruhiger mag, kann den See auf einer Rundfahrt mit einem Schiff der „Weißen Flotte" erkunden. Außerdem laden gut ausgebaute Wege zum Wandern und Radeln rund um das idyllische Seeufer, das von hohen Wäldern umgeben wird. An seiner Seite erstreckt sich die Listertalsperre mit weiteren Wassersportmöglichkeiten und im Norden der idyllische Ahauser Stausee, der lediglich Angeln erlaubt und daher eine ungestörte Naturidylle verspricht.
Ein weiteres Highlight der Region ist die unter Naturschutz stehende Attendorner Tropfsteinhöhle, die mit faszinierenden Grotten und filigranen Gebilden begeistert (siehe Porträt auf S. 118).
Auch viele Städte der Region sind einen Besuch wert. Attendorn – am Schnittpunkt zweier wichtiger Fernhandelsstraßen gelegen und mit einem breiten Zunftwesen, allen voran den Woll- und Leinewebern, versehen – gelangte nach seiner Erhebung zur Stadt (1222) zu einigem Wohlstand, trat dem Rheinischen Städtebund und der Hanse bei. So wurde auch der Bau einer wehrhaften Stadtbefestigung nötig, von der heute noch der Pulverturm (Pulverturmfest an Christi Himmelfahrt) und der Bieketurm (Zeughaus der Historischen Schützengesellschaft von 1222) zeugen.
Nur noch eine Ruine ist die um 1000 errichtete Waldenburg, das älteste profane Denkmal des Stadtgebiets, dessen Bergfried un-

Brunnen in Hückeswagen

Schieferhäuser in Hückeswagen

Brunnen in Wipperfürth

längst umfassend renoviert wurde. Ganz im alten Glanz zeigt sich hingegen die imposante Burg Schnellenberg – nicht zuletzt darum, weil man hier eine gastliche Herberge (Hotel mit Restaurant) eingerichtet hat. Besonders sehenswert ist die Renaissance-Kapelle der Burg von 1601.

Die Pfarrkirche St. Johannes Baptist – auch Sauerländer Dom genannt – gilt als Wahrzeichen der Stadt, besonders ihre barocke Haube auf dem mächtigen Kirchturm fällt sofort ins Auge.

Genauso markant ist das gotische Historische Rathaus am Marktplatz, das heute das Südsauerlandmuseum mit Exponaten zur Geschichte der Region und ein Zinnfigurenkabinett (wegen Renovierung erst 2008 wieder zugänglich) birgt.

Am anderen Ende des ca. 20 Kilometer langen Biggesees liegt Olpe, eingebettet zwischen Ebbe- und Rothaargebirge. 1220 erstmals als Olapa erwähnt, erlebte Olpe mit der Erlangung des Stadtrechts 1311 in den folgenden Jahrhunderten eine Blütezeit, die vor allem durch die Pfannenschmiede geprägt wurde, denen am Marktplatz das „Pannenklöpper-Denkmal" gewidmet ist.

Die Pfarrkirche St. Martinus, die Valentins-, Rochus- und Kreuzkapelle (schöne barocke Ausstattung), der Geschichtsbrunnen am Kurkölner Platz und die Reste der Stadtbefestigung wie Süd- und Hexenturm zählen zu den weiteren Sehenswürdigkeiten.

Während Olpe 1795 beinahe komplett niederbrannte und danach „modern" wieder aufgebaut wurde, finden sich im nahen Fachwerkdorf Kirchveischede noch viele pittoreske historische Fachwerkhäuser.

Wenden, südlich von Olpe, lohnt wegen der kath. Pfarrkirche St. Severinus mit kostbaren Altären und Figuren sowie der prunkvollen Orgel den Besuch. Das „Technische Kulturdenkmal Wendener Hütte" zeigt als einer der ältesten Holzkohle-Hochofen im deutschsprachigen Raum (1728 gegründet) die Verarbeitung von Eisenerz.

Bei Wenden entspringt übrigens auch die Bigge, die sich zunächst als schmaler Bachlauf auf ihren 16 Kilometer langen Weg zu einem der größten Stauseen Deutschlands macht.

KORNBRENNEREI J. J. KEMPER

Die Kornbrennerei J. J. Kemper in Olpe blickt auf eine über 200-jährige Firmengeschichte zurück. Schon seit 1793 wird hier ein wohlschmeckender feiner Korn gebrannt, der im kulinarischen Geschehen der Region seinen festen Platz hat. Seit 1955 schreibt die Familie Arens die Erfolgsgeschichte des Traditionsunternehmens fort. Firmenchef Albert Arens jun. weiß um die Besonderheiten seiner Produkte, die sich von den gängigen Konkurrenten durch einige wichtige Aspekte abheben.
So wird der Kemper'sche Korn ausschließlich aus Roggen statt, wie üblich, aus Weizen gebrannt, was dem Korn einen ganz eigenen, herzhaften Geschmack verleiht. Außerdem zeichnen sich ca. 50 weitere Produkte durch hervorragende Rohstoffe, große Geschmacksvielfalt und erstklassige Qualität aus, die regelmäßig mit DLG-Medaillen belohnt wird.

Neben dem Korn – das Hauptprodukt des Hauses wird noch immer nach altem Rezept gebrannt – bestimmen Sahne-, Kräuter- und Fruchtliköre sowie Brände das Angebot.
Im Winter gehören Sahneliköre wie Vanille-, Cappuccino- oder Christmascream zu den Rennern, im Sommer verführen Liköre von Pfirsich und Kirsch-Banane bis zu Wackelpeter und Limone den Genießergaumen.
Die Edelvariante des Korns, der „Weltenbummler", erinnert an schottischen Whisky. Als „Kemper's Selektion" zeigen sich ein Bratapfel- und ein Holunderblütenlikör, ein Obstbrand und ein Korn mit Williamsbirnenbrand. Regionale Spezialitäten sind das Sauerländer Bergfeuer und der Kristallklare vom Biggesee.
Das Weindepot präsentiert das komplette Sortiment des Hauses und dazu auch Weine, Sekte und Whiskys sowie Accessoires und Geschenkideen rund um den Korn wie mundgeblasene Designerflaschen.
Tipp: Die Brennereiführung inklusive Verkostung oder das informative Kornseminar mit Verleihung des „Kornkenner-Zertifikats" bringt Ihnen die Welt des Kemper'schen Korns besonders authentisch näher.

Kornbrennerei J. J. Kemper
Inhaber: Albert Arens

Felmicke 26-28
54762 Olpe

Telefon 0 27 61 / 8 37 70-0
Telefax 0 27 61 / 8 37 70-10

Ruhetag Weindepot: Sonntag

ATTENDORNER TROPFSTEINHÖHLE

Wo findet man einen echten Wunschbrunnen, eine faszinierende Alhambra-Grotte gleich neben einer Wolken- und einer Ruhmeshalle und nicht weit entfernt einen funkelnden Kronleuchter, den die Natur geschaffen hat? Im Sauerland, und zwar in der Attendorner Tropfsteinhöhle, auch als Atta-Höhle bekannt. Die Höhle ist ein Ort der Superlative, sie gilt als größtes zusammenhängendes Höhlensystem Deutschlands, steht unter Naturschutz und darf daher nur in Verbindung mit einer Führung betreten werden (ca. 40 Minuten), während der man so manch natürliche „Skulptur" zwischen den bis zu vier Meter hohen Stalagmiten und hinabhängenden Stalaktiten ausmachen kann, die, aus dem richtigen Winkel und mit ein wenig Fantasie betrachtet, zum Beispiel wie ein Engel, Bär oder Seehund, wie der Osterhase und der Weihnachtsmann aussehen. Besonders sehenswert und selten sind die filigranen, an Vorhänge erinnernde Gebilde, die sich vielerorts entlang der Gänge und in den Grotten entdecken lassen.

Attendorner Tropfsteinhöhle

Finnentroper Straße 39
57439 Attendorn

Telefon 0 27 22 / 9 37 50
Telefax 0 27 22 / 93 75 25

Ruhetag Höhle/Restaurant: Montag
(nur November–Februar)

Jahrmillionen konnte diese Schatzkammer in der Tiefe unentdeckt schlummern, bis Arbeiter der Biggetaler Kalkwerke im Jahr 1907 bei einer Sprengung durch Zufall Teile der Höhle freilegten, die bis heute nicht zur Gänze erforscht ist.

Und noch eine Besonderheit birgt die kilometerweit in den Berg hineinreichende Höhle: In der „Lehmkuhle" reift der bislang einzige deutsche Höhlenkäse, der natürlich auch verkostet und erworben werden kann (siehe auch S. 62). Gleich neben dem Höhleneingang (und dem interessanten Mineralienshop) erstreckt sich das weitläufige Höhlenrestaurant und Café mit dem schönen Namen „Himmelreich". Die Eigentümerfamilie hat bei der Umsetzung des 1990 neu erbauten Komplexes, der an die Stelle eines historischen Gebäudes trat, ein Gesamtkonzept erstellt, das mit seinen Nischen, Rundbögen und der gewölbeartigen Gestaltung der Decken an das Höhleninnere anknüpft. Hier können bis zu 300 Personen gleichzeitig bewirtet werden, die sich aber in den verschiedenen Räumlichkeiten gut verteilen.

Hier fühlen sich Gruppen, die den Höhlenbesuch gern mit einer Schiffsfahrt auf dem nahen Biggesee verbinden, Individualreisende, aber auch Feinschmecker, die die gute Küche des Hauses zu schätzen wissen, und Festgesellschaften, die sich das ungewöhnliche Ambiente für einen besonderen Anlass auserkoren haben, gleichermaßen wohl.

Dabei hält das kulinarische Programm für jeden Anspruch und Anlass etwas bereit, angefangen beim umfangreichen Frühstücksangebot über eine große Speisenauswahl am Mittag und dem vielseitigen Kuchenbuffet am Nachmittag bis zur anspruchsvollen Abendkarte, die auch mit einer passenden Weinempfehlung aus dem europäisch sortierten Weinkeller aufwarten kann.

Das Tagesangebot ist an einer kurzen Verweildauer der Gäste orientiert und bietet eine regionale bodenständige Auswahl, die sich nach dem saisonalen Warenkorb richtet. Auch Gruppen können hier zu günstigen Preisen ihre Mittagspause ansprechend gestalten.

Am Abend geht es dann anspruchsvoller zu. Mediterrane Aromen, saisonale Schwerpunkte mit vielseitigen Variationen und eine internationale Spezialitätenauswahl stehen nun im Vordergrund. Kreationen wie Tomatenschaumsuppe mit getrüffelten Geflügelravioli und Perlen von altem Balsamico, Kalbfleischröllchen mit Salbei und Parmaschinken in Thunfisch-Sardellensauce und rotem Pfeffer oder Lammrückenscheiben mit Pinienkräuterkruste auf Orangen-Basilikum-Sauce mit Zucchinigemüse und Carnaroli-Steinpilz-Risotto zeugen von der kreativen Lust am Spiel mit Produkten, die sich stets in Harmonie auf dem Teller wiederfinden. Köstlichkeiten wie Vanilleeiskrapfen mit Schokoladensauce und frischen Früchten oder in Himbeeren marinierter Vanillespargel mit hausgemachtem Honigeis beenden den lukullischen Reigen mit fulminantem Abschluss.

ROMANTIK HOTEL PLATTE

Romantik Hotel Platte

Familie Platte

Repetalstraße 219

57439 Attendorn-Niederhelden

Telefon 0 27 21 / 1 31-0

Telefax 0 27 21 / 1 31-4 15

Genuss und Wohlbefinden kann viele Facetten haben – das Romantik Hotel Platte erfüllt sie alle mit einem umfangreichen kulinarischen, sportiven und wohltuenden Programm für Körper, Geist und Seele – von A wie Ausspannen bis Z wie Zuhausefühlen.

Wie ein kleines Fachwerkdorf zeigt sich das weitläufige Anwesen, das rund um das Stammhaus von 1849 gewachsen ist. Gemeinsam mit seinen Eltern Josef und Christa, Ehefrau Gaby und einem engagierten Mitarbeiterteam führt der Koch und Hotel-Betriebswirt Christof Platte das Traditionshaus mit regionaler Verbundenheit und internationalem Flair.

In dem 4-Sterne-Haus fühlen sich Businessgäste, die zu hochrangigen Tagungen und Seminaren anreisen, Kurzzeiturlauber, die das umfangreiche Wellness-Angebot genießen, und nicht zuletzt Verliebte, die sich in dem Romantik Hotel ein kuscheliges Wochenende zu zweit gönnen, gleichermaßen wohl.

Als Zuhause auf Zeit grüßen die großzügigen, eleganten Zimmer, die mit einer warmen, südlich inspirierten Farbgebung und dem Blick in die idyllische Natur des Südsauerlands einen entspannten Aufenthalt garantieren. Für den genussvollen Teil sor-

gen die abwechslungsreichen Gaumenfreuden im Restaurant, die ihre westfälischen Wurzeln nicht verleugnen und sie in vielfältiger Weise interpretieren.
So stellt die jahreszeitlich ausgerichtete À-la-carte-Auswahl sowohl den herzhaft-bodenständigen als auch den gehobenen Anspruch zufrieden, die 3- und 4-Gang-Menüs berichten Lukullisches vom saisonalen Marktgeschehen, Extraangebote bringen regionale Schwerpunkte in die Schlagzeilen. Als kulinarische Tischgenossen treten die Weine des Hauses auf, die gern Akzente mit Positionen aus heimischen Gefilden setzen. Um überflüssige Pfunde muss man sich im Romantik Hotel Platte keine Sorgen machen, die kann man im Pool der großen Badelandschaft, in der Finnischen Trocken- oder der Römischen Dampfsauna loswerden oder beim Relaxen im Beauty-Center einfach vergessen. Das Service-Team verwöhnt seine Gäste mit den unterschiedlichsten Anwendungen, vom Cleopatrabad über die Thalasso-Packung und die Kaviar-Gesichtsbehandlung bis zur Abhynaga, einer ayurvedischen Ganzkörpermassage mit warmem Öl. Physiotherapie und Fitness-Programme bringen auch müde Geister schnell wieder auf Trab.
Vor der Haustür erstreckt sich der 18-Loch-Golfplatz Repetal (Ermäßigungen für Hotelgäste), gleich daneben ertönt fröhliches Wiehern aus den Stallungen des Familiengestüts, das edle Holsteiner und Westfalen für den Spring- und Dressursport züchtet und trainiert – hier stehen auch Gastboxen für den Urlaub mit Pferd bereit.
Die Annehmlichkeiten des Hauses fassen eine Reihe von Arrangements zusammen, die Beauty und Wellness, Sport und Spaß, Genießen und Relaxen miteinander kombinieren, vom Romantik-Wochenende mit 5-Gang-Romantik-Menü bis zum Arrangement „Wolke sieben", das den Gast für eine Woche aus dem Alltag in die Genusswelt des Romantik Hotels Platte entführt.

Gefüllte Schweinerippe mit Steinpilzen und Kürbisragout

Zutaten

1 kg Schweinerippe, vom Metzger nach Belieben füllen lassen
500 g Steinpilze
Speck- und Zwiebelwürfel
süße Sahne
Salz, Pfeffer, Zucker
600 g Kürbis, geschält
Olivenöl
Orangensaft
Lorbeersaft
1 Nelke
frischer Ingwer
Speisestärke

Zubereitung

Die Schweinerippe bei 160 °C im Backofen ca. 60–70 Minuten garen. Steinpilze gründlich säubern, klein schneiden und mit Speck- und Zwiebelwürfeln kräftig anbraten. Mit etwas Sahne ablöschen, bis zur gewünschten Konsistenz einkochen und mit Salz und Pfeffer abschmecken. Kürbis in kleine Würfel schneiden, kurz in Olivenöl andünsten, mit Orangensaft ablöschen, Lorbeersaft, Nelke, geriebenen Ingwer, Salz und Zucker als Würze hinzugeben. Wenn das Kürbisragout bissfest gegart ist, mit etwas angerührter Speisestärke binden. Nun gemeinsam mit der Schweinerippe und den Steinpilzen dekorativ anrichten.

CONDITOREI CAFÉ HARNISCHMACHER

Conditorei Café Harnischmacher
Markus Harnischmacher

Niederste Straße 5
57439 Attendorn

Telefon 0 27 22 / 23 70
Telefax 0 27 22 / 33 11

Ruhetag: Montag

Die Firmengeschichte der Conditorei Harnischmacher beginnt am 1. August 1930 mit der Übernahme des alteingesessenen Café Biergans durch Albert und Maria Harnischmacher – der Name erinnert übrigens an die Vorfahren der Familie, die Brustpanzer und Rüstungen fertigten. In den kommenden Jahrzehnten etablierte sich das Haus als feste kulinarische Institution in der Hansestadt am Biggesee.

Markus Harnischmacher, in nunmehr dritter Generation Konditormeister mit hohem Anspruch an Qualität und Sortiment, bewahrt diese Tradition mit Rezepturen seines Vaters und Großvaters, so z. B. mit dem Schmalzbrötchen, das seit über 70 Jahren nach dem gleichen Rezept gebacken wird, und der Flockensahne-Torte, deren Rezeptur Vater Albert jun. einst von seinem Lehrbetrieb in Köln mitbrachte.

An eine besondere historische Leistung erinnert die Spezialität des Hauses: die Attendorner Iserköppe, dreieckige Pralinen mit Helm-Emblem, komponiert aus feiner Schweizer Schokolade und frischer Sahne, vereint mit Williams-Christ-, Champagner-, Himbeergeist- oder Kirschwasser-Füllung. Im Dreißigjährigen Krieg hatten die wehrhaften Sauerländer die Schweden aus ihrer Stadt vertrieben und erbeuteten dabei zahlreiche Rüstungen. Drei davon sind bis heute erhalten und werden zum traditionellen Schützenfest am ersten Sonntag im Juli getragen.

Viel traditionelle Handarbeit, wertvolle Inhaltsstoffe und hochwertige Grundprodukte geben den Kurs in der Backstube vor. Und weil Markus Harnischmacher selbst am bes-

ten seine hohen Qualitätsansprüche erfüllen kann, stammt so ziemlich alles, was hier feilgeboten wird, aus eigener Herstellung: die Konfitüren, das Teegebäck, die Schoko-Figuren, Trüffel und Pralinen und natürlich auch der Baumkuchen, der als Königsdisziplin im Konditorenhandwerk gilt.
Das Hauptaugenmerk fällt beim Betreten der Conditorei erst mal auf die bunte Tortenauswahl, die je nach Saison von der Flocken-Sahne- und Herrentorte bis zur Acapulco-Torte mit Mokka-Orangen-Mousse und Preiselbeeren und der klassischen Schwarzwälder Kirschtorte reicht. Da fällt die Wahl schon mal schwer, welches Stück man sich im gemütlichen Café munden lässt. „Made im Hause Harnischmacher" sind auch die handgegossenen Schokoladen, die mit so ungewöhnlichen Geschmackserlebnissen wie Orange-Zartbitter, Pfefferminz und Ingwer zum Probieren animieren. Gleiches gilt für die hauseigenen Eis-Sorten, die sich dem erwartungsfrohen Gaumen zum Beispiel mit Bratapfel-, Schoko-Chili- und Kirsch-Bananen-Geschmack präsentieren.
Tipp: Das Attendorn-Arrangement des Hauses lädt nach Stadtführung, Mittagessen

und Bieketurm-Besichtigung zum Kaffeetrinken ins gemütliche Café – auf Wunsch auch mit Besuch der Backstube – und zum Schluss gibt's eine Packung Attendorner Iserköppe für alle Daheimgebliebenen!

Schokomousse-Törtchen

Zutaten Schoko-Mandel-Biskuit

4 Eier
120 g Zucker
65 g Marzipanrohmasse
30 g Wasser
1 Prise Salz
90 g Mehl
20 g Kakao
35 g gerösteter Mandelgrieß

Mousse

1 Ei
2 Eigelb
1 Prise Salz
rotes Chilipulver
1 EL Zucker
300 g Bitterschokolade
500 g Schlagsahne

Zubereitung

Für den Biskuit die Eier trennen, Eigelb und Marzipanrohmasse mit 30 g Zucker aufschlagen, anschließend das Wasser zufügen. Eiweiß mit 90 g Zucker und Salz aufschlagen, unter die Eigelbmasse heben. Mehl, Kakao und Mandelgrieß mischen und ebenfalls unterheben, die Masse auf ein Backblech streichen und bei 180–200 °C 35–40 Minuten backen. Wenn der Biskuit abgekühlt ist, in ca. 1 cm dicke Scheiben schneiden und daraus runde Törtchen stechen (Ø 5 cm).
Für die Mousse Ei und Eigelb mit etwas Chilipulver, Zucker und Salz im Wasserbad warm aufschlagen, dann kalt weiterschlagen. Schokolade auflösen und auf eine Temperatur von ca. 30 °C bringen, dann in die Masse rühren. Geschlagene Sahne vorsichtig unterheben. Nun die Mousse auf die Biskuittörtchen streichen und mit frischen Früchten garnieren.

RESTAURANT SUERLÄNNER ECK

aus nah und fern bewirtete – und die Tradition der westfälischen Küche auf zeitgemäße und anspruchsvolle Art und Weise zu bewahren. Im Zentrum der urigen Wirtsstube zieht zunächst der große Kachelofen alle Blicke auf sich, auch das Fachwerk, die niedrigen Decken und gemütlichen Nischen bilden ein harmonisches Ganzes.

Für festliche Anlässe eignen sich das Gesellschaftszimmer für bis zu 20 Personen bzw. der großzügige Festsaal im ersten Stock, dem sich ein Dachgarten anschließt. Und wenn es warm wird im Sauerland, dann lockt der üppig grüne Biergarten hinter dem Haus die Gäste ins Freie.

Jörg Linneweber erlernte sein Handwerk in der gehobenen Gastronomie zwischen der Ostsee und dem Tessin, bevor er in seine Heimat zurückkehrte und sich mit dem Suerlänner Eck selbstständig machte. Diese Erfahrungen bringt er nun in seine Arbeit ein und verbindet finessenreich die hiesigen Spezialitäten mit einer feinen, leichten Saisonküche.

Das Restaurant Suerlänner Eck in Kirchveischede ist ein für diese Region ganz typischer Landgasthof, der schon mit seinem Namen – auf hochdeutsch „Sauerländer Eck" – den Bezug zu seiner Heimat herstellt. Da trifft es sich ganz wunderbar, dass die Gastgeber, Jörg und Marion Linneweber, es verstehen, den Charakter des historischen Hauses – eine ehemalige Postkutschenstation, die schon im 16. Jahrhundert Reisende

Restaurant Suerlänner Eck
Marion und Jörg Linneweber

Westfälische Straße 37
57368 Lennestadt-Kirchveischede

Telefon 0 27 21 / 8 12 52
Telefax 0 27 21 / 60 38 66

Ruhetage: Montagabend, Dienstag

So zeigt sich das Veischedetaler Lachsforellenfilet im aromatischen Estragon-Senfschaum, zum Hirschbraten in Wacholderrahmsauce gesellen sich Apfelrotkohl und Sauerländer Potthucke, und den Bergweide-Pfefferpotthast gibt's wie eh und je nach Omas Rezept. Man findet aber auch mediterran inspirierte Speisen wie das „Pot au feu" von Riesengarnelen und hausgemachten Gnocchi mit Champignons, Knoblauch, frischen Kräutern und Gemüse oder gebratenen Schafskäse mit eingelegten Tomaten, Oliven und Pesto.

Bei der Kreation seiner Gerichte überlässt Jörg Linneweber nichts dem Zufall, stellt so gut wie alle Komponenten, von Spätzle über die Maultaschen bis zur Haxensülze, selbst her. So handwerklich anspruchsvoll die Zubereitung, so erstklassig auch die Grundprodukte, die Basis seiner Arbeit. Rindfleisch bezieht Jörg Linneweber fast ausschließlich von einer Vereinigung ortsansässiger Bio-Bauern, die ihre Tiere auf den üppigen Wiesen und Weiden des Sauerlandes grasen lassen. Wild liefern Jäger, Lamm Züchter aus der Region tagesfrisch in die Küche.

Der kulinarische Kalender gibt die Schwerpunkte des Jahres vor, das ist im Frühling knackig frischer Bärlauch, gefolgt von edlem Spargel; die holländischen Matjes und frische Pfifferlinge leiten über zu sommerlichen Salaten, bevor es im Herbst mit Steinpilzen weitergeht. Die Gans zum Martinstag ist der erste Vorbote des Advents, der seinen Abschluss mit festlichen Weihnachts- und Silvestermenüs findet. Bevor man sich dann im neuen Jahr wieder auf neue, spannende Gourmandisen im Suerlänner Eck freuen kann, die alle Sinne zu begeistern wissen.

Bergweide-Tafelspitz in Zwiebel-Kräutermarinade

Zutaten
ca. 2 kg Tafelspitz
1 Bund Suppengrün
1 Zwiebel
1 Lorbeerblatt

Marinade
2–3 Zwiebeln
1 Karotte
eingelegter Kürbis
Radieschen
Lauchzwiebeln
Schnittlauch, Blattpetersilie, Kresse, Kapuzinerkresse
Weinessig, Öl, Salz, Pfeffer

Zubereitung
Den Tafelspitz in einem Topf mit Wasser, Suppengrün, der Zwiebel und dem Lorbeerblatt 2,5 bis 3 Stunden sieden lassen. Dann herausnehmen, abkühlen lassen und in dünne Scheiben schneiden. Alle Zutaten für die Marinade klein schneiden und vermischen und dann über die die Tafelspitzscheiben geben. Dazu passen knusprige Bratkartoffeln oder frisches Landbrot.

HOTEL LANDHAUS WIRTH

Hotel Landhaus Wirth & Restaurant „Im Krug"

Familie Wirth

Friesenstraße 8
51709 Marienheide-Rodt

Telefon 0 22 64 / 2 70
Telefax 0 22 64 / 27 88

Nur einen Steinwurf entfernt von der idyllischen Brucher Talsperre begrüßt das Landhaus Wirth mit seinem renommierten Restaurant „Im Krug" seine Gäste. Erbaut wurde das denkmalgeschützte Gebäude zu Beginn des 18. Jahrhunderts. Seit über 100 Jahren ist es nunmehr im Besitz der Familie Wirth. Die Historie des Gebäudes spiegelt sich im rustikalen Ambiente der „Alten Wirtschaft" wider, während sich die Blaue Stube, der mediterrane Gartenraum und der große Restaurantbereich eine Etage höher klassisch elegant präsentieren. Im 1977 hinzugekommenen Hotel Landhaus Wirth, das etwa 30 Meter entfernt in der angrenzenden Parkanlage liegt, finden auch große Gesellschaften bis zu 120 Personen Platz.

Die Atmosphäre des weithin bekannten Restaurants ist geprägt vom persönlichen Einsatz der Inhaberfamilie Wirth, unterstützt durch Küchenchef Helmut Wottrich. Bereits seit 1980 führt er Regie am Herd und hat in dieser Zeit immer wieder die Küchentrends des Bergischen Landes mitgeprägt. Karl-Albert und Hanneliese Wirth haben inzwischen die Leitung des Restaurants an Tochter Anne und Ehemann Pascal Foechterlé, einen Franzosen aus dem Elsass, übergeben, die sich dieser Aufgabe mit viel Charme und Souveränität annehmen.

Marienheide-Rodt

Die kreative Frischküche bietet neben einem Angebot an leichten Business-Gerichten auch eine Reihe von Neuinterpretationen der bergischen und internationalen Küche an. Kulinarische Spezialitätenaktionen, wöchentlich wechselnde 3-Gang-Menüs und ein 6-Gang-Überraschungsmenü runden das Bild ab. Die Mischung aus den anspruchsvollen Variationen regionaler Klassiker und dem weltoffenen Blick über den heimischen Tellerrand haben das Restaurant weit über die bergischen Grenzen hinaus bekannt gemacht.
Zur abwechslungsreichen Speisenauswahl zählen die bergische Kartoffelsuppe ebenso wie Miesmuscheln in Kerbelschaum auf Blattspinatbett mit Strohkartoffeln; das Duo vom Schweinefilet und gebratener Blutwurst, Reibekuchen und Salatbouquet zeigt sich neben dem Pangasiusfilet mit Zitronenpfeffer auf Balsamicosud mit Kaiserschoten und wildem Reis. Auch der kulinarische Kalender fasst das ganze Jahr über die Welt auf dem Teller zusammen, holt mal die Karibik, mal die Bewohner der Meere, mal das Elsass ins Bergische Land. Dazu gibt es eine große Auswahl an vor allem deutschen und französischen Weinen, die mit den Gerichten wunderbar harmonieren und im kleinen hauseigenen Weinhandel unter der Ägide von Pascal Foechterlé auch gleich erworben werden können. Durchquert man den 15 000 Quadratmeter großen Garten des weitläufigen Anwesens, erreicht man den modernen Hotelkomplex, der 50 behaglich-komfortable Zimmer, fünf Tagungsräume und einen schönen Schwimmbadbereich mit Sauna und Sonnenbank bietet. Im Garten sorgen die große Liegewiese und eine Grillterrasse für ruhige Stunden unter bergischer Sonne. Das Hotel ist vor allem bei Outdoor-, Team- und Managerseminaren sehr beliebt, da sich hier das Erlebnis Natur mit den kulinarischen Höhepunkten einer exquisiten Küche verbinden lässt.

Dickmilch-Parfait mit frischer Minze und Beerenfrüchten

Zutaten
(für 8 Personen)
4 Eier, getrennt
100 g Zucker
200 g Sahne
200 g Dickmilch
1 Bund frische Minze/Minzblüten
500 g frische Beeren der Saison

Zubereitung
4 Eigelb mit dem Zucker über dem heißen Wasserbad schaumig rühren, dann kalt schlagen.
4 Eiweiß zu Schnee und die Sahne steif schlagen. Die Hälfte der frischen Minze hacken. Eigelb, Eischnee, Sahne und gehackte Minzblätter vorsichtig unter die Dickmilch heben, in Portionsschalen oder Becher geben und für ca. 3–4 Stunden einfrieren. Dann das Parfait stürzen und mit den gewaschenen und leicht gezuckerten Früchten umlegen, mit frischen Minzblättern oder -blüten garnieren. Zur Dekoration eignen sich auch Fruchtmark, Minzsauce und Schokoladendekor.

LANDHAUS ALTE MÜHLE

Landhaus Alte Mühle

Tanja und Philipp Wolter

Neyetal 2
51688 Wipperfürth

Telefon 0 22 67 / 6 55 50
Telefax 0 22 67 / 65 54 15

Ruhetage: Montagmittag, Dienstag

Ein besonders beschauliches Fleckchen hat sich die „Kulinarische Entdeckungsreise" für ihre nächste Station ausgesucht. Sie ist zu Gast im romantischen Neyetal, im schönen Landhaus Alte Mühle. Von hier aus führt ein Fußweg zur etwa 20 Gehminuten entfernt gelegenen Neyetalsperre – das ganze Gebiet steht unter Naturschutz und ist somit vor allem das Reich der üppigen Flora und Fauna des Bergischen Lands. Friedlich grasende Kühe und sogar Rehe und Eichhörnchen kommen zutraulich näher und scheinen die Ruhe zu genießen, die auch den Gast hier sogleich umfängt.

Wie ein elegantes Schweizer Chalet erhebt sich das Landhaus Alte Mühle vor dem Auge des Betrachters. Auch wenn heute nur noch ein historischer Mühlstein am Eingang daran erinnert, so war das Anwesen früher tatsächlich eine Mühle, die erst 1987 zu einem Gasthaus umgebaut wurde. Im Inneren zeigt sich das Haus im edlen Landhausstil mit starken Holzbalken und weiß getünchten Wänden, Rundbögen und vielen Fensterfronten, die den Blick in die malerische Natur freigeben, mit rustikalen Holztischen und -stühlen, die im reizvollen Dialog mit der feinen Tischkultur stehen. In den dicken Wänden machen Nischen auf sorgsam platzierte Accessoires aufmerksam. Die Gastgeber Tanja und Philipp Wolter gehören zur jungen, aufstrebenden Generation der Region, die sich nach erstklassigen beruflichen Stationen im Jahr 2004 mit

dem Landhaus Alte Mühle selbstständig gemacht haben. Der Lebenslauf der beiden liest sich wie ein Gourmetführer der Superlative: Philipp Wolter erlernte sein Handwerk bei Vincent Klink auf der Stuttgarter Wielandshöhe und sammelte dann Erfahrungen bei der sternegekrönten Koch-Elite des Landes, im Hotel Bareiss im Schwarzwald, im Waldhotel Sonora an der Mosel und schließlich bei Dieter Müller im Schloss Lerbach in Bergisch Gladbach, bevor er als Sous-Chef zum Brandenburger Hof nach Berlin wechselte.
Ehefrau Tanja absolvierte ihre Lehre zur Restaurant- und Hotelfachfrau in der Residenz Heinz Winkler in Aschau, dann zog es sie ins Colombi nach Freiburg, ins Seehotel Sieber an den Bodensee und dann gen Norden, wo sie im Schlosshotel Lerbach den Empfangsbereich betreute, bevor auch sie

Gebratene Sardinenfilets auf getrockneten Tomaten mit Kartoffel-Lauchschnee und grünem Spargel

Zutaten
8 Sardinen
10 reife Tomaten
Thymian, Rosmarin, Knoblauch
Puderzucker, Olivenöl
Balsamico, weiß
6 große festkochende Kartoffeln
1 Bund Schnittlauch
Limonen-Olivenöl, grobes Meersalz
1 EL Butter
1 Bund grüner Spargel

Zubereitung
Tomaten an der unteren Seite leicht einritzen und für einige Sekunden in kochendes Wasser geben, anschließend in Eiswasser abschrecken, häuten, vierteln und Kerngehäuse entfernen. Auf einem mit Olivenöl gefetteten Backblech mit der runden Seite nach oben verteilen (sollen sich nicht berühren), etwas Puderzucker darüberstreuen und mit Thymian, Rosmarin und klein geschnittenem Knoblauch belegen. Das Blech nun bei 80 °C Ober- und Unterhitze in den Ofen geben und Tomaten (am besten bei leicht geöffneter Ofentür) 2–3 Stunden „trocknen".
Das untere Drittel des Spargels schälen, die Stangen anschließend in Salzwasser blanchieren, danach in Eiswasser abschrecken.
Kartoffeln mit Schale weich kochen, schälen und mit einer Gabel leicht zerdrücken. Die zimmerwarme Butter und den Schnittlauch unterarbeiten, dann mit Olivenöl und grobem Meersalz abschmecken.
Sardinen schuppen, filieren und mehlieren, in einer Pfanne scharf anbraten. Mit vielen Kräutern und einem Spritzer weißem Balsamicoessig ablöschen.

gemeinsam mit Philipp Wolter nach Berlin ging, wo sie im Grand Hyatt tätig war. Eine mehr als fundierte Basis also für einen gelungenen Start in die Selbstständigkeit der beiden sympathischen Gastgeber, die im Landhaus Alte Mühle nun ihre persönliche Auffassung von Küchenkunst und Gastlichkeit prägen, unprätentiös und charmant, mit viel Klasse, aber ohne steife Etikette, alles in allem ein sehr stilvolles Wohlfühl-Ambiente, das sich dem Charakter des Hauses harmonisch anpasst.

Die frische, innovative Kochkunst von Philipp Wolter tritt in einer kleinen, feinen À-la-carte-Auswahl und zusätzlichen saisonalen Empfehlungen sowie fantasievoll komponierten Menüs auf, die sich mit dem Fisch-, dem Fleisch- und dem Landhaus-Menü den Kostbarkeiten aus Meer, Luft, Wald und Wiese hingeben.
Auf der Basis einer klassisch französischen Gourmet-Küche bietet Philipp Wolter auch interessante Ausflüge ins Mediterrane, Exotische, aber auch ins Regionale. Das Ergebnis sind fulminante Aromenfusionen, die ihm nur wenige Monate nach der Eröffnung der Alten Mühle auf Anhieb 14 und im Jahr darauf schon 15 Punkte im Gault Millau bescherten.
Die Kritiker zeigen sich begeistert von Gerichten wie Topinamburschaumsuppe mit gebratenen Wachtelbrüstchen, lauwarmem Carpaccio vom Kalbskopf mit Briesravioli auf Coco-Bohnen und gepökelter Kalbszunge, in Anis gebeiztem Wildlachs auf Fenchelsalat und Kräuter-Crème-fraîche. Zum Hauptgang trifft der gebratene Heilbutt auf Thunfisch im Safranreismantel, vereint mit Zuckerschoten und Koriander, blinzelt der Maibockrücken unter seiner Gewürzkruste in die Welt, wozu sich ein glasierter Apfel, Semmel-Speckknödel und Kräuterseitlinge gesellen, und stellt sich der Loup de mer in der Salzkruste gleich in zwei Gängen vor: zunächst ganz nordisch auf Blattspinat mit Stockfischpüree, dann südlich-leicht auf Ratatouille mit Olivensauce.
Als Abschluss des lukullischen Reigens grüßen die Variation von Crème Brûlée mit Rahmeis und frischen Früchten, Mousse und Ravioli vom Topfen mit glasierten Nektarinen und der Rum Savarin auf Quittenragout mit Schokoladeneis.
Dazu empfiehlt Tanja Wolter den passenden vinophilen Begleiter aus der gut 70 Positionen umfassenden Weinkarte. Gut für Autofahrer: Auch hochwertige Weine kön-

nen glasweise verkostet werden. Den Schwerpunkt machen klar die deutschen Gewächse aus, ergänzt von französischen, italienischen und spanischen Weinen. Auch am Mittag steht ein dreigängiges Menü auf dem Programm, das die Wahl des Hauptgerichtes dem Gast überlässt. Am Sonntag, traditionell der Tag, an dem sich viele Wanderer auf den Weg zur Neyetalsperre machen, lädt das Landhaus Alte Mühle mit kleinen anspruchsvollen Speisen am Nachmittag und selbstgebackenen Kuchen und Waffeln sowie erfrischendem Eis zur kulinarischen Rast.

Und da man ob dieses vielseitigen Genussprogramms nicht so schnell wieder weg will von diesem bezaubernden Ort, sollte man ruhig die Zahnbürste einpacken, wenn man ins Neyetal reist, denn die sechs urgemütlichen Gästezimmer, die mit einer harmonischen Mischung aus rustikalen Bauernmöbeln und mediterraner Wohnkultur zu begeistern wissen, nicht zu vergessen der wunderbare Blick in die Natur gleich vor der Tür, regen mit viel Charme zum Bleiben an. Und mit dem üppigen Frühstück am nächsten Morgen geht der kulinarische Reigen dann wieder von Neuem los ...

Variation von der Crème Brûlée

Zutaten
(für 6–8 Personen)

Grundmasse
1 l Sahne
0,5 l Milch
225 g Zucker

Vanille Crème Brûlée
5 Eigelb
Mark 1/2 Vanilleschote

Schokoladen Crème Brûlée
4 Eigelb
100 g Zartbitterschokolade
4 cl Baileys

Himbeer Crème Brûlée
6 Eigelb
200 g stark eingekochtes Himbeerpüree vermischt mit
20 g Zucker (am besten als hellbraunen Karamell)
4 cl Cointreau

Zubereitung
Alle Zutaten der Grundmasse gemeinsam aufkochen und dann jeweils 0,5 l mit den einzelnen Rezepturen vermischen. Dann die Massen in kleine Schalen abfüllen. Ein Backblech mit etwas Küchenpapier belegen und etwa fingerbreit mit Wasser befüllen. Die Schalen auf das Backblech stellen und bei 95 °C Umluft im Ofen ca. 60 Minuten stocken lassen (je nach Größe der Schalen kann die Zeit etwas variieren). Dann erkalten lassen, etwas braunen Zucker darüberstreuen und mit dem Bunsenbrenner ganz vorsichtig abflämmen. Nun die Crème Brûlée nach eigenem Geschmack belegen und verzieren.

LANDGASTHOF TÖNNES

Landgasthof Tönnes
Jürgen Tönnes

Niedergaul 4
51688 Wipperfürth

Telefon 0 22 67 / 8 81 30
Telefax 0 22 67 / 88 13 22

Ruhetag: Donnerstag

Bergische Gastlichkeit von seiner schönsten Seite bietet der Landgasthof Tönnes in Wipperfürth-Niedergaul seinen Gästen: unkompliziert und herzlich, mit regionalen Gaumenfreuden, inmitten einer idyllischen Landschaft serviert. Auch wenn das Ambiente sich zeitgemäß und modern präsentiert – schon seit 1875 kehren die Menschen der Region in den Landgasthof ein, der

heute von Jürgen Tönnes und seiner Partnerin Jutta Ilsmann in vierter Generation geführt wird. Auch Kurzurlauber, die das Haus im Rahmen des Arrangements „Wandern ohne Gepäck" ansteuern, und der Geschäftsgast, der die behaglichen Gästezimmer mit WLAN und digitalem TV zu schätzen weiß, fühlen sich hier wohl.
Die Dröppelmina weist den Weg: Hier gibt es eine ehrliche, regionale Küche, die diesen Namen auch wirklich verdient. Forellen aus dem Lambachtal, Rumpsteak und Carpaccio vom bergischen Bullen, ja sogar bergischen Schafskäse, der sich zum Sommersalat mit frischen Früchten gesellt, hält die abwechslungsreiche Speisekarte bereit. Jürgen Tönnes kauft vorrangig in seiner Umgebung ein und beweist, welche Qualität die heimischen Erzeugerbetriebe zu bieten haben, die sich

zum Interessenverband „bergisch pur“ zusammengeschlossen haben, dem auch Jürgen Tönnes angehört. Selbstverständlich gehört da auch die Bergische Kaffeetafel mit zum Repertoire und befördert die Dröppelmina vom Accessoire zum Hauptakteur des „Kaffeegelages“.
Der Wipperfürther Falschmünzerteller, der in einer eisernen Pfanne Bratkartoffeln mit Blut- und Leberwurst, rohem und gekochtem Schinken, Käse und Brot, Butter und Schmalz und nach getaner Arbeit einen Fuhrmanns-Korn auf den Tisch bringt, erinnert ans Mittelalter, als die Grafen von Berg in Wipperfürth ihre Münzen prägen ließen. Der Hohlweg, auf dem es dabei immer wieder zu Überfällen kam, ist heute Teil des Rundwanderweges „Auf den Spuren der Münzschläger“, der hier am Landgasthof Tönnes beginnt und nach etwa drei Stunden auch wieder endet, so dass man sich wieder mit weiteren bergischen Köstlichkeiten stärken kann.
Zweimal im Jahr, im Frühling und im Herbst, geht der Landgasthof Tönnes kulinarisch auf eine Reise gen Süden und verwöhnt die Gäste einen Abend lang mit Speis und Trank aus pittoresken mediterranen Regionen. Wer in den Info-Verteiler aufgenommen wurde, erfährt als Erstes davon und erhält zu seinem Geburtstag sogar einen kleinen Verkostungs-Gutschein.
Bleibt noch zu erwähnen, dass Jürgen Tönnes sein Restaurant erfreulicherweise zum größten Teil zum Nichtraucherbereich erklärt hat. Das gilt natürlich nicht für den idyllisch an den Niedergauler Dorfteichen gelegenen Biergarten.

Tafelspitz in Meerrettichsahnesauce mit Selleriesalat

Zutaten
ca. 1 kg Tafelspitz vom Rind
Fleischbrühe
Meerrettich
Sahne
Speisestärke
1 Knollensellerie
Essig, Öl
Salz, Pfeffer

Zubereitung
Das Fleisch in der Brühe ca. 1 1/2 Stunden kochen, dann aufschneiden. Etwas Brühe mit Meerrettich und Sahne abschmecken, mit etwas Speisestärke andicken.
Den Selleriekopf schälen und in feine Streifen schneiden, mit Essig, Öl, Sahne, Salz und Pfeffer abschmecken und ziehen lassen. Dazu passen Bouillonkartoffeln.

SCHLOSSBÄCKEREI LEHMANN

Schlossbäckerei Lehmann

Gabriela und Volker Lehmann

Islandstraße 33
42499 Hückeswagen

Telefon 0 21 92 / 24 37
Telefax 0 21 92 / 56 27

Ruhetag: Sonntag

Brot ist nicht gleich Brot, ein Brötchen nicht wie das andere. Die Schlossbäckerei Lehmann in Hückeswagen tritt diesen Beweis mit ihrem großen Sortiment an knusprigen, frischen und vielseitigen Backwaren tagtäglich an. Auch wer kurz vor Ladenschluss das kleine Geschäft in der Islandstraße – eine der malerischen Altstadtstraßen der sehenswerten Kleinstadt, die mit unzähligen Schieferhäuschen auf sich aufmerksam macht – betritt, bekommt noch luftige Brötchen und knuspriges Brot, genießt noch dieselbe Qualität wie der erste Kunde am Morgen.

Das Geheimnis der frischen Backwaren offenbart sich gleich neben der Verkaufstheke: ein nach altem Vorbild erbauter Holzsteinbackofen, der mit Buchen- und Fichtenholz befeuert wird. Volker Lehmann, der seine Ausbildung mit nur 22 Jahren als jüngster Bäckermeister Nordrhein-Westfalens abschloss und die 1905 gegründete Schlossbäckerei 1985 übernahm, war der erste Bäcker des gesamten Bundeslands, der wieder mit einem traditionellen Natursteinbackofen arbeitete. Anfangs von vielen

skeptisch beäugt, gehören seine Backwaren heute zu den besten der Region.
Da die Kapazitäten bald nicht mehr ausreichten, kam noch ein größerer Dampfsteinbackofen in der Backstube hinzu, der zwar mit Gas betrieben wird, aber den gleichen Effekt erreicht: eine knusprige Kruste, die die Brote im Inneren feucht und damit lange frisch hält.
Das Sortiment ist so groß, dass ein Brotkalender darüber Auskunft gibt, welche Spezialität es an welchem Wochentag und in welcher Jahreszeit gibt, denn das Angebot, stets etwa 25 bis 30 Brote, richtet sich nach den Vorgaben der Saison.
So gibt es im Sommer leichte, luftige Grillbrote wie italienisches Ciabatta, französisches Weißbrot, süditalienisches Bauernbrot, Bärlauch- und Olivenbrot, Peperoni-Ciabatta und Zwiebelbrot ... Im Winter kommen dunkle und kräftigere Sorten wie Schwarz- und Mehrkornbrot, Speck- und Kartoffelbrot aus dem Ofen. Das ganze Jahr über gibt es die klassischen Holz- und Steinofenbrote, Dinkel- und Sojaschrotbrot, das Doppelbackbrot, das drei Stunden gebacken wird, Land- und Gassenhauer-Brot.
Hinzu kommen jahreszeitliche Obstkuchen, Stuten – pur, mit Rosinen oder Butterstreusel –, süße Teilchen und Croissants.
Sämtliche Brote werden aus selbst hergestelltem Natursauerteig und auf der Basis einiger weniger traditioneller Grundrezepte gefertigt, die dann mit Kräutern, Gewürzen oder sonstigen jahreszeitlichen Zutaten verfeinert werden. Gern entwickelt Volker Lehmann in seiner Backstube auch Neukreationen, wie das Sprossen-Holzofenbrot, das mit frischen Sprossen aus biologischem Anbau gebacken wird und sich durch einen feuchten, weichen Kern und eine knusprig-herzhafte Kruste auszeichnet.
Das für seine hohe Qualität zertifizierte Getreide bezieht der Bäckermeister ausschließlich aus kontrolliertem Anbau, denn die Qualität guter Backwaren beginnt schon mit hochwertigen Grundprodukten. Dann ergänzen handwerkliche Perfektion, Know-how und Erfahrung und modernste Technologie den betrieblichen Ablauf. Fertigteigmischungen wird man hier vergeblich suchen, nur natürliche Rohstoffe finden Verwendung bei der täglichen Arbeit. Ein Unterschied, den man schmeckt ...

Hückeswagen

Bürli-Brot

Zutaten

350 g Weizenmehl, Typ 720
180 g Roggenmehl, Typ 1100
470 g Dinkelmehl, hell
930 ml Wasser
50 g Backhefe
570 g fermentierter Teig (Sauerteig auf Weizenbasis, gibt's beim Bäcker)
34 g Speisesalz

Zubereitung

Alle Zutaten zu einem griffigen Teig verarbeiten, 3–4 Teigstücke von je ca. 600 g abnehmen und auf einem mit Mehl bestreuten Brett an einem warmen Ort gehen lassen, zwischendurch einmal wenden. Dann im Ofen bei 220–230 °C für 20–30 Minuten knusprig backen. Diesen Grundteig kann man beliebig variieren, indem man Gewürze oder andere Zutaten beifügt.

DAS WEINKABINETT

Das Weinkabinett GmbH
Edith Gerhards und
Dr. Axel Bornkessel-Gerhards

Bachstraße 29
42499 Hückeswagen

Telefon 0 21 92 / 93 51 10
Telefax 0 21 92 / 93 51 11

Ruhetage: Sonntag bis Dienstag

„Wir möchten Weinliebhaber schaffen", erklären Edith Gerhards und Dr. Axel Bornkessel-Gerhards, die im Mai 2003 in Hückeswagen ihr Weinkabinett eröffneten, ihr ebenso einfaches, wie anspruchsvolles Credo. Dabei ist es den Weinexperten nicht nur wichtig, ihren Kunden gute Weine vom Erzeuger zu vernünftigen Preisen anzubieten, sondern sie möchten auch einen Ort der Begegnung, der Kommunikation und der Kultur für die Menschen der Region schaffen. Bei der Umsetzung ihrer Vision kamen ihnen zwei wesentliche Aspekte entgegen. Zum einen konnten sie aus ihrem umfangreichen Weinwissen schöpfen, das sie sich als Kultur-Journalisten beruflich und als Weinkenner auch privat angeeignet hatten. Zum anderen hatten sie mit dem historischen Elternhaus von Edith Gerhards auch gleich den perfekten Rahmen gefunden – schließlich gab es hier 120 Jahre lang eine gemütliche Gaststätte, die in der Gegend als „Wichsdose" (so klein wie eine Schuhcremedose) zu legendärem Ruf gelangte.

Wenn die beiden nicht hier im Weinkabinett ihre Kunden unprätentiös und fern von ‚jeder vinophilen Eitelkeit beraten, dann besuchen sie Winzer, verkosten neue Weine und erweitern das Sortiment. Die deutschen Anbaugebiete sind fast durchgängig vertreten, außerdem gibt's Weine aus Italien, Spanien und Frankreich. Die Bandbreite reicht vom günstigen Literwein bis zum anspruchsvollen Gewächs. Feine Olivenöle, Salze und Schokolade, Federweißer, Sekt und Spirituosen sowie Liköre ergänzen das Sortiment. Regelmäßig laden die Gerhards zu Verkostungen in die gemütlichen Räume mit den niedrigen Decken und dem zum Teil noch ursprünglich erhaltenen Mobiliar. Zu einem bestimmten Thema, das kann ein Land, eine Region oder eine Rebsorte sein, werden sechs Weine verkostet. Dazu reicht Edith Gerhards kleine, feine, auf die Weine abgestimmte Speisen.
An Abenden wie diesen erwacht der gesellige Geist des Hauses zu neuem Leben ...

NATUR PUR
– WASSERREICHES BERGISCHES LAND

Das Bergische Land ist eine an Flüssen, Bächen und Seen besonders reiche Region. Es becirct seine Besucher mit romantischen Flussläufen, die sich träge und stetig durch die Landschaft schlängeln, tiefblauen Stauseen inmitten verwunschener Wälder und unzähligen Bächen mit einer so guten Wasserqualität, dass sich hier zahlreiche Fische pudelwohl fühlen.
Vier Flüsse prägen das Bergische Land: zunächst die Wupper, welche die gesamte Region durchquert und dabei viele Talsperren speist, sowie Rhein, Ruhr und Sieg, die das Bergische Land im Westen, Norden und Süden begrenzen ... In diese Ströme ergießen sich die vielen kleinen Flussläufe, die ihrerseits idyllische Täler gegraben haben und die Stauseen der vielen Talsperren speisen, die als Trinkwasserreservoir und zum Hochwasserschutz erbaut wurden, für die heimische Tier- und Pflanzenwelt zur weitgehend geschützten Heimat geworden

Aggersee

sind und nicht zuletzt mit ihren künstlich geschaffenen Seen den Menschen der Region als Naherholungsgebiet mit vielfältigen Wassersport- und Wandermöglichkeiten zur Verfügung stehen.
So lädt die Aggertalsperre im Oberbergischen Land Sportfans zum Segeln und Surfen, zu Touren mit dem Tret- und Ruderboot oder dem Kanadier und sogar zum Tauchen ein. Das Besondere an dieser Talsperre ist der Zusammenschluss aus den drei Flusstälern der Agger, der Rengse und der Genkel. Letztere speist – gemeinsam mit der Grotmicke – auch die nach ihr benannte Talsperre, die als reine Trinkwassertalsperre keinen Wassersport zulässt, so dass sich eine Wanderung oder Radtour hier besonders erholsam gestaltet.
Die Eschbachtalsperre bei Remscheid ist Deutschlands erste Trinkwassertalsperre und ihr Bau 1889–91 galt als Pionierleistung auf diesem Gebiet, geplant und entwickelt von Professor Dr. Otto Intze, der als Wegbereiter des Talsperrenbaus gilt. Auf ihn zurückgehende Baumerkmale, wie z. B. die bogenförmige Gewichtsstaumauer aus Bruchsteinmauerwerk mit viel Mörtel, bezeichnet man als „Intze-Prinzip", nach dem zahlreiche Talsperren im Bergischen Land konzipiert wurden.
Wie auch die Neyetalsperre bei Wipperfürth, die auf prähistorischem Boden errichtet wurde: Beim Aushub fand man Steinwerkzeuge aus der Steinzeit. Ein etwa dreistündiger Rundweg führt dicht am Ufer, stets begleitet von idyllischen Waldgebieten, einmal um den Stausee herum. Gerade diese reizvolle Mischung aus dunkelgrünen Wäldern und tiefblauem Wasser, das sich wie schmale Finger einer Hand in die Landschaft hinein erstreckt und somit den Vergleich mit norwegischen Fjorden nahe legt, macht den besonderen Reiz der bergischen Stauseen aus. Die Wiehltalsperre wird daher auch „Auchel-Fjord" genannt,

Eschbachtalsperre bei Remscheid

da sie sich weit in die Landschaft verzweigt und so malerisch präsentiert, dass sie einer bekannten Brauerei als Kulisse für ihren Werbespot diente!
Unter deren Wasserspiegel liegen die Überreste von elf „versunkenen Dörfern“, die sich früher im heutigen Seengebiet befanden – so wie auch die Wuppertalsperre mit ihren insgesamt fünf Vorsperren einige Dörfer und historische Sehenswürdigkeiten unter sich begrub. So ist der See heute ein äußerst beliebtes Tauchrevier, das unter Wasser viel zu bieten hat.

Fluß Agger bei Engelskirchen

ECHT WILD!

Konditorei Café Confiserie
ECHT WILD!
Familie Wild

Markt 1
42929 Wermelskirchen

Telefon 0 21 96 / 49 35
Telefax 0 21 96 / 9 01 69

Ruhetag: Montag

ECHT WILD! Der Name ist Programm in der Konditorei und Confiserie Wild in Wermelskirchen – und das seit 176 Jahren! Das Traditionshaus am Markt wurde 1830 von dem Zuckerbäcker Conrad Wild und seiner Frau Lisette gegründet; 1891, nun schon

unter der Leitung von Sohn Rudolf, wird das pittoreske Erkerhaus erbaut, das auch heute noch der Stammsitz der Familie ist. Die Entwicklung des Cafés über zwei Jahrhundertwenden spiegelt auch ein Stück deutsche Geschichte wider. Erste Maschinen erleichtern in den 1920er Jahren das Handwerk, in der Nachkriegszeit wird das Haus zum beliebten Tanzcafé für die Wermelskirchener, in den 50er Jahren gibt es im Café Wild feines Eis aus eigener Herstellung. 1976 übernehmen Horst und Karin Wild als fünfte Generation den Betrieb, modernisieren ihn gemäß der Maxime „aus Tradition wird eine Revolution" und etablieren Kreativität, Innovation und experimentelle Lust am Außergewöhnlichen als neue Pfeiler des Erfolgs. Mit dem Millenium schließlich schlagen auch die beiden Kinder, Thomas und Sonja, ebenfalls Konditormeister wie der Vater, ein weiteres vielverspre-

chendes Kapitel der Familien-Chronik auf. Thomas, der zuletzt bei der Deutschen Meisterschaft zum „Konditor des Jahres 2005“ einen hervorragenden 3. Platz erreichte, arbeitet an der Seite seines Vaters, Tochter Sonja trägt die Firmenphilosophie mit Ehemann Dirk Neuenhöfer in ihrem Café Bonjour in Siegburg weiter.

So beweisen die Wilds auf vielfältige Weise, dass sie allesamt Virtuosen sind, die auf der Klaviatur der Konditorei- und Confiseriewelt zu spielen verstehen.

Nur wo ECHT WILD! draufsteht, ist auch ECHT WILD! drin. Nichts wird dem Zufall oder dem Qualitätsempfinden anderer überlassen. Alles entstammt der eigenen Herstellung auf der Basis hochwertiger Rohstoffe, natürlicher Aromen und Gewürze.

Ein Besuch im eleganten Café, das sich im Stil eines Wiener Kaffeehauses präsentiert mit seinen Säulen und Rundbogen-Fenstern, den sonnengelben Wänden und dem warmen Parkettboden, gleicht einer Reise ins Schlaraffenland. Erster Halt: die lange, appetitanregende Verkaufstheke. Hier leuchtet es zitronengelb, buttercremefarben und schokobraun, beerenrot und sahneweiß. Die Obstkuchen und Sahnetorten, Pralinen und Trüffel, die turmhohen Baumkuchen, das zarte Gebäck ... wofür soll man sich da eigentlich entscheiden? Da hilft nur eins, vorne anfangen und bald wiederkommen. Wobei dann sicher schon wieder ganz andere Spezialitäten in der Auslage zu finden sind, denn Horst und Thomas Wild sind umtriebige Gestalter, ständig bemüht, ihre Gäste von Neuem mit ihren Kreationen zu überraschen. Inspirieren lassen sie sich im Urlaub, aber auch auf Fachkongressen, bei Seminaren, internationalen Ausstellungen – und im Austausch mit Kollegen.

Das Ergebnis sind so fantasievolle Kreationen wie die Surabaja-Torte mit Stachelbeeren, Waldbeeren oder Himbeeren, Vanillecreme und Sahnemantel, die beim Reinbeißen mit knusprigen Baiserbröseln überrascht. Einfallsreich und raffiniert: die

Caribia, eine Pralinenmousse mit Tahiti-Vanille, Johannisbeerbaiser mit Grand Marnier oder die Pralinentorte, zwischen deren sechs Böden sich eine Schokobuttercreme schmiegt, die mit verborgenen Pralinenstückchen für ein wahres Geschmacksfeuerwerk sorgt. Ebenfalls nicht zu verachten: WILD's Spanische Vanille-Torte im rassigen Schokokleid, die sich auch zum Verschicken und zum Mitnehmen auf weiten Reisen eignet.
Schon seit 45 Jahren gehört die Flockentorte, auf der Basis von luftigem Brandteig, zu den Rennern im Sortiment und wird seitdem nach dem gleichen Rezept hergestellt. Sie tritt z. B. klassisch mit Preiselbeeren, als Flockenkirschtorte, als Friesenflockentorte mit Rosinen und als Champagner-Himbeer-Torte im Baumkuchenmantel auf.
Der Baumkuchen – diese anspruchsvolle, zeitaufwändige Köstlichkeit, die zu Recht als König im Kuchen-Reich bezeichnet wird, nimmt einen recht großen Platz im Sortiment ein. Es erfordert viel Fingerspitzengefühl und gut zehn Backvorgänge, bis der Kuchen den Namen „Baum" verdient. Und da hier manches ECHT WILD! ist, kann auch so ein Baumkuchen schon mal bis zu zehn Meter in die Höhe wachsen! Für alle jene, denen das zu hoch ist: Es gibt ihn auch als Spitze, einzelnen Ring oder mundgerechte Fours.
So manche ihrer Stammkunden begleiten die Wilds ein ganzes Leben lang mit ihrem süßen Genussprogramm. Zum Beispiel mit Kunstwerken für die schönsten Tage im Leben, mehrstöckige Traumtorten, außergewöhnliche Formen, Farben und Motive.
ECHT WILD! sind die Meisterwerke allemal – und ein Highlight einer jeden Festivität.
Das gilt natürlich auch für das erlesene Confiserie-Sortiment des Hauses: Trüffel, Pralinen, Schokoladen – Träume aus Kakao! Die edelsten Sorten aus den Ursprungsländern Mittelamerikas sind die Grundlagen für die zart schmelzenden Köstlichkeiten, die mit so ungewöhnlichen, aber ungleich köstlicheren exotischen Schokoladen mit Aromen von Ingwer über Meersalz bis zu Chili aufwarten können. Auch Marzipanpralinen, Trüffel mit gesalzener Butter, Lavendel-, Passionsfrucht- und Whisky-Geschmack entführen den Gaumen in neue Gefilde. Eine gute Präsentidee: Die „Top Ten"-Packung fasst die zehn beliebtesten Trüffel und Pralinen zusammen.
Viele Mandeln, wenig Zucker – so schmeckt Marzipan am besten. Neben jahreszeitlich komponierten Figuren macht vor allem eine besondere Spezialität auf sich aufmerksam, die schon seit 100 Jahren zum Repertoire im

Hause Wild gehört: die „Schrottkiste“ mit Aul Isen, also rostig aussehenden Werkzeugen aus Marzipan, überzogen von Schokolade und bestäubt mit reinem Kakao.
Bleibt noch zu erwähnen, dass das Genussprogramm am Morgen mit sieben verschiedenen Frühstücksangeboten startet und sich am Mittag mit einer großen Auswahl an Suppen, Pasteten, Quiches, Salaten, Toasts und Brotzeiten fortsetzt. Viermal im Jahr laden die Wilds zum großen „Konditorfrühstück“ mit „Gourmetmeile“, die sich der jahreszeitlichen Highlights mit süßen und herzhaften Spezialitäten annimmt.
Wer nun Lust bekommen hat, selbst mal ein bisschen WILD! zu werden, dem sei Horst Wilds Buch „Nouvelle Confiserie“ mit Rezepten von der Bergischen Quarknudel bis zur Vacherintorte empfohlen – oder der Besuch eines Confiserie-Seminars, das Horst und Thomas Wild regelmäßig veranstalten. Dabei werfen die Hobby-Confiseure einen Blick hinter die Kulissen des Familienbetriebes und erfahren auch manches Geheimnis über die Herstellung von Trüffeln, Schokoladen und Torten.
Wen in diesem Schlaraffenland die Angst um überflüssige Pfunde überfällt, sei mit dem Worte Boccaccios getröstet: „Es ist besser, Genossenes zu bereuen, als zu bereuen, dass man nichts genossen hat.“

Wermelskirchen

Bergische Dellen

(für ca. 3 Backbleche)

Zutaten
(bitte genau auf der Digitalwaage abwiegen)

85 g Eier
540 g Eiweiß
250 g Zucker
300 g Mandeln
50 g Mehl
1 Vanilleschote
20 g Jamaica Rum

Zubereitung

Eier, Eiweiß und Zucker über dem Wasserbad auf ca. 55 °C erwärmen und glatt rühren. Mandeln mit Mehl, Mark der Vanilleschote und Rum mischen und unter die flüssige Masse heben. Bleche mit erwärmter Butter fetten und mit Mehl leicht bestauben. Die Masse in etwa walnussgroße Häufchen (nicht zu groß!) portionieren und mit einer nassen Gabel ganz flach, oval und dünn drücken.
Die Bergischen Dellen im vorgeheizten Ofen (220 °C) hell vorbacken und etwas abkühlen lassen. Beim zweiten Backen (lassen sich dabei besser vom Blech lösen und die Farbgebung lässt sich besser kontrollieren) dem Gebäck eine goldgelbe Farbe geben, gleich mit einem Metallspachtel vom Blech lösen und sofort in eine Tunnelform (oder über ein Rollholz) legen, damit das Gebäck die gewölbte Form erhält. Damit das Gebäck knusprig bleibt, sollte es in einer luftdichten Dose verwahrt werden.
Ideal eignen sich die Bergischen Dellen als Beilage zum Kaffee/Espresso oder zum Desserteis.

KARTOFFELHAUS NEUEMÜHLE

Kartoffelhaus Neuemühle

Arno Lichtenscheidt

Neuemühle 1
42929 Wermelskirchen

Telefon 0 21 96 / 97 16 74
Telefax 0 21 96 / 97 37 78

Ruhetage: Montag, Dienstag

Was aus einer Kartoffel so alles werden kann, zeigt das umfangreiche Genussprogramm im Kartoffelhaus Neuemühle – einer historischen Kornmühle bei Wermelskirchen. Da gibt es Kartoffelsuppen in vielerlei Gestalt, Ofen-, Blech- und Bruschetta-Kartoffeln, überbackene Käsekartoffeln, Kartoffelrösti mit vielerlei Toppings und Aufläufe in

vielen Geschmacksvariationen – und sogar Kartoffelwaffeln, die mit Milchreis, Kirschen, Eis oder Sahne das Wochenende versüßen. Wer hier ein Bratkartoffelverhältnis eingeht, freut sich auf die Begleitung von Spiegeleiern mit Speck und einem knackigen Salat. Die Kartoffel ist also der Star im Genussprogramm des Hauses, von der Vor- bis zur Nachspeise tritt sie in vielfältigen Rollen auf und hat in jedem Gewand ihren ganz eigenen Reiz. Dabei kommen auch die Klassiker der bergischen Küche nicht zu kurz. Der bergische Pillekuchen wurde zur Kartoffelpizza, und das in gleich sechs Variationen. Ganz typisch ist auch die Kombination von herzhaftem Reibekuchen und süßem Rübenkraut, Zimt und Zucker oder mit Apfelkompott und Apfelkraut, wozu sich nach altem Brauch Schwarzbrot gesellt.

Wermelskirchen

Kartoffelbrot

Zutaten (für 5 Brote)

2 kg Weizenmehl
1 kg gekochte, geriebene Kartoffeln
1 l Milch
300 ml Olivenöl
5 x 42 g frische Hefe
2 Eier
1 1/2 EL Salz

Zubereitung

Alle Zutaten außer der Hefe und der Milch miteinander vermischen, die Hefe in der lauwarmen Milch auflösen, dann nach und nach zum Teig geben und alles gut verkneten. In fünf gleiche Teile portionieren und nach kurzem Nacharbeiten in je eine Kastenform geben. An einem warmen Ort gehen lassen, drei- bis viermal mit dem Messer einritzen und im Umluftofen bei 175 °C 60 Minuten backen.

Eine Eigenkreation des Hauses ist das täglich frisch gebackene Kartoffelbrot, das mit Knoblauchcreme und Kräuterquark serviert wird – und dessen Rezeptur Gastgeber Arno Lichtenscheidt den Lesern der „Kulinarischen Entdeckungsreise" exklusiv verrät!
Er ist seit 1998 Herr über dieses umfangreiche Kartoffelschlemmerland. Zuvor hatte sich der gelernte Koch, der nach seiner Lehre zwischen Österreich und der Ostsee Berufserfahrungen sammelte, bereits in Wuppertal mit einem Kartoffelhaus selbstständig gemacht.
Nun verwöhnt er die Wermelskirchener mit seiner Kartoffelvielfalt. Als Kulisse hat er sich ein ganz besonderes Schmuckstück auserkoren. Die denkmalgeschützte Neuemühle mit ihrem pittoresken Fachwerk- und Schieferkleid ist auch im Inneren eine Augenweide – viel Holz, offenes Gebälk und gemütliche Nischen vermitteln ein behagliches Wohlfühlambiente. Das große Wasserrad der 1826 erbauten Kornmühle wurde rekonstruiert, das original erhaltene Getriebe kann – wie der alte Backes – ebenfalls besichtigt werden. Im Sommer bietet der lauschige Garten am Eifgenbach zusätzliche Plätze in einer beschaulichen Naturidylle.
Die Tradition hält Arno Lichtenscheidt auch mit umfangreichen rustikalen Festessen aufrecht, die ab zwei Personen geordert werden können: Das große Pellkartoffel-Essen wird mit einer Reihe von Köstlichkeiten, von Quark bis Räucherlachs, von geräuchertem Landschinken und Schafskäse bis zu verschiedensten Buttersorten, zelebriert, bei der „Kartoffel-Hochzeit" treffen Bratkartoffeln auf ein Kartoffelgratin, mit Kräuterquark gefüllte Kartoffeln auf Rösti und sie allesamt auf Hähnchenbrustfilets, Rumpsteaks und Schweinemedaillons, die von Knoblauch-Kräutertomaten und Spiegeleiern gekrönt werden. Serviert wird das Ganze in einer Riesenpfanne, aus der sich jeder bedient, bis er satt ist.

Kochen & Kultur – zwei Lebensbereiche, die unglaublich viel miteinander zu tun haben, wie schon Max Frisch erkannte, als er schrieb: „Muße und Wohlleben sind unerlässliche Voraussetzungen aller Kultur!“ Gerade in unserer Zeit, in der das „Handwerk“ Kochen immer mehr aus dem Alltag verdrängt und durch Fertigprodukte, Fast Food und falsche Essgewohnheiten ersetzt wird, gehört das Kochen zu einem wichtigen Kulturgut.

Auf der anderen Seite gibt es sowohl in der Gastronomie- als auch in der Kulturszene die zunehmende Tendenz, kulturelle Events mit der Lust am Genießen zu verbinden. Diesen Anspruch erfüllt auch die Kochschule „KOCHEN & KULTUR“ der Diplom-Kauffrau Martina Neitzert. Als die Marketing-Spezialistin ihr Konzept vor rund einem Jahr etablierte, wollte sie bewusst nicht noch mehr auf rein kulinarische Themen beschränkte Kochseminare anbieten, sondern den zusätzlichen Aspekt der kulturellen Ergänzung harmonisch in die Kurse einbinden. In Zusammenarbeit mit renommierten Profiköchen und hochrangigen Künstlern der Region erstellte sie ein originäres abwechslungsreiches Programm mit vielfältigen Auswahlmöglichkeiten.

Fans der japanischen Küche lernen bei „Sushi für Anfänger“ nicht nur, wie man aus Reis und rohem Fisch köstliche Maki, Nigiri und Co. zubereitet, sondern werden auch von einer japanischen Künstlerin auf dem Koto, einer landestypischen Zither, musikalisch begleitet. Feuriger Flamenco umgarnt die Zubereitung spanischer Tapas, eine orientalische Bauchtänzerin becirct die Teilnehmer von „Cous Cous & Suleika“ bei Rezepten aus 1001 Nacht. Ob karibische Rhythmen während der Zubereitung kreolischer Köstlichkeiten oder französische Chansons bei den Klassikern der provenzalischen Küche und nicht zuletzt ob des passenden Kochweins zu jedem Thema – gute Laune und viel Spaß sind bei allen Kursen garantiert.

Kunstverstand müssen die Kochschüler beim Kurs „Kochen & Malerei“ mitbringen, denn bevor sich das beteiligte Gemüse als Zutat mit anderen Ingredienzien vereint, dient es als Modell zum Nachmalen. Und ein Klassiker der Film- und Gourmetgeschichte wird originalgetreu nachgekocht: das „Dinner for one“ mit allen Gerichten – und Getränken! –, nur das Tigerfell wird durch einen Stofftiger ersetzt. Und die perfekte Begleitung zu italienischen Antipasti, Pastavariationen und süßen Dolci kann nur eines sein: die Arien berühmter italienischer Opern, live vorgetragen von einem Tenor. Wer auch in Zukunft nicht mehr allein zu Hause kochen will, dem sei der Single-Kochkurs „Topf trifft Deckel“ empfohlen, bei dem die neue Liebe vielleicht wirklich durch den Magen geht ...

Am Anfang eines jeden Kochkurses, der stets persönlich von Martina Neitzert betreut wird, stehen ein Aperitif und die Einweisung in die köstlichen „Arbeitsmaterialien“ durch den Koch, der den Abend leitet. Dann folgt der kulturelle Teil, bevor es an die Verteilung der Schürzen und Rezepte geht, die dann meist von zwei Teilnehmern gemeinsam zubereitet werden.

Der Profi gibt währenddessen wichtige und nützliche Tipps, schaut den Schülern über die Schulter und begutachtet ihre Fortschritte. Bei Mehr-Gang-Menüs genießen die Eleven Gang für Gang das Ergebnis ihrer Bemühungen inklusive des passenden Tischweins, bevor man sich an die Zubereitung der nächsten Herausforderung wagt. Schauplatz des Geschehens sind drei Küchenstudios in Köln, Wuppertal und Mühlheim.

Auch viele Firmen der Region nutzen das Angebot, um ihren Mitarbeitern mal eine „etwas andere“ Betriebs- oder Weihnachtsfeier zu bieten, denn man kann die einzelnen oder individuell abgestimmten Kurse jederzeit als geschlossene Gruppe buchen.

Die Kochkurse können übrigens auch im Rahmen eines Gutscheins verschenkt werden – ein Präsent, über das der Beschenkte sich garantiert noch lange freuen wird. Schließlich lernt er dabei was fürs Leben und findet neue Freunde, die sich bei KOCHEN & KULTUR schnell und unkompliziert näherkommen.

KOCHEN & KULTUR
Martina Neitzert

Goethestraße 36
42929 Wermelskirchen

Telefon 0 21 96 / 88 87 98
Telefax 0 21 96 / 88 81 82

culinarium

culinarium
OLIO DI OLIVA

BERGISCHER LÖWE

Restaurant Bergischer Löwe

Astrid Spors und Lars Röntgen

Am Markt 10
42929 Wermelskirchen

Telefon 0 21 96 / 97 29 27
Telefax 0 21 96 / 97 30 27

Ruhetag: Montag
(von Jan.–Sept. auch jeden 2. Dienstag)

Das Restaurant „Bergischer Löwe" verweist nicht nur mit seinem Namen auf seine Herkunft – der Löwe ist ja das Wappentier des früheren Herzogtums Berg –, sondern logiert auch in einem der ältesten Häuser der Stadt gleich neben der alten Stadtkirche. Das imposante Schieferhaus von 1634 wurde nach dem großen Stadtbrand von 1758 neu erbaut und diente früher als Pferdeabspannstation, Brauerei und Metzgerei, war also seit jeher ein gastlicher Ort.
Seit November 1996 logieren Astrid Spors und Lars Röntgen in dem denkmalgeschützten Haus und bringen viel frischen Wind in die historischen Räumlichkeiten. Das Ambiente passten sie den architektonischen Vorgaben harmonisch an, auf verschiedenen Ebenen mit offen gelegtem Gebälk und Fachwerk verteilen sich die elf rustikalen Holztische, dazwischen verleihen die indirekte Beleuchtung und die unzähligen Accessoires auf den Tischen, an den Wänden und in den Nischen dem Ganzen einen urgemütlichen Eindruck, der sich auch beim herzlichen Service von Astrid Spors und den innovativen Gaumenfreuden von Lars Röntgen wohltuend bestätigt.

Die Küche geht erfrischend neue, gern auch mal experimentelle Wege. Das sympathische Gastgeberpaar hat sich bewusst gegen ein traditionell bergisches Konzept entschieden, als es die Leitung des Hauses übernommen hat, und setzt nun seine Vorstellung von einer jungen, zeitgemäßen Gastlichkeit um. Neue Ideen entspringen dem jährlichen Urlaub, der die beiden meist nach Südfrankreich, Italien oder Spanien führt. Die landestypische Küche fließt dann zu Hause in die alle acht bis zehn Wochen neu konzipierte Speisenauswahl oder in Aktionskarten ein. Auch wenn viele Grundprodukte aus dem saisonalen Warenkorb des Bergischen Lands stammen, so erleben sie in Lars Röntgens Küche eine mediterrane Metamorphose und tauchen als südlich-leichte Kreationen auf dem Teller wieder auf, wie der süß eingelegte Spargel zum Dessert, das gratinierte Schweinefilet mit Kräutern und Kichererbsenpüree, die Entenkeule mit Fenchel an Pilzrisotto beweisen. Die Weine, ebenfalls aus den Mittelmeerländern Frankreich, Spanien und Italien, gehen ob ihres passenden Aromenspiels mit diesen Köstlichkeiten eine harmonische Genuss-Ehe ein.
Im Sommer kann man nicht nur vor der Tür vor dem malerischen Schieferensemble Platz nehmen, sondern auch im Zuge der Löwen-Leckerchen-Tage am Mittwoch Tapas genießen, am Donnerstag der „Fleischeslust" frönen, am Freitag „Fischers Fritze" kennen lernen und am Samstag auf das viergängige Überraschungsmenü gespannt sein. Toskanische Wochen, Muscheltage, Wild und Gänse haben ebenso ihren festen Termin im Kalender wie das besinnliche Weihnachts-Hoffest am 3. Adventssamstag. Im Restaurant stellen Kunsthandwerker ihre Preziosen vor, draußen vor der Tür gibt's heiße Getränke und weihnachtliche Speisen. Auch dies ist für viele Wermelskirchener ein gern gewählter Anlass, mal wieder im „Bergischen Löwen" einzukehren.

Hähnchenbrust-Roulade mit Serranoschinken auf Curcuma-Tomaten-Rucola-Penne

Zutaten (für 2 Personen)

2 Hähnchenbrustfilets
4–6 Scheiben Serranoschinken
1 Bund Rucola
10 Cherrytomaten
250 g Penne Rigatoni
100 ml Sahne
1 kl. Zwiebel, gewürfelt
6 gr. Blätter Basilikum, klein geschnitten
1 TL Curcuma
Olivenöl
Salz und Pfeffer

Zubereitung

Hähnchenfilets von der Mitte her aufschneiden wie ein Schmetterlingssteak, auf Frischhaltefolie legen, Folie drüberklappen und mit einem Fleischklopfer o. Ä. plattieren. Je 2–3 Scheiben Serranoschinken auf die Filets legen und mithilfe der Folie zu einer Roulade rollen. Sparsam würzen (Schinken ist recht kräftig) und in heißem Olivenöl scharf anbraten. Anschließend im Backofen bei 160 °C ca.15–20 Minuten weitergaren.
Zunächst Curcuma in kochendes Salzwasser, dann die Penne hineingeben und bissfest kochen. Rucola waschen und klein schneiden, Tomaten halbieren und Stielansatz entfernen. Zwiebel mit etwas Olivenöl glasig dünsten, Penne hinzufügen und mit Sahne aufgießen. 3-4 Minuten köcheln lassen, Tomaten und Rucola hinzufügen und noch mal 1–2 Minuten köcheln, abschmecken und mit Basilikum abrunden.

REMSCHEID
– STADT DER TUCH- UND WERKZEUGMACHER

Deutsches Werkzeug- und Heimatmuseum

Röntgenmusesum in Lennep

Remscheid – nach Wuppertal und Solingen drittgrößte Stadt des Bergischen Lands – hat sich schon im Mittelalter als Sitz einer bedeutenden Werkzeugindustrie einen Namen erworben. Die an Flüssen reiche Gegend bot genug Wasserkraft, um eine prosperierende Metall verarbeitende Gewerbevielfalt zu etablieren, die in Schleifkotten und Hammerwerken vor allem Eisen und Stahl zu mannigfaltigem Gerät für Landwirtschaft und Handwerk verarbeitete. Besonders anschaulich vermittelt der Steffenshammer von 1746 mit dem großen Wasserrad am Hammerteich, der mächtigen Holzwelle, Hammer, Amboss und Schleifstein eine Ahnung von der harten Arbeit vergangener Zeiten (Führungen inkl. Vorführung). Er ist eine Außenstelle des Deutschen Werkzeugmuseums, das seinerseits mit seinen Werkzeugen aus vielen Jahrhunderten als europaweit bedeutende technik-, sozial- und kulturgeschichtliche Sammlung gilt.

Das stattliche Haus Cleff mit typisch bergischer Schieferfassade sowie Stilelementen des Rokoko vermittelt hingegen ein pittoreskes Bild bürgerlichen Wohnkomforts. Ein Zinnkabinett, Werke Remscheider Künstler – des Malers Johann Peter Hasenclever und des Grafikers Gerd Arntz – sowie das Stadtarchiv sind hier ebenfalls beheimatet.

Auch dem berühmtesten Sohn der Stadt, Wilhelm Conrad Röntgen, ist ein Museum gewidmet. Unweit seines Geburtshauses in

Lennep zeigt das Deutsche Röntgenmuseum eine Ausstellung zu Leben und Werk des bedeutenden Physikers, der am 8. November 1895 die nach ihm benannten Strahlen entdeckte, die die Medizin revolutionierten.
Wer sich erst mal einen Überblick über die Stadt verschaffen möchte, sollte den 48 Meter hohen Turm des imposanten Rathauses erklimmen, der über 222 Stufen (oder mit dem Aufzug) zu erreichen ist.
Die lebendige Kulturszene der Stadt trifft sich vor allem im Teo Otto Theater, Bühne der Bergischen Symphoniker und Schauplatz eines umfangreichen Kulturprogramms von Oper bis Musical, von Ballett bis Varieté und von Schauspiel bis Kindertheater. Die Städtische Galerie zeigt interessante Wechselausstellungen, darunter auch Werke regionaler Künstler.
Heute ein Stadtteil Remscheids, war Lennep, seit 1230 mit Stadtrechten versehen und später sogar Mitglied der Hanse, aufgrund seiner verkehrsgünstigen Lage an wichtigen Fernhandelsstraßen schon früh ein bedeutender Warenumschlagplatz, der sich rasch mit Mauern, Wall und Graben schützte und im 14. Jahrhundert zur bedeutenden Tuchmacherstadt aufstieg, wovon das Lenneper Tuchmuseum zu berichten weiß: Es zeigt anhand zahlreicher Exponate die Geschichte der bergischen Tuchindustrie im Wandel der Zeiten.

Museum Clemenshammer

CONCORDIA HELDMANN'S RESTAURANT

Keine Geringere als die 1889 erbaute Industriellenvilla Concordia gibt die außergewöhnliche Bühne für die feinen Gourmandisen von Ulrich Heldmann, einem der besten Küchenchefs des Bergischen Landes, der für seine lustvolle Gourmetküche mit dem Michelin-Stern und vielen anderen Insignien seiner Zunft geadelt wurde – und sich trotzdem ganz unprätentiös mit sympathischer Bescheidenheit vorstellt.

Die hohen Räume mit ihren Stuckdecken, großen Glasfronten und knarrenden Dielen strahlen ihren ganz eigenen Charme aus, der durch den herzlich-souveränen Service von Petra Heldmann zusätzlich hervorgehoben wird. Drei ineinander übergehende (und für Gesellschaften gemeinsam nutzbare) Räume mit insgesamt nur zwölf Tischen – das Vorstandszimmer, die Jägerstuben und der lichtdurchflutete Wintergarten, dem sich noch die Terrasse anschließt – sind der Schauplatz des Geschehens.

Längst hat sich Ulrich Heldmann von seinen beruflichen Stationen – allesamt erste Häuser wie das „Résidence“ in Essen und das „Luther“ in Freinsheim – emanzipiert und prägt seinen eigenen finessenreichen Stil. Dabei beweist er, dass regionale Produkte durchaus die Größe haben, im Gourmetgewand aufzutreten. Wildes aus heimischen Wäldern, Fisch von Hecht bis Zander, Flusskrebse und Lamm sowie Gemüse von Bauern der Region schreiben den Speiseplan. Seine ganze Kunstfertigkeit zeigt er dann in der Veredelung dieser Produkte mithilfe von kostbaren Salzen, frischen Kräutern und vielerlei Gewürzen, die aus den

Concordia Heldmann's Restaurant
Petra und Ulrich Heldmann

Brüderstraße 56
42853 Remscheid

Telefon 0 21 91 / 29 19 41
Telefax 0 21 91 / 2 19 15

Ruhetage: Sonntag, Montag

heimischen Ingredienzien welterfahrene Köstlichkeiten zaubern, die mit ungewöhnlichem Aromenspiel auf sich aufmerksam machen.
Wunderbar heimatverbunden zeigt sich der Zander aus der Wuppertalsperre mit Blutwurst und einem Ragout von Kartoffeln, Äpfeln und Zwiebeln; aromatische Feuerwerke: die Lachssuppe mit Anis oder die karamellisierten Pfeffer-Canneloni mit Vanille-Mousse und Erdbeer-Mangosalat. Eine deutsch-italienische Liaison gehen bergisches Kalbsfilet und Haxe mit geschmorten Tomaten und Ricotta-Spinatravioli ein.
Von der Magie des Kochens berichtet Ulrich Heldmann auch in seinen Kochkursen, die von ersten Tricks und Tipps bis zum Kochen eines Festmenüs reichen. Auch die Küchenpartys, bei denen die Gäste den Köchen bei der Arbeit über die Schulter sehen, vermitteln einen authentischen Eindruck von den Abläufen „hinter den Kulissen". Leger und lecker zeigen sich die „Flying Buffets", die abgestimmt auf ihr jeweiliges Thema vielerlei kleine Köstlichkeiten, die ganz zwanglos auf Tabletts herumgereicht werden, präsentieren. Und bei den erlesenen Degustationsmenüs kommen einige der edlen Tropfen aus dem 500 Positionen umfassenden Weinrepertoire des Hauses, das einen klaren deutschen Schwerpunkt setzt, zu ihrem großen Auftritt.
Tipp: Für den kleinen Geldbeutel gibt's im Bistro Fifty Six leichte, mediterrane Gerichte, die davon zeugen, dass auch sie von einem Meister seiner Zunft kreiert worden sind.

Zander und Flusskrebse auf Rieslingkraut

Zutaten
(für 5 Personen)
2 kg Zander
10 Flusskrebse

Sud
50 g Wurzelgemüse
Kümmel, Kräuter

Sauce
250 g Sahne
1 kleine Zwiebel
200 ml Weißwein
150 g helles Wurzelgemüse
je 1 Lorbeerblatt, Dill- und Thymianzweig
500 g Sauerkraut
50 g Sahne
50 ml Riesling
1 Zwiebel
Butter
1/2 Lorbeerblatt
2 Nelken
Salz, Pfeffer

Zubereitung
Zander schuppen, ausnehmen, waschen, filetieren und kross braten. Die Flusskrebse im Gemüsesud mit etwas Kümmel und Kräutern abkochen, dann ausbrechen.
Aus den Gräten, dem hellen Wurzelgemüse und Kräutern einen Fond herstellen. Mit etwas Zwiebel, Sellerie und Weißwein den Fischfond reduzieren, mit Sahne auffüllen, mit Salz und Pfeffer abschmecken, mixen und passieren.
Das Sauerkraut kräftig waschen. Eine Zwiebel würfeln und in Butter anschwitzen. Erst Sauerkraut, dann Lorbeerblatt, Nelken, Sahne und Riesling zugeben, 5 Minuten köcheln lassen, Lorbeer und Nelken wieder herausnehmen, mit Pfeffer und Salz abschmecken, eventuell etwas Fischfond zugeben. Gemeinsam mit dem Zander anrichten.

LANDMARKT KOTTSIEPER

Kottsieper GmbH & Co. KG

Karl-Frieder und Susanne Kottsieper

Obergarschagen 9a
42899 Remscheid-Obergarschagen

Telefon 0 21 91 / 69 04 90
Telefax 0 21 91 / 61 09 91

Geöffnet von Mittwoch bis Samstag

Eine kleine Genusswelt ist der schöne Landmarkt Kottsieper im idyllischen Dörfchen Obergarschagen bei Remscheid: Familie Kottsieper hat hier einen modernen und großzügigen Landmarkt für ihr frisches und appetitliches Sortiment erbaut.
Der Hof erfüllt alle Anforderungen eines modernen landwirtschaftlichen Betriebes. Nachdem der Familienbetrieb früher auch Milchvieh, Bullen und Schweine hielt, hat er sich heute auf die Haltung von Legehennen spezialisiert und diesen Betriebszweig kontinuierlich erweitert. 1996/97 wird der Hof als erster landwirtschaftlicher Betrieb in Deutschland ISO-zertifiziert.
Das Getreide für das Hühnerfutter baut Landwirt und Geflügelzuchtmeister Karl-Frieder Kottsieper größtenteils selbst an. Soja, Mais, Vitamine, Mineralien und Spurenelemente sorgen für gesunde Tiere und hochwertige, wohlschmeckende Eier mit kräftig gelbem Eigelb. Die Eier werden gleich vor Ort geprintet, sortiert, verpackt und gehen dann sofort in den Verkauf – Frische, die man schmeckt.
Mit der Übernahme des Hofes 1988 durch Karl-Frieder und Susanne Kottsieper wird auch ein kleiner Hofladen zum „Einkauf auf dem Bauernhof" mit Eiern, Kartoffeln, Obst und Säften eröffnet. 1999 wird ein neuer Freilandhaltungsstall errichtet, im Jahr 2000 zieht der „Landmarkt Kottsieper" in seine neu erbauten großzügigen Räume mit erweitertem Produktsortiment.
So stehen neben den braunen, weißen und gefärbten Eiern, teilweise aus Freilandhaltung, die Produkte benachbarter Höfe, die den gleich hohen Qualitätsmaßstäben entsprechen. Durch einen regen nachbarschaftlichen Austausch bleiben die Transportwege kurz, das Angebot frisch und flexibel.

Die Kunden profitieren von einem umfassenden Sortiment mit nachvollziehbarer Herkunft.
Die lange Frischetheke offeriert Frischgeflügel und abwechslungsreiche Wurst- und Bio-Käsespezialitäten direkt vom Erzeuger. Weiter geht es mit knusprig-frischem Brot, Hülsenfrüchten, Reis aus kontrolliert-biologischem Anbau und Eiernudeln aus Schwaben. Fürs Frühstück werden Marmelade, Honig, Tee und Müsli angeboten. Im Getränkebereich sind Fruchtsäfte und Württemberger Winzerweine zu entdecken und nicht zuletzt gibt es ein großes Sortiment an frischem, knackigem Obst und Gemüse der Saison sowie verschiedene Kartoffelsorten. Während die Großen einkaufen, können sich die Kinder auf dem Spielplatz gleich nebenan vergnügen.
Eine gute Gelegenheit, Familie Kottsieper und ihr Team kennenzulernen, bietet der Land- und Jägermarkt, der alle zwei Jahre im Frühjahr stattfindet. An solch einem Wochenende wartet ein abwechslungsreiches Programm, unterstützt von der Kreisjägerschaft mit ihren Jagdhornbläsern und Hundedressur-Vorführungen, auf die Besucher. Traktorfahren ist ein Vergnügen für Groß und Klein. Für das leibliche Wohl sorgen Speisen und Getränke mit Köstlichkeiten aus dem Bergischen Land.
Für jeden ist etwas dabei. Schauen Sie doch einfach mal rein.

Gefüllte Hähnchenbrustfilets im Zucchinimantel

Zutaten

4 Hähnchenbrustfilets
4 Scheiben Bio-Bergkäse
4 Scheiben roher Schinken
2 Zucchini
2 EL Sesamöl
100 ml Geflügelbrühe
Salz, Pfeffer

Zubereitung

Die Hähnchenbrustfilets von der Haut befreien, seitlich einschneiden und auseinanderklappen. Salzen und pfeffern, mit je einer Scheibe Käse und Schinken belegen und wieder zuklappen. Zucchini waschen, Enden abschneiden und längs in 2–3 mm dünne Scheiben schneiden (je nach Dicke der Zucchini benötigt man pro Filet 2–3 Scheiben).
Zucchini in kochendem Salzwasser 20 Sekunden blanchieren, in kaltem Wasser abschrecken und abtropfen lassen. Vorsichtig um die Filets wickeln, mit Rouladenspießchen feststecken und in Sesamöl von beiden Seiten bei mittlerer Hitze anbraten, dann die Brühe zufügen. Bei geschlossenem Deckel etwa 8–10 Minuten köcheln lassen, bis das Fleisch zart ist.

HOTEL RESTAURANT KROMBERG

Hotel Restaurant Kromberg
Silvia und Markus Kärst

Kreuzbergstraße 24
42899 Remscheid-Lüttringhausen

Telefon 0 21 91 / 59 00 31
Telefax 0 21 91 / 5 18 69

Das Hotel Kromberg in Remscheid-Lüttringhausen ist geradezu ein Paradebeispiel für bergische Gastlichkeit mit seiner regionaltypischen Schieferfassade mit grünen Schlagläden und bunt blühenden Blumenkästen. An der Eingangstür verweist dann auch schon das Symbol der Dröppelmina auf die Zugehörigkeit zum Gastronomenverband „Bergische Gastlichkeit“ und damit auf eine anspruchsvolle heimatverbundene

Küche. Gleich daneben: drei goldene Sterne, die dem Gast zeigen, dass er es sich hier in behaglichen, komfortablen Gästezimmern gemütlich machen darf.
Aus der Eckkneipe, in der sich ab 1891 die „aulen Lütterkuser“ trafen, ist ein Ziel für Feinschmecker geworden, dessen kulinarisches Angebot heute von Markus Kärst geprägt wird, der nach seiner Koch- und Hotel-Management-Ausbildung hier nun in fünfter Generation die Tradition mit viel Engagement und Professionalität fortzuführen versteht. An seiner Seite: Mutter Silvia, die mit ihrer über 30-jährigen Erfahrung als Gastgeberin die „gute Seele“ des Hotel Restaurant Kromberg ist.
Unbedingt probieren sollte man die Spezialität des Hauses, den nach einem über 100-jährigen Hausrezept gebeizten Graved Lachs und das „Stremelchen“ aus dem hauseigenen Räucherofen, die sich mit einer gebackenen Safran-Lachspraline und

einem Orangen-Basilikum-Lachs aus eigener Herstellung zu „Kromberg's Lachserlebnis" vereinen.
Mit mediterraner Leichtigkeit becircen die weiteren Fischgerichte, wie die Röllchen vom Pangasiusfilet mit Bauernschinken auf Pesto-Gemüse oder die Lasagne vom Schollenfilet und Pinienkern-Blattspinat in Kräuter-Champagner-Sahne.
Wer mal keine Lust auf Fisch verspürt, findet illustre Gerichte „von deutschen Wiesen und Weiden", wie Rumpsteak unter Oliven-Bärlauch-Kruste mit Kartoffelstäbchen, das Ragout vom bergischen Wiesenlamm mit Knoblauch und Kräutern oder die rosa Entenbrust auf Johannisbeer-Senfsauce mit Gnocchi und Brokkoliröschen.
Dabei versorgt vor allem die Region Markus Kärst mit hochwertigen Grundprodukten, von Lamm, Pilzen, Spargel bis zu Wild und Gänsen, die dann in einfallsreiche Kompositionen, in Spezialitäten- und Festtagsmenüs kunstfertig umgesetzt werden.
Eine Auswahl all dieser Köstlichkeiten kann man übrigens auch im Rahmen des hauseigenen Partyservice für Veranstaltungen und Festlichkeiten genießen.
Die Wochenend-Arrangements des Hauses verbinden den Aufenthalt in den gemütlichen Hotelzimmern mit Romantik, Sightseeing, Entspannung und natürlich einem reichhaltigen und abwechslungsreichen kulinarischen Rahmenprogramm.

Tipp: Für Spielernaturen empfiehlt sich das „Risikomenü", ein 3-Gang-Überraschungs-Menü, dessen Preis nach dem Verzehr der Speisen mit vier Würfeln ausgewürfelt wird, so dass ein Endpreis von mindestens 4, aber auch nur maximal 24 Euro herauskommt. Da ist klar: Der Gast gewinnt auf jeden Fall!

Zanderfilet auf Tomaten-Zucchini-Gemüse mit Schupfnudeln

Zutaten

4 Zanderfilets à 200 g
je 4 kleine Zucchini und Tomaten
2 EL Olivenöl
Salz, Pfeffer, Knoblauchpfeffer, Muskat
Mehl
Margarine, Butter
Saft 1/3 Zitrone
2 EL frischer Thymian
400 g gekochte Kartoffeln
115 g Mehl
1 Ei

Zubereitung

Kartoffeln durchpressen, mit Mehl und Ei zu einem Teig verkneten, mit Salz, Pfeffer, Muskat abschmecken. Nudeln von der Größe eines kleinen Fingers formen und diese 2–3 Minuten in siedendem Wasser kochen, anschließend in heißer Butter goldgelb schwenken.
Tomaten waschen, Strunk entfernen, leicht über Kreuz einschneiden. Kurz in kochendes Wasser eintauchen, dann sofort in kaltem Wasser abschrecken, häuten, halbieren, weiches Kerngehäuse entfernen und in Streifen schneiden.
Zucchini waschen, halbieren und in Scheiben schneiden, in heißem Olivenöl braten und mit Salz und Knoblauchpfeffer würzen. Kurz vorm Servieren Tomaten und frischen Thymian hinzugeben und einmal durchschwenken, evtl. nachwürzen.
Zander mit Salz, Pfeffer und Zitrone würzen, mehlieren und auf der Hautseite in Margarine braten. Kurz bevor der Fisch gar ist, wenden und ganz kurz anbraten. Alles gemeinsam dekorativ anrichten.

BAUERNHOF HERMANN KEMPE

Wild geht es zu auf dem idyllisch gelegenen Bauernhof von Hermann und Gabriele Kempe am Stadtrand von Remscheid: Gut 100 Damhirsche leben in dem sechs Hektar großen Gehege gleich hinter dem Hof. Sie sind jedoch keinesfalls handzahm, sondern leben hier fast wie in freier Wildbahn, suchen sich ihr Futter in dem waldreichen Gebiet selbst, paaren sich ganz natürlich und bringen ihre Jungen ohne Aufsicht zur Welt. Lediglich im Winter füttert Hermann Kempe Heu und Getreide aus eigenem Anbau zu. Ansonsten ernähren sich die Hirsche von dem, was die offenen Weiden und der schützende Wald bieten, also vor allem Gräser und Kräuter, die sich auch positiv auf das Fleischaroma auswirken. Wer möchte, kann von einem Aussichtsstand aus das Wild in seiner natürlichen Umgebung beobachten. Besonders spannend ist das ab Juni, wenn die Hirschkühe gekalbt haben und der Nachwuchs auf seinen dünnen Beinchen in die Welt stakst.

Der Hof ist ein typisches Beispiel für den landwirtschaftlichen Strukturwandel in Deutschland. 1824 gegründet, lebte er lange Zeit vom Milchviehbetrieb. In den 1950er Jahren kam eine Geflügelzucht hinzu, einige Jahre später stellte Hermann Kempes Vater den Betrieb auf Legehennen um, die auch heute noch fleißig und unermüdlich ihre Arbeit verrichten.

In den 90er Jahren entschlossen sich die Kempes dann, sich außerdem noch auf die Aufzucht und Vermarktung von Damwild zu spezialisieren.

Die hauseigenen Spezialitäten werden sämtlich im schönen Hofladen verkauft, der den passenden Namen „Speisekammer" trägt. Außerdem gibt es eine breite Palette

Bauernhof Hermann Kempe

Gabriele und Hermann Kempe

Buchholzen 1-3
42897 Remscheid-Buchholzen

Telefon 0 21 91 / 99 70 43
Telefax 0 21 91 / 99 70 45

Hofladen Sonntag bis Dienstag geschlossen

an Geflügel wie Masthähnchen, Puten, Gänse, Enten und Truthähne. Sie werden von langjährigen Vertriebspartnern zugekauft, ebenfalls landwirtschaftliche Familienbetriebe aus dem Bergischen Land, auf deren Qualitätsmaßstäbe sich die Kempes verlassen können.
Das gilt auch für das weitere Angebot, von Marmelade, Käse und Brot über Nudeln, Müsli und Gebäck bis zu Wein, Säften und Eierlikör.
Wildschweinschinken, Hirschsalami, Wildleberkäse, Wildschweinmettenden und -bratwürste sowie Wildpasteten und Sauereingelegtes stammen aus eigener Herstellung. Das Wildfleisch, das natürlich auch frisch bzw. vakuumverpackt erworben werden kann, ist sehr gesund und nahrhaft, fettarm und aromatisch wie kaum eine andere Fleischsorte, also „Biofood“ in seiner reinsten Form, denn die Tiere wachsen ja ohne jegliche Beeinflussung durch den Menschen auf und werden – hier auf dem Hof nach etwa einem Lebensjahr – ohne Schlachtstress waidmännisch erlegt und zerteilt, und zwar von Hermann Kempe persönlich, der als passionierter Jäger auch in den umliegenden Revieren unterwegs ist, um das Angebot um Reh, Wildschwein, Hase und Kaninchen sowie Fasan, Rebhuhn und Wachtel zu ergänzen.
Das Sortiment passt sich stets den jahreszeitlichen Gegebenheiten an, im Winter gibt es Braten und Eintöpfe, im Sommer eingelegte Grillspezialitäten, im Frühling gehören die vielen Geflügelprodukte zu den Rennern und traditionsgemäß steht der Herbst dann vor allem im Zeichen des Wildes, das ab Mitte September (bis April) verkauft wird.
Gabriele Kempe gibt interessierten Hobbyköchinnen und -köchen gern Rezepte mit an die Hand, wie man die „wilden“ Stücke am besten zubereitet, dazu gehören auch die passenden Wildgewürze oder Wildfonds, die man ebenfalls im Hofladen erwerben kann. Auf Wunsch bzw. Bestellung bereitet sie auch bratfertige Gerichte, z. B. eingelegte Braten oder geräuchertes Geflügel, für ihre Kunden zu.
Von Dienstag bis Samstag sind die Kempes auch mit ihrem Verkaufsstand auf den Remscheider Wochenmärkten vertreten und fahren mit ihrem Verkaufswagen bis zu 150 verschiedene Haltepunkte in Solingen-Burg, Remscheid, Wermelskirchen und Burscheid-Hilgen an. Gelegenheiten gibt es also genug, die „wilden“ Köstlichkeiten vom Bauernhof Kempe einmal zu probieren!

BAUERNHOFGASTRONOMIE RUSTICUS

Bauernhofgastronomie Rusticus
Ute und Bernd Hielscher

Krähwinkel 4
42799 Leichlingen

Telefon 0 21 74 / 74 86 12
Telefax 0 21 74 / 74 86 76

Rusticus – das lateinische Wort für Bauer – ist ein wahrlich passender Name für das hübsche 250 Jahre alte bergische Fachwerkhaus mit der urgemütlichen Bauernhofgastronomie von Ute und Bernd Hielscher. Viel Mühe und Zeit haben sie in dieses Schmuckstück investiert, das sich heute im romantisch-ländlichen Stil mit Lehmofen, historischem Fachwerk-Gebälk und vielen hübschen Accessoires auf zwei Stockwerken (Erdgeschoss behindertengerecht) präsentiert. Bei gutem Wetter zieht es die Gäste hinaus auf die sonnenverwöhnte Terrasse und in den lauschigen Biergarten.
Hier wird serviert, was der Hielscher-Hof inklusive hauseigener Käserei an Köstlichkeiten zu bieten hat (siehe S. 162/163), kulinarisch verpackt in einfallsreiche, jahreszeitlich komponierte Gerichte mit Pfiff. Die bodenständige Speisenauswahl reicht von der Rusticus-Brotzeit mit hausgemachter Rinderwurst, Bauernschinken, Rauchfleisch, Käse, Butter und selbstgebackenem Steinofenbrot über Utes Käseteller mit verschiedenen Rohmilchkäsen aus eigener Herstellung bis zum Witzheldener Senfrostbraten mit Bratkartoffeln. Hinzu kommen saisonale Kompositionen, die den jahreszeitlichen Warenkorb abwechslungsreich und gern auch mal mit mediterraner Leichtigkeit inszenieren, z. B. mit frischem Spargel, der sich mit Tomaten und Büffelmozzarella überbacken zeigt, mit Pfifferlingen in Rahm auf grünen Nudeln oder mit Lammkoteletts vom Grill zu Folienkartoffeln und Kräuterrahm.
Am Wochenende und an Feiertagen tischt das Rusticus-Team das beliebte Frühstücks-

buffet auf, das mit vielen Spezialitäten des Hauses begeistert. Und am Nachmittag verlocken frisch gebackener Kuchen und Waffeln sowie Eis aus eigener Herstellung.
Ein umfangreicher Festtags-Brunch stimmt die Gäste am Heiligabend und Ostersonntag auf die Feiertage ein, zu Weihnachten und Silvester verwöhnt das Rusticus seine Gäste mit einem viergängigen Menü und am Neujahrsmorgen nimmt das Katerfrühstück den kulinarischen Reigen von Neuem auf, der auch schon mal mit einem exotischen Cocktail-Abend oder einem karibisch-kreolischen Grillbuffet aufwarten kann.
Wer eine Festlichkeit plant, kann zum einen den hauseigenen Party-Service in Anspruch nehmen, aber auch in den schönen Räumlichkeiten des Hauses gelungene Feste feiern.

Der Hof hat aber neben dem gastronomischen Angebot noch viel mehr zu bieten. Für die Kinder gibt es auf dem Gelände einen Spielplatz und einen kleinen Streichelzoo. Eine weitere Attraktion ist das unweit des Rusticus angelegte Maislabyrinth (Mitte Juli-Oktober zugänglich).
Außerdem möchten die Hielschers auch alte bäuerliche Traditionen bewahren. Dazu gehören Events wie das Entzünden des Osterfeuers, der erste Kuh-Austrieb des Jahres, ein spontan organisiertes Erntedankfest oder eine winterliche Schneegaudi.
Tipp: Das alle drei Monate erscheinende „Käseblatt" informiert über das Neueste vom Hielscher-Hof mit Speisekarte, aktuellen Aktionen und Wissenswertem zum Hof und den netten Menschen, die hier leben!

Rusticus Käsefondue

Zutaten
(für 4–6 Personen)
1 EL Butter
1 Knoblauchzehe
1/2 TL Salz
300 ml Weißwein
(trocken, nicht zu aromatisch)
800 g Witzheldener Bauernkäse
40 ml Kirschwasser
2 TL Speisestärke
Pfeffer
Muskatnuss

Zum Eindippen
Weißbrot vom Vortag
gekochte Birnen

Zubereitung
Butter im Caquelon (Fonduetopf) auf dem Herd schmelzen, Knoblauchzehe schälen, durchpressen und mit Wein und Salz zur Butter geben, gemeinsam aufkochen lassen. Käse fein reiben und unter ständigem Rühren in den Topf geben. Hitze reduzieren und weiterrühren, bis der Käse vollständig geschmolzen ist. Speisestärke in Kirschwasser und 20 ml Wasser anrühren und in die Käsemasse geben. Erneut aufkochen lassen, mit frisch gemahlenem Pfeffer und Muskatnuss würzen, kräftig durchrühren.
Käsefondue braucht Geduld. Man zerlässt den Käse ganz langsam und muss dabei rühren, rühren, rühren.
Tipp: Für ein alkoholfreies Fondue ersetzt man den Wein durch 200 ml Buttermilch und 100 ml Sahne, das Kirschwasser durch den Saft einer Zitrone.

WITZHELDENER BAUERNKÄSEREI

Mit der Kuh per Du – so bezeichnen Ute und Bernd Hielscher das Verhältnis zu ihren 130 hübschen Milchkühen der Rasse „schwarz-bunte Holstein Friesen", die sich bei dem engagierten Paar, das auf einen artgerechten und tierfreundlichen Umgang viel Wert legt, so wohl fühlen, dass sie viel gute Milch geben, die zu köstlichen Käsespezialitäten verarbeitet wird.

Seit über 50 Jahren ist der Hof im Familienbesitz, 1988 kamen die Direktvermarktung der hofeigenen Produkte und die hauseigene Käserei hinzu. Damals wurde Bernd Hielscher im Angesicht sinkender Milchpreise bewusst, dass er ein weiteres Standbein benötigte, um erfolgreich weiterexistieren zu können. Und so erlernte er gemeinsam mit Ehefrau Ute, von Haus aus eigentlich Fremdsprachenkorrespondentin, die Kunst des Käsens. So erfolgreich, dass der Witzheldener Bauernkäse heute deutschlandweit von über 300 Direktvermarktern vertrieben wird – und dank des weltweiten Netzes auch vom Endverbraucher direkt nach Haus beordert werden kann.

Für die Hielschers ist klar: Die Basis für guten Käse ist nicht nur eine hochwertige Milch, sondern auch das Wohlbefinden der Kuh, die sie gibt. Die Kühe können sich in ihrem lichtdurchfluteten Boxenlaufstall inklusive hauseigenem „Wellness-Bereich" in Form einer Kuhbürste auf frischem Stroh frei bewegen und dürfen bei gutem Wetter sofort raus auf die saftigen Weiden. Die weibliche Nachzucht bleibt komplett auf dem Hof und tritt dann später in die „Hufstapfen" ihrer Mütter. Gefüttert werden sie mit frischem Gras, Heu, Mais- und Grassilage aus eigenem Anbau.

Moderne Technik, aber auch höchste Hygiene und Sorgfalt bestimmen alle Abläufe beim Melken und Käsen, denn nur so ist die einwandfreie Qualität des Käses gewährleistet. Ein Melkkarussel ermöglicht es, 16 Kühe gleichzeitig zu melken, zuvor werden die Euter gründlich gereinigt und getrocknet. Dann wird die Milch, quasi noch „euterwarm", sofort verarbeitet. Zunächst werden natürliches Kälberlab und Bakterien zugesetzt, damit die Milch gerinnt und sich in Molke und Käsbruch trennt, Letzterer wird dann langsam abgeschöpft, zu Laiben gepresst und ins Salzbad gelegt, wo sich die

Witzheldener Bauernkäserei
Ute und Bernd Hielscher

Krähwinkel 9
42799 Leichlingen

Telefon 0 21 74 / 34 55
Telefax 0 21 74 / 73 18 54

Rinde bildet. Je nach Geschmacksnote erhalten die Käse Gewürze, Kräuter und sonstige Zugaben von Ananas bis Zwiebel, von Curry und schwarzem Pfeffer bis Senf und von Bärlauch bis Bockshornklee. Schließlich ruhen die Käse im Reifekeller bei einer Luftfeuchtigkeit von 90 Prozent und einer konstanten Temperatur von zwölf bis 16 °C zwischen drei Wochen und mehreren Monaten dem Genuss entgegen, abhängig davon, ob sie als junger, mittelalter oder alter Käse verkauft werden.

Neben den Rohmilchkäsen gibt es noch Rahmcamemberts, den Weichkäse „Bergisch Rot", der nach Tilsiter-Art eine Naturrinde aus Rotschmierekulturen trägt, die kleinen Kräuterlinge und cremigen Brie. Auch handgeschöpften Schichtkäse, Joghurt, Quark und Fruchtmolke sowie Buttermilch, Land- und Kräuterbutter umfasst das Sortiment, das man komplett im schönen Hofladen des Hielscher-Hofes – gleich neben der Bauernhofgastronomie Rusticus (siehe S. 160/61) – erwerben kann. Herzhaftes von den hofeigenen Rindern – Mettwürstchen, Pfefferbeißer, Jagdwurst, Bierkugeln und Salami –, Griebenschmalz, Marmelade, knuspriges Bauernbrot aus dem Steinbackofen ergänzen die hausgemachten Spezialitäten.

Weitere Produkte, viele davon in Bio-Qualität, kaufen die Hielschers von befreundeten Landwirten zu, die gleich hohe Ansprüche an ihre Waren stellen: Ziegenkäse, weitere Wurstsorten vom Schwein, Honig, Eier und Eiernudeln, Weine, Gewürze, Kräuter, Senf und Eierlikör in vielen verschiedenen Geschmacksnoten, Essige und Öle, Brände, Schnäpse, Liköre – so präsentiert der Hofladen alle guten Gaben des Bergischen Landes.

DIE KLINGENSTADT SOLINGEN
– EIN MARKENZEICHEN FÜR HOHE SCHLEIFKUNST

Solingen – eine Stadt mit über 1000-jähriger Geschichte und zugleich ein weltweit anerkanntes Markenzeichen für Messer und Scheren, die scharf zu schneiden verstehen. Nicht nur die zwei gekreuzten Klingen im Stadtwappen verweisen auf eine lange Schleifer-Tradition, auch viele Sehenswürdigkeiten sind mit diesem Handwerk verknüpft, das in so genannten Kotten an der Wupper ausgeübt wurde.
Besonders eindrucksvoll ist der Besuch des letzten noch produzierenden Wupperkottens Solingens: Die Schleiferei Wipperkotten ist im Außenkotten einer Doppelkottenanlage untergebracht, wo die Schleifer wie vor Jahrhunderten an wasserbetriebenen Schleifsteinen arbeiten. Der Innenkotten, auf einer idyllischen Wupperinsel gelegen, dient noch heute als Wohnhaus und beherbergt außerdem eine interessante Galerie mit Museum.
Die 100-jährige Gesenkschmiede Hendrichs, Teil des dezentral angelegten Rheinischen Industriemuseums, demonstriert die Produktion von Scherenrohlingen an historischen

Riemenfallhämmern; der Balkhauser Kotten birgt ein Schleifermuseum und eine Scherenschleifer-Werkstatt mit Design-Atelier, während die Ausstellung „Loos'n Maschinn“ vorführt, was sich im Zuge der Industrialisierung mit dem Einzug von Dampfmaschinen für die Schleifer änderte, die nunmehr nicht mehr auf die Wasserkraft angewiesen waren.

Während im Walder Kotten eine Ausstellung der besondern Art ein Zuhause gefunden hat – nämlich das Laurel & Hardy-Museum für Fans des Slapstick-Duos Dick & Doof –, residiert das Bergische Museum an einem ganz exponierten Ort: in Schloss Burg, Stammsitz der Grafen von Berg, die Burg zur Hauptstadt ihres Landes machten. Das lebendige Museum gibt in Ritter- und Ahnensaal, Schlafgemach und Rüstkammer, Küche, Kemenate und Kapelle authentische Einblicke in den gräflichen Lebensstil, erzählt aber auch vom Alltag des bergischen Bürgertums und berichtet von Geschichte und Kultur des Bergischen Lands im Wandel der Zeit. Das prachtvolle Schloss thront stolz auf einem 110 Meter hohen Felsen und bietet, vor allem vom Bergfried aus, einen fantastischen Blick ins Umland. Vor den Toren des Schlosses reihen sich zahlreiche pittoreske Schieferhäuser aneinander, von denen viele zum Verweilen und Einkehren laden. Mit der Seilbahn oder auf einem ca. 20-minütigen Wanderweg geht's hinab nach Unterburg, das sich nicht minder idyllisch dem Besucher präsentiert – ein wahrlich hübsches Fleckchen, das man bei einer Reise durch das Bergische Land unbedingt besuchen sollte.

Solingen wuchs erst im 20. Jahrhundert zur Großstadt zusammen und so erzählen die einzelnen Stadtteile, Burg, Wald, Ohligs, Gräfrath und Höhscheid, ganz individuelle Geschichten. Besonders Gräfrath mit seinem ehemaligen Augustinerinnenkloster, das eine wichtige Rolle in der Stadtentwicklung spielte, und dem fachwerk- und schieferreichen pittoresken Ortskern ist einen Besuch wert. Das Kloster ist heute die Heimat des Deutschen Klingenmuseums und zeigt neben Blankwaffen, Besteckssammlungen und „allem, was sonst noch schneidet“ auch den Gräfrather Kirchenschatz mit Reliquiaren und liturgischem Gerät aus sieben Jahrhunderten. Die Klosterkirche St. Maria Himmelfahrt birgt drei kostbare Barockaltäre aus dem frühen 17. Jahrhundert (Besichtigung n. Ver.).

LANDGASTHOF FRIEDRICHSAUE

Landgasthof Friedrichsaue

Dijana und Axel Caspers

Friedrichsaue 43
42657 Solingen-Widdert

Telefon 02 12 / 81 14 82
Telefax 02 12 / 8 75 79

Ruhetage: Montag, Dienstag

Der Landgasthof Friedrichsaue hält, was der Name verheißt: Romantisch im Tal der Wupper gelegen, ist er ein gastliches Haus auf dem Land, denn die Anreise führt heraus aus der Stadt Solingen und mitten hinein ins Bergische, wo der gemächliche Flusslauf, dichte Wälder und sattgrüne Wiesen als Nachbarn grüßen – hier im Stadtteil Widdert scheint die Zeit noch ein wenig langsamer zu vergehen. Die passende Kulisse also für eine gehoben bürgerliche Küche mit klarem regionalen Akzent, die unter der Ägide von Axel und Dijana Caspers mit professionellem Anspruch auf den Tisch gebracht wird. Der Küchenmeister und die Restaurantfachfrau erlernten ihr Handwerk in renommierten Betrieben der Branche, bevor sie 1997 den schönen Landgasthof Friedrichsaue übernahmen und nicht nur neuen Glanz in das ehemalige Ausflugslokal brachten, sondern es mit einer anspruchsvollen Speisenauswahl auch ganzjährig als Ort feiner bergischer Küche etablierten.
Zum Publikum gehören Wanderer, die zur Rast einkehren, Feinschmecker, die sich dem vielfältigen Angebot widmen, Familien, die gerade im Sommer das schöne Gartenrestaurant zu schätzen wissen, und schließlich die Menschen der Region, die im großen Festsaal wichtige Ereignisse des Lebens im passenden Rahmen begehen.
Das Speisenangebot bietet eine ausgewogene Mischung aus hiesigen Traditionsgerichten wie bergische Kottenbutter, Speckpfannekuchen und Waffeln am Nachmittag, aber auch – besonders auf der Extrakarte mit den „Spezialitäten der Saison“ – mediterrane oder asiatische Einflüsse mit Gerich-

ten wie Tafelspitzcarpaccio in Kernölvinaigrette, Lammfilet in Bärlauchsauce mit Gnocchi und Blattspinat und Terrine von Zander und Flusskrebsen auf Glasnudelsalat. Da Axel Caspers passionierter Jäger ist und regelmäßig im Spessart zur Jagd geht, bilden Wildgerichte einen weiteren Schwerpunkt auf der Karte, allem voran Wildschwein, Hirsch und Reh in vielfältigen Variationen. Nur was er selbst erlegt, verarbeitet er frisch und tagesaktuell in seiner Küche. Daneben erhalten auch Spargel und Pfifferlinge, Gänse und Matjes ihre Bühne im jahreszeitlichen Angebot.

Vom Landgasthof Friedrichsaue lohnt sich ein Abstecher zum Museum Wipperkotten, das ebenfalls direkt an der Wupper liegt. Die letzte Doppelkottenanlage von einstmals 26 in diesem Abschnitt der Wupper, um 1600 erbaut, klärt auf über die Geschichte der Klingenherstellung und Schleiferei im Raum Solingen, über die Arbeitsweisen und die Lebensbedingungen der Schleifer.

Frischlingssülze mit Bärlauchcreme

Zutaten (für 6 Personen)

1,5 kg Frischlingsschulter
Gemüsebündchen aus Porree, Sellerie, Möhren, Thymian, Petersilienstängel
Salz, Pfeffer, weiße Pfefferkörner
2 Lorbeerblätter
Einlage: 50 g gehackte Kapern, je 100 g Gewürzgurkenwürfel, feine, blanchierte Würfel von Sellerie, Möhre, Porree
40–45 g Aspikpulver
Balsamico
Sherry
Kapernaufguss
50 g Bärlauch
3 cl Olivenöl
1 EL Mayonnaise
3 EL Crème fraîche
Zitronensaft

Zubereitung

Die entbeinte Schulter mit den Knochen in einem großen Topf mit 3 l kochendem Salzwasser einmal kräftig aufkochen. Hitze reduzieren und das Fleisch 90 Minuten gar ziehen lassen, Fond dabei ständig abschäumen. Nach 60 Minuten Gemüsebündchen, Lorbeerblätter und 1 EL weiße Pfefferkörner zugeben.
Bärlauch mit Olivenöl pürieren, Mayonnaise und Crème fraîche einrühren, mit Salz, Pfeffer und Zitronensaft abschmecken. Fertig gegarte Schulter in feine Würfel schneiden, mit der Einlage vermischen, in eine Form geben. Fond durch ein Tuch passieren und einreduzieren. 500 ml davon mit Salz, Pfeffer, Balsamico, Sherry und ein wenig Kapernaufguss abschmecken, Aspikpulver einrühren und vollständig auflösen, in die Form gießen und für mind. 4 Stunden im Kühlschrank stocken lassen. Zum Anrichten stürzen und in Scheiben schneiden, dazu die Bärlauchcreme, Blattsalate und Bratkartoffeln reichen.

GASTSTÄTTE RÜDENSTEIN

Es gibt Orte, die verzaubern mit ihrem Flair einen jeden, der sie besucht. So ein Ort ist auch die Gaststätte Rüdenstein unter der Leitung von Petra Meis-Wachauf im malerischen Solingen-Obenrüden. Pony und Esel traben gemeinsam über die Wiese an der Wupper, die sich gemächlich ihren Weg bahnt, die Wupperberge als schützende grüne Wand hinter sich – und mittendrin ein Fachwerk-Kleinod, das nun schon seit fast 80 Jahren die Menschen in dieser Region zum Besuch lädt.

Im Laufe dreier Generationen wuchs das Haus zu seiner stattlichen Größe heran und passte sich auch im Innern den gestiegenen Ansprüchen der Zeit adäquat an. Die verschiedenen Gasträume, der romantische Garten am Fluss und der schmucke Festsaal präsentieren sich im zeitgemäßen, frischen Gewand, bewahren ihre Historie aber noch immer sorgsam. Am Eingang sollte man auf den von Petra Meis-Wachaufs Sohn Robert kunstvoll geschmiedeten Wirtshausausleger achten, der mit Dröppelmina und Koch die Stärken des Hauses auch optisch unterstreicht.

Gaststätte Rüdenstein
Petra Meis-Wachauf

Obenrüden 72
42657 Solingen-Obenrüden

Telefon 02 12 / 81 23 14
Telefax 02 12 / 81 15 12

Ruhetage: Montag, Dienstag

Die Einkehr lässt sich wunderbar mit einem Spaziergang bzw. einer Fahrradtour entlang oder einer Kanufahrt auf der Wupper verbinden. An jedem 1. Donnerstag im Monat nimmt ein Führer interessierte Gäste mit zum „Wandern durch die Wupperberge", das nach 1,5 Stunden mit bergischen Waffeln und Kaffee hier seinen Abschluss findet. Das kulinarische Programm zeigt sich als interessante Mixtur aus bergischer Küche (das Haus ist ein Mitgliedsbetrieb der Initiative „Bergische Gastlichkeit") und internationalen Spezialitäten. Bergische Kottenbutter, Leberwurst auf Landbrot, süße und herzhafte Pfannkuchen und das Schnitzel „Rüdenstein" mit Spiegelei und Röstzwiebeln gibt es ebenso zu entdecken wie Garnelen-Spieße auf Sauce Mousseline, die Variation von Edelfischen auf Hummerschaum und mediterranen Lammrücken in der Kräuterkruste.

Hinzu kommen ein wechselndes Tagesgericht, das Happy-Gericht jeden Freitag zum Schnapszahl-Preis von 6,66 Euro und saisonale Extrakarten, die den jahreszeitlichen Warenkorb ideenreich aufgreifen, sich mit Wild und Spargel, Matjes und Erdbeeren, Pfifferlingen und Gänsen variantenreich beschäftigen. Der kulinarische Kalender steuert weitere genussvolle Höhepunkte zu, lädt zum „Dinner for two", dem „Kehr-aus-Buffet" oder zum „Wein-Menü" und bietet an Weihnachten und Silvester große Festmenüs mit erlesenen Speisen in vier Gängen.

Dass man in einer so heimatverbundenen Speisekarte auf die „Bergische Kaffeetafel" stößt, verwundert nicht. Doch dass man sie ganz ohne Vorbestellung und noch dazu schon ab einer Person bestellen kann, ist eine Seltenheit. So kann sich auch der spontane Genießer daranmachen, sich so ganz allmählich durch die Tafel zu schmausen, während die Dröppelmina Kaffee spendet. Und für alle, die auch jenseits der bergischen Grenzen mal so ein „Kaffeedrenken met allem dröm on dran" zelebrieren wollen, verrät Petra Meis-Wachauf hier, was alles dazugehört.

Bergische Kaffeetafel

Das muss dabei sein

Stuten, mit und ohne Rosinen
Schwarzbrot und Graubrot
Butter
Marmelade
Weißkäse, Holländer Käse
Schinken, Aufschnitt und hausmacher Leberwurst
Reisbrei mit Zimt und Zucker
heiße Kirschen
Sahne
frische Waffeln
Kaffee, Tee oder Kakao

So wird's gegessen

Man beginnt mit einer Scheibe Stuten, die mit Butter, Marmelade und/oder Weißkäse bestrichen wird. Dann folgen die herzhaften Köstlichkeiten: Grau- oder Schwarzbrot mit Käse, Schinken und Wurst. Dann geht es wieder süß weiter, mit Stuten, der mit Reisbrei mit Zimt und Zucker verzehrt wird. Dazwischen gibt es frisch gebackene warme Waffeln mit Kirschen und Sahne. Die Dröppelmina spendet dazu den Kaffee.

Wenn man mag, kann man das Dröppelmina-Festmahl mit einem klaren Korn beenden, denn das fördert die Bekömmlichkeit.

ALTER SPEICHER · RESTAURANT & GARTEN

Alter Speicher · Restaurant & Garten

Heide und Gregor Marx

Uferstraße 49-51
42699 Solingen-Aufderhöhe

Telefon 02 12 / 2 64 12 88
Telefax 02 12 / 3 83 05 86

Ruhetag: Dienstag

Von außen trägt das Restaurant „Alter Speicher" in Solingen-Aufderhöhe zwar das typische Schiefergewand des Bergischen Landes, im Inneren offenbart sich dann hingegen eine hoch interessante Mixtur aus Alt und Neu. Hier antikes Mobiliar, eine Biedermeier-Sitzgruppe und historische Bilder, dort moderne Kunst, eine zeitgemäße Dekoration und sogar ein lächelnder Buddha. Und draußen bietet der verträumte Garten ein lauschiges Plätzchen an der Sonne – ein rundum gelungenes Wohlfühl-Ambiente, das sehr stimmig zum Gastgeberpaar Heide und Gregor Marx passt. Kennen und lieben gelernt haben sich der Koch und die Hotelfachfrau beim Studium zum Hotel-Betriebswirt, ihr gemeinsamer Lebens- und Berufsweg führte sie dann bis nach London und Ibiza, bevor sie sich mit dem „Alter Speicher" erstmals selbstständig machten.

Auch in Tokio und Hongkong hat der engagierte Küchenchef schon gekocht und so zeigt sich sein multinationaler Fusions-Stil erfrischend losgelöst von bergischer Behäbigkeit und drückt sich modern, innovativ, kreativ aus. Dabei achtet er nicht nur auf die nachvollziehbare Herkunft seiner Produkte, sondern stellt viele seiner raffinierten Zutaten wie z. B. ausgefallene Chutneys, Nudeln oder das knusprige Rosmarinbrot mit Maldon-Meersalzkruste, selbst her. Appetitlich angerichtet, bunt und fröhlich zeigen sich Gerichte wie gelbes thailändisches Curry mit frischem Gemüse in Kokosmilch mit Koriander und Jasminreis, Filet

vom glücklichen Landschwein mit gebratener Chili-Banane, Gurkenmarinade und Sesamkaramell oder Zander auf jungem Spinat mit Preiselbeer-Chutney. Zum Abschluss verwöhnen das Ananascarpaccio mit Minzpesto und Schokoladen-Chai-Sorbet oder Kokos-Crème-Brûlee mit frischen Beeren den Gaumen extravagant.
Zur mediterran, asiatisch und ab und zu auch gern mal regional komponierten Speisenauswahl, die Gregor Marx monatlich neu zusammenstellt, kommt alle zwei Wochen ein Drei- bis Fünf-Gang-Menü, das sich einem bestimmten Thema widmet und von einer passenden Weinempfehlung begleitet wird.
Auch die Weinkarte offeriert, wie zu erwarten ist, eine Auswahl aus den führenden Weinnationen der Welt und bietet damit garantiert das Passende für die multinationale Speisenauswahl.
Degustationsmenüs, Olivenöl-Seminare mit anschließendem Olivenöl-Menü, der stilecht zelebrierte „Traditional English Afternoon Tea" am ersten Sonntag im Monat (nur Oktober–April), der Oster-Brunch mit umfangreichen Köstlichkeiten – einige Beispiele aus dem monatlich wechselnden Event-Kalender, der zusätzliche lukullische Höhepunkte für die Gäste bereithält.

Wer im Restaurant Alter Speicher feiern möchte, kann sich – je nach Anzahl der Gäste – zwischen den drei Gasträumen im Obergeschoss entscheiden: Im „Lotus" finden maximal neun Personen Platz, die „Stube" zeigt das Haus von seiner historischen Seite, und im „Buddha" bewacht dieser friedlich lächelnd die Gäste und scheint zu überlegen, ob er sich nicht auch mal eins der köstlichen Gerichte bestellen soll ...

Süß-saure Bananensuppe

Zutaten
(für 8 Personen)
20 g Erdnussöl
1 Knoblauchzehe, klein geschnitten
1 Chili-Schote (rot oder grün)
je 5 g Koriander- und Fenchelsamen
2 Zitronengrashalme, zerstoßen
1 kl. Zwiebel, in Streifen geschnitten
2 große, reife Kochbananen (Plantain), in Scheiben geschnitten
100 g Tamarind
1/2–1 Zitrone
ein Spritzer Fischsauce
2–3 EL Zucker
2 l Kokosmilch
500 ml Gemüsebrühe
Koriandergrün, Minze, Chilifäden

Zubereitung
Die Aromaten mit den Bananen in einem hohen Topf in Erdnussöl farblos anschwitzen, Tamarind zufügen und mit Kokosmilch und Gemüsebrühe auffüllen. Bananen weich kochen, kurz durchpürieren, dann durch ein feines Sieb passieren. Mit der Fischsauce abschmecken und nach Belieben mit Zucker süßen. Mit fein geschnittenen Koriander- und Minzblättern sowie Chilifäden bestreuen und servieren.

BISTRO GRÜNE TOMATE

Bistro Grüne Tomate
Snjezana Schrader

Markt 6
40721 Hilden

Telefon 0 21 03 / 25 34 90

Ruhetage: Sonntag, Montagmittag

Die südlich von Düsseldorf gelegene beschauliche Stadt Hilden lädt mit ihrer Fußgängerzone, die von vielen stattlichen Bürgerhäusern aus der vorletzten Jahrhundertwende flankiert wird, der im 13. Jahrhundert erbauten Reformationskirche und dem sie umgebenden hübschen Hackenhof-Fachwerkensemble zum Stadtbummel. Dem berühmtesten Sohn der Stadt, dem Wundarzt Wilhelm Fabry, der als Begründer der modernen Chirurgie gilt, ist in der „historischen Kornbrennerei" sogar ein eigenes Museum gewidmet.

Als Ziel der Erkundungstour bietet sich der beschauliche Marktplatz an, wo auch ein kleines Restaurant zu entdecken ist, das sich selbst ganz bescheiden als Bistro bezeichnet. Dabei hat die „Grüne Tomate" weit mehr zu bieten. Das pittoreske schwarz-weiße Fachwerkhäuschen mit dem Schiefergiebel, das im Jahre 1800 – und damit gute 50 Jahre vor dem Marktplatz selbst – erbaut wurde, begeistert mit zwei behaglichen Gasträumen, die nur jeweils Platz für wenige Tische lassen (daher ist eine Reservierung empfehlenswert). Das rustikale Holzmobiliar und der Holzdielenboden, die passenden Accessoires, eine stilvolle Tischkultur ohne zu viel Noblesse prägen die Atmosphäre, die Gastgeberin Snjezana Schrader selbst mit den Worten beschreibt: „Wir bieten Persönlichkeit! Die meisten unserer Gäste sind Stammgäste, die das Besondere unseres Hauses zu schätzen wissen, das einen entweder sofort gefangen nimmt – oder nie!"

Patronne Snjezana Schrader prägt seit nunmehr fünf Jahren mit ihrer eigenständigen Stilistik eine moderne, mit südlich-leichtem Flair inszenierte Genießerküche mit einer kleinen, feinen und stets frisch zubereiteten Speisenauswahl. Zeitgemäß und ideenreich spielt sie mit Produkten, Aromen und Gewürzen, vereint die Pasta al Chitarra in Hummercreme mit Grönlandkrabben, arrangiert das Lammfilet auf weißem Bohnensalat und setzt dazu den Akzent mit flambiertem Pfeffer, hüllt edle Jakobsmuscheln in einen Speckmantel und reicht hausgemachte getrüffelte Nudeln dazu. Ein Erlebnis für die Sinne ist auch die Komposition aus roter Linsensuppe mit Garnelen und Tomaten-Zwiebel-Relish, ebenso edel wie schlicht das Carpaccio vom Rinderfilet mit weißem Trüffel.

Die Speisekarte erhält alle zwei bis drei Wochen neue Impulse, wird aber auch von täglich wechselnden Extras, die auf der großen Schiefertafel im Restaurant verkündet werden, sowie einer eigenen Mittagskarte ergänzt. Weitere Akzente setzen jahreszeitliche Anlässe wie das Gänseessen zum Martinstag oder das festliche Silvestermenü am letzten Tag des Jahres.

Der Wein passt sich vor allem mit italienischen Kreszenzen diesem üppigen südlichen Aromenspiel harmonisch an, weist aber auch Weine aus den führenden Weinregionen aus aller Welt auf. Und so nehmen die Köstlichkeiten aus Küche und Keller des Bistros Grüne Tomate den Gast mit auf eine genüssliche kulinarische Entdeckungsreise gen Süden ...

Panzerotti mit Pesto und weißem Tomatenschaum

Zutaten

Nudelteig
Hartweizengrieß
Eier
Mehl

Füllung
Ricotta
getrocknete Tomaten

Tomatenschaum
Cherrytomaten
Sahne
Crème fraîche
Basilikum

Pesto
Oregano, Basilikum
Parmesan
Pinienkerne
Olivenöl

Zubereitung
Mehl, Grieß und Eier gut vermengen und zu einem glatten, geschmeidigen Teig verkneten. Diesen in der Nudelmaschine mehrmals dünn etwa handbreit auswalzen. Ricotta mit den klein geschnittenen getrockneten Tomaten vermischen, mit einem Teelöffel auf eine Nudelbahn kleine Häufchen setzen, zweite Nudelbahn darüberlegen und nun runde Panzerotti ausstechen. Ränder gut zusammendrücken, in kochendem Salzwasser bissfest kochen.
Tomaten kurz aufkochen, mit Basilikum pürieren und anschließend durch ein Küchentuch passieren, nicht zu fest ausdrücken. Sahne und Crème fraîche dazugeben. Aus den übrigen Zutaten ein Pesto herstellen. Nudeln nun mit weißem Tomatenschaum und grünem Pesto dekorativ anrichten.

HAANER FELSENQUELLE

Haaner Felsenquelle
Staatlich anerkannte Heilquelle GmbH

Flurstraße 140
42781 Haan

Telefon 0 21 29 / 94 94-0
Telefax 0 21 29 / 94 94 12

„Alles ist aus Wasser entsprungen, alles wird durch Wasser erhalten", schrieb schon Johann Wolfgang von Goethe. Ohne Wasser wäre das Leben auf der Erde nicht möglich. Und Mineralwasser, das erfrischende Nass aus der Tiefe, verbindet dabei gleich zwei Komponenten: Genuss und Gesundheit.

Im Bergischen Land gibt es ein Mineralwasser, das beides miteinander verbindet: die Haaner Felsenquelle, auch „Das Bergische Mineralwasser" genannt, weil sie der einzige Mineralbrunnen der Region ist. Schon seit Jahrtausenden wissen die Menschen um seine Qualität, in früheren Zeiten galt es gar als Arznei bei Harn- und Gichtleiden.

Seit 1908 wird das Wasser der Haaner Felsenquelle in Flaschen abgefüllt und verkauft, nach dem Zweiten Weltkrieg erwarb die Familie Albrecht (heute Familie Römer) die Quelle und etablierte ein florierendes Unternehmen mit modernster Abfülltechnologie und einer wachsenden Produktvielfalt. Zwei weitere Quellen wurden erbohrt und in Brunnen gefasst: die Bergische Waldquelle und die Evidenz-Quelle.

Alle drei Quellen liefern Wässer von höchster Güte und Qualität. Das Wasser der Haaner Felsenquelle ist mineral- und natriumarm und so gesund und wohltuend für den Körper, dass es sogar die Bezeichnung „Heilwasser" tragen darf. Das Wasser wird aus einem 150 Meter tiefen Brunnen ans Tageslicht geholt, enteisent und mit Kohlensäure versetzt und auch als natürliches Mineralwasser, eben als Heilwasser, angeboten. Die Bergische Waldquelle ist ein stilles, ebenfalls natriumarmes Wasser und kann sogar für Babynahrung verwendet werden, da es den gleichen basischen pH-Wert aufweist wie Muttermilch. Das Wasser der Evidenz-Quelle war jahrhundertelang von dicken Gesteinsschichten vor schädlichen Umwelteinflüssen geschützt und ist so rein und natürlich, dass die Körperzellen das Wasser sofort aufnehmen und Schadstoffe sehr gut ausgeschwemmt werden können, so dass dieses Wasser wie eine „Wellnessbehandlung von innen" wirkt und viel Energie spendet.

Damit ist die Produktpalette, die regional im Bio-Fachhandel, in Getränkemärkten, dem Lebensmitteleinzelhandel und über die Gastronomie vertrieben wird, aber noch nicht erschöpft.

Die Haaner Felsenquelle gibt es auch mit einem Spritzer Lemon sowie als fruchtig-frisches Getränk mit Grapefruit- und Mehrfruchtsaft. Die Bergische Waldquelle wird mit den Bio-Aromen Pfefferminze und Mandarine sowie mit einem Spritzer Apfel, Cassis, Orange und Zitrone angeboten. Erfrischendes mit Mineralwasser bieten die Apfelschorle, die Limonaden mit Orange, Zitrone und Grapefruit, die es auch als Fruchtsäfte gibt. Für Diätbewusste gibt es die Bleib-in-Form-Getränke mit Orange und Zitrone sowie einen Multivitaminsaft. Alle Produkte werden im Haus nach eigenen Rezepten gemischt und abgefüllt. Die Aromen und Fruchtauszüge bezieht das Unternehmen von langjährigen Vertriebspartnern, die gleich hohe Qualitätsansprüche an ihre Produkte stellen.

All die verschiedenen Köstlichkeiten beweisen: Wasser ist ein Allroundtalent. Auch das vorgestellt Rezept zeigt, was man aus Wasser so alles zaubern kann ...

Bio-Mojito

Zutaten
(für 1 Glas)
6 cl Rum (z. B. Havana Club)
1/2 Limette
Eis
1 Barlöffel feiner Zucker
4 Minzezweige
Bergische Waldquelle Bio Aroma Pfefferminz Eis

Zubereitung
Limette in einige Stücke schneiden, mit 3 Minzezweigen und Zucker in einem Glas zerdrücken und Rum darübergießen.
Möglichst viel zerstoßenes Eis hinzugeben, mit der „Bergischen Waldquelle" auffüllen.
Mit einem Minzezweig und einem Strohhalm dekorieren.
Für die alkoholfreie Variante einfach den Rum weglassen.

RESTAURANT HOPMANNS OLIVE

Restaurant Hopmanns Olive

Petra und Ingo Hopmann

Ziegeleiweg 1–3
40699 Erkrath-Hochdahl

Telefon 0 21 04 / 80 36 32
Telefax 0 21 04 / 81 04 63

Ruhetage: Dienstag, Samstagmittag

Ein Hauch mediterraner Lebensfreude weht durchs Bergische Land, genauer gesagt durch Erkraths Stadtteil Hochdahl, wo schon der Name „Hopmanns Olive" darauf hinweist, dass hier ein südlich inspirierter Küchenstil zu erwarten ist. Dabei hieß das Haus bereits Olive, als Ingo Hopmann es mit seiner Frau Petra 2001 übernahm. Und doch passen seine Hauptdarsteller aus Küche und Keller perfekt zum mediterranen Bühnenbild, das sich hinter dem grünen Olivenzweig verbirgt. Täglich wechselnde Fischgerichte, die auf der großen Schiefertafel am Eingang schon den Appetit der eintretenden Gäste wecken, und illustre Speisen wie gebratene Jacobsmuscheln mit Krustentier-Risotto, Gazpacho mit Sommertrüffel oder mit Olivenpesto gefüllte Perlhuhnbrust mit Ratatouille und Gnocchi nehmen den Gast mit auf eine kulinarische Reise gen Süden. Akzentreich bringt Ingo Hopmann auch gern seine Heimat ins Spiel, wenn er die Dorade auf Spitzkohl anrichtet, Rahmpfifferlinge zum Rinderfilet reicht oder das Holunderblütenparfait aus selbst gesammelten Blüten auf die Dessertkarte setzt.

Der adäquate Begleiter im Glas kommt ganz stilecht – neben Kreszenzen aus der Neuen Welt – vor allem aus Deutschland, Italien, Frankreich und Spanien. Die Weine sind die Domäne von Petra Hopmann, die nicht nur für den herzlichen Service verantwortlich zeichnet, sondern auch mit ihrer Weinkenntnis die Gäste profund berät.

Die À-la-carte-Auswahl wird von einem ebenfalls saisonal abgestimmten Vier-Gänge-Menü sowie drei Überraschungsmenüs ergänzt, die dem Gast die Wahl zwischen

vier oder fünf Gängen bzw. einem rein vegetarischen Menü lassen.
Im Sommer gibt es zudem die Möglichkeit zum Besuch der urgemütlichen Gartenküche gleich neben dem Restaurant, in dem kleine, leichte Bistro-Gerichte angeboten werden, die sich ebenfalls im mediterranen Gewand präsentieren.
Ingo Hopmann bezieht so viele Produkte wie möglich aus der Region, vor allem Gemüse und Obst, aber auch Galloway-Rinder aus dem Neandertal, die er dann in vielfältiger Art und Weise verarbeitet. Auch lange bevor sich die Türen zum Restaurant öffnen, ist er in der Küche damit beschäftigt, Chutneys und Fonds, Jus und Marmeladen, ja sogar den Holunderblütensirup für den Aperitif herzustellen. An seiner Seite: sein langjähriger Mitarbeiter Manuel Matiske, der ihn an Topf und Pfanne professionell unterstützt.
Auch die Kochkurse von Hopmanns Olive erfreuen sich großer Beliebtheit (am 1. Montag im Monat), vermitteln doch auch sie ein gutes Stück mediterrane Lebensfreude. Tagsüber wird gemeinsam gekocht, am Abend kommen dann die Partner hinzu und man verspeist in fröhlicher Runde das Ergebnis des fleißigen Tagwerks.

Tipp: Gleich neben Hopmanns Olive erhebt sich übrigens der historische Lokschuppen von Erkrath-Hochdahl, in dem das Eisenbahn- und Heimatmuseum der Gemeinde zu finden ist.

Mangoparfait im Baumkuchenmantel mit Espresso-Coretto-Mousse

Zutaten Mangoparfait
2 Eier
25 g Zucker
100 ml Mangomark (frische pürierte Mango oder Mangokonfitüre)
200 ml steif geschlagene Sahne
Baumkuchen (Rezept gibt's auf der Homepage des Hauses)

Espresso Coretto Mousse
2 Eier
25 g Zucker
150 g Bitterkuvertüre, klein gehackt
1 Espresso
1 cl Grappa
150 ml steif geschlagene Sahne

Zubereitung
Eier und Zucker auf dem Wasserbad warm rühren, anschließend mit dem Handrührer kalt aufschlagen. Vorsichtig das Mangomark unter die Eiermasse ziehen, dann die geschlagene Sahne unterheben. Eine Form mit Klarsichtfolie auslegen. Dünne Baumkuchenstreifen hineinlegen und die Parfaitmasse eingießen, mit weiteren Baumkuchenstreifen abschließen – für mind. 12 Stunden einfrieren. Eier mit Zucker auf dem Wasserbad warm rühren und anschließend mit einer Küchenmaschine kalt aufschlagen. Die auf dem Wasserbad langsam aufgelöste Kuvertüre auf Körpertemperatur abkühlen und unter die Eimasse heben, Espresso und Grappa zugeben. Zum Schluss die geschlagene Sahne vorsichtig unterheben. Die Mousse für mind. 6 Stunden kalt stellen. Zu Parfait und Mousse gesellen sich dann noch Apfel-Birnenravioli und rosa Grapefruitschaum.

LUST4WINE

DÜSSELDORF-OBERKASSEL

Weindepot „Lust4Wine"

Geschäftsführer: Michael B. Spreckelmeyer

Belsenplatz 6
40545 Düsseldorf-Oberkassel

Telefon 02 11 / 5 50 28 60
Telefax 02 11 / 55 02 86 29

Kann es ein besseres Motto für einen Weinhändler geben als „Wir entdecken Weine, bevor sie teuer werden!"? Genau dieser Philosophie hat sich das Lust4Wine-Team verschrieben und bietet eine Quintessenz ihrer vinophilen Entdeckungsreisen in dem über 800 Quadratmeter großen Weindepot in Düsseldorf-Oberkassel an. Die integrierte Wein-Lounge inklusive Sonnenterrasse lädt zum Verweilen und Probieren der edlen Tropfen ein.

Weinkenner schätzen die große Auswahl an bezahlbaren Weinen von internationaler Spitzenqualität, die vom günstigen Tischwein bis zum exklusiven Gewächs reicht. Lust4Wine spricht aber auch die jungen, angehenden Weinfans an, die gerade erst am Anfang ihrer „Weinkarriere" stehen und hier einen guten Überblick über Weine aus aller Welt gewinnen können.

Die Lust4Wine-„Weinentdecker" erspüren Trends, neue Sterne am Weinhimmel und Newcomer der Winzerszene. Einige der Weine werden deutschlandweit exklusiv vertrieben, fast alle werden direkt vom Winzer importiert, was sich in einem kundenfreundlichen Verkaufspreis widerspiegelt. Natürlich können alle Weine auch bequem im eShop unter www.lust4wine.de geordert werden.

Samstags bietet das Weindepot Gelegenheit zur Weinprobe. Dann steht eine Auswahl von Weinen inklusive kulinarischer Begleitung bereit. Darüber hinaus werden regelmäßig außergewöhnliche Weinevents veranstaltet, die sich einem Land, einem Winzer oder einer Rebsorte widmen.

Die integrierte Wein-Lounge kann auch für Festlichkeiten aller Art inklusive eines kompletten kulinarischen Programms gebucht werden. Und wer eine Feier an einem anderen Ort plant und auf gute Weine nicht verzichten möchte, kann das Team inklusive mobiler Weinbar mieten.

Tipp: Der kostenlose Newsletter sowie das Newsmagazin „Der Weinentdecker" informieren regelmäßig über Weinproben, Events und Aktionen.

ZEITTUNNEL WÜLFRATH
– FASZINIERENDE REISE DURCH DIE ERDGESCHICHTE

Rund um Wülfrath erstreckt sich das größte Kalksteinabbaugebiet Europas, in dem schon seit Jahrhunderten Kalk gebrochen wird, der u. a. als Düngemittel und Baustoff sowie als wichtiger Zuschlagstoff bei der Stahlherstellung Verwendung findet. Bereits stillgelegte Steinbrüche hat man inzwischen renaturiert, z. B. den Bochumer Bruch und den Steinbruch Schlupkothen im Osten der Stadt. Sie zeigen eindrucksvolle Landschaften mit hoch aufragenden Felswänden und azur- bis türkisgrünen Seen, die sich die tiefen Gräben zurückerobern und Heimat für seltene Tier- und Pflanzenarten geworden sind.

Den unter Naturschutz stehenden, 31 Hektar umfassenden Steinbruch Schlupkothen kann man auf gut ausgebauten Pfaden umrunden bzw. von einer Aussichtsplattform mit fantastischem Ausblick über das Gelände und die ehemaligen Industrieanlangen überblicken. Ein hochinteressanter Lehr- und Erlebnispfad klärt auf über Natur und Industriegeschichte des Areals.

Im Bochumer Bruch gleich daneben taucht der Besucher im „Zeittunnel Wülfrath" ein in 400 Millionen Jahre Erd- und Menschheitsgeschichte (Mai–September tgl. außer Mo geöffnet, Führungen: So, 12 Uhr). In dem 160 Meter langen einstigen Abbautunnel des Steinbruchs erleben die Besucher in einer beeindruckenden Ausstellung acht verschiedene Erdzeitalter und ihre spezifischen Bewohner, bis man am Ende zu den beiden 50 Meter hohen Aussichtsplattformen „Zeitsprung" und „Abhanggang" gelangt, die einen atemberaubenden Blick in die Tiefe der von Menschenhand gegrabenen Schlucht des einstigen Kalksteinbruchs freigeben.

Weitere Infos unter:
www.Zeittunnel-wuelfrath.de

BAUERNCAFÉ SCHEIFENHOF

Ein wahres Schmuckstück ist das Bauerncafé Scheifenhof, das im ehemaligen Krauthaus und Viehstall des Hofs seit Oktober 2001 seine Gäste willkommen heißt. Man fühlt sich sofort wohl in diesem Ambiente aus warmem Holz und hellen Farben, unterschiedlichen Stühlen an jedem Tisch, Omas Sofa in der Ecke, Bildern hiesiger Künstler an den Wänden und dem offenen Kamin für kalte Tage. Auch die herzliche Gastfreundschaft der Familie vom Bey unterstreicht den

ersten Eindruck. Heidi vom Bey ist als Hauswirtschaftsmeisterin und Bäuerin quasi zweifach kompetent, wenn es um die Umsetzung der guten Gaben dieser Region in ein fantasievolles Genussprogramm geht. Tochter Petra bringt als Konditormeisterin die fachliche Kompetenz mit ein, die sie vor allem bei Hochzeits- und Festtorten einsetzt, welche sie in vielerlei Gestalt je nach Wunsch individuell anfertigt. Ihre Schwester Meike sorgt als Mediengestalterin für die professionelle Präsentation nach außen und Vater Peter zeichnet für den 78 Hektar großen Hof mit Weizen, Rüben, Raps und vor allem Erdbeeren verantwortlich, die ihren Teil zum Angebot des Cafés beitragen.
Hier im Bergischen Land sind Bauerncafés noch eine Seltenheit. Umso mehr freuen sich die Gäste aus der Umgebung über die fantasievollen Torten und Kuchen, allesamt tradi-

Bauerncafé Scheifenhof
Familie vom Bey

Thomashofweg 5
40882 Ratingen

Telefon 0 21 02 / 29 86 82
Telefax 0 21 02 / 84 53 91

Ruhetage: Montag, Dienstag

tionelle Haus- und Landfrauenrezepte, die nicht den Anspruch der Perfektion erheben wollen und sich daher erfrischend vom klassischen Konditorangebot abheben.
Fruchtiger Erdbeerkuchen, klassischer Bienenstich, Eierlikör- und Mascarpone-Torte mit frischen Früchten, Mokka-Sahnetorte – gut sechs bis acht Torten sind immer im Angebot, am Wochenende und wenn im Sommer die Plätze draußen Radler und Wanderer anziehen, auch schon mal mehr.
Die hofeigenen Erdbeeren werden als Kuchenbelag, aber auch für Nektar und Fruchtaufstriche eingesetzt, die man hier, nebst weiteren hübschen Geschenkideen wie Duftsäckchen oder Getreidekissen, erwerben kann. Alles Weitere kauft Heidi vom Bey von benachbarten Höfen zu.
Die täglich frisch gebackenen Spezialitäten werden von verschiedenen Angeboten ergänzt: Am Donnerstag vom „Bauern-Schmaus", einem süß-herzhaften Buffet, freitags stehen die „Bergische Kaffeetafel", samstags Eintöpfe und an Sonn- und Feiertagen das große Frühstücksbuffet „mit allem, was dazugehört" auf dem Programm (Anmeldung nötig!).
Eine gute Gelegenheit, den Scheifenhof und seine netten Bewohner näher kennen zu lernen, bieten auch die regelmäßigen Veranstaltungen im Jahresablauf, das Frühlingsfest vor Ostern, das Erdbeerfest mit vielen „beerigen" Köstlichkeiten und der musikalische Frühschoppen im Sommer sowie das Hoffest im Herbst. Für Speis und Trank und ein buntes Unterhaltungsprogramm für Groß und Klein wird dabei natürlich bestens gesorgt.

Rotkäppchen-Torte

Zutaten
1 Glas Sauerkirschen
je 125 g Margarine u. Zucker
1 Pck. Vanillezucker
3 Eier
250 g Weizenmehl
2 TL Backpulver
3 EL Nuss-Nougat-Creme
1 EL Milch
3 Blatt Gelatine
250 g Magerquark
50 g Zucker
2 Pck. Vanillezucker
250 ml Schlagsahne
1 Pck. roter Tortenguss
250 ml Kirschsaft

Zubereitung
Sauerkirschen abtropfen lassen, Saft auffangen. Margarine mit beiden Zuckersorten schaumig rühren, Eier nach und nach unterrühren. Mehl mit Backpulver mischen, sieben und einrühren. Zwei Drittel des Teigs in eine gefettete Springform (Ø 26 cm) geben, Kirschen darauf verteilen. Restlichen Teig mit Nuss-Nougat-Creme und Milch verrühren und auf die Kirschen geben. Im Ofen bei 180 °C für 35–40 Minuten backen. Dann aus der Form lösen und auf dem Kuchenrost erkalten lassen.
Quark mit beiden Zuckersorten verrühren. Gelatine in kaltem Wasser einweichen, ausdrücken, auflösen und in etwas Quarkmasse glatt rühren, dann in den Quark rühren. Geschlagene Sahne unterheben und kuppelförmig auf der Torte verteilen. Mind. 1 Stunde kalt stellen. Tortenguss mit Kirschsaft nach Anleitung zubereiten, auf der Sahnekuppel verteilen, jede Schicht zunächst etwas anziehen lassen.

CAFÉ CONDITOREI DROSTE

Was haben ein Gummiboot, ein Fußballplatz und ein Roulettetisch gemeinsam? Nun, sie alle gaben schon mal die Vorlage für eine der Festtagstorten aus dem Hause Droste ab. Konditormeister und Koch Michael Droste ist ein wahrer Künstler, wenn es um die Farben, Formen und Größe von Torten geht, die schon mal auf bis zu acht Etagen anwachsen können! Ob Kreuzfahrtschiff oder Mini Cooper, das Konterfei des Jubilars oder die Weltkugel ... das Motto von Michael Droste lautet: Nichts ist unmöglich!
Das war auch schon die Maxime seines Vaters Wilhelm, ebenfalls Konditormeister, und dessen Bruder Albert, Bäckermeister, die das Familienunternehmen 1954 in Düsseldorf-Kaiserwerth gegründet hatten. Mit dem Umzug 1960 nach Ratingen-Hösel kam noch

Café Conditorei Droste
Bankett- und Partyservice
Michael Droste

Eggerscheidter Straße 60
40883 Ratingen-Hösel

Telefon 0 21 02 / 6 03 35
Telefax 0 21 02 / 6 73 27

das gemütliche Café hinzu, das Michael Drostes Mutter Rosa Maria betreute. Er selbst erweiterte das Erfolgstrio 1990 und inzwischen hat sich neben Konditorei, Bäckerei und Café sogar noch ein viertes, sehr erfolgreiches Standbein etabliert, der über die Grenzen Ratingens hinaus bekannte Bankett- und Party-Service. Ob Champagnerfrühstück für zwei, großes Gala-Menü zur Hochzeit oder Themenbuffet für die Firmenpräsentation ... das Droste-Team bewerkstelligt alle Herausforderungen mit großer Souveränität. Auf Wunsch werden auch Servicekräfte gestellt, Dekoration, Geschirr und Zelte geliefert und sogar Einladungen und Menükarten geplant.
Zum Café im Stammhaus in Hösel sind weitere in Essen, Velbert, Ratingen und Düsseldorf mit dem kompletten Backwaren-Sortiment des Hauses gekommen.
Für dieses mehr als umfangreiche Genussangebot hat man sich das Motto „immer eine Idee frischer“ auf die Fahne geschrieben. Schließlich sind die Kunden, ob nun die renommierte Geschäftsklientel aus Industrie und Gastronomie oder die Stammgäste der Cafés, gleichermaßen anspruchsvoll.
Auch wenn man im Hause Droste mit der Zeit geht, gehören die Klassiker, basierend auf traditionellen Familienrezepten, nach wie vor zu den Rennern. Zum Beispiel die Ratinger Steine, Canache-Pralinen mit Voll- oder Zartbitterschokoladenmantel, die Höseler Nüsse, Pralinen mit einer Walnusskro-

kantnougatcreme, die kugelrunden Golfbälle mit Nuss-Gianduja und weißer Kuvertüre oder die feinen Champagnertrüffel, die sich in Champagnerflaschen als originelles Geschenk präsentieren.
Dabei orientiert sich das Sortiment nach den Jahreszeiten: So werden Pralinen und Trüffel nur in den kühleren Monaten, Stollen und Weihnachtsgebäck erst im Advent angeboten, Obst wird ausschließlich frisch zu feinen Torten und fruchtigen Kuchen verarbeitet. Zum umfangreichen Angebot gehören auch viele herzhafte Speisen, ja sogar Bier vom Fass gibt es im Café. Vielfältige Frühstücksangebote, Waffeln und Reibekuchen, Suppen und Eintöpfe, Brotzeiten und Pfannkuchen, Nudel- und Schnitzelgerichte begleiten den Tag kulinarisch – bis am Nachmittag die große Torten- und Kuchenauswahl in den Mittelpunkt rückt.
Und wer sich zur traditionellen „Bergischen Kaffeetafel“ (ab 2 Personen, auf Vorbestellung) anmeldet, der kommt in den Genuss von Kaffee aus der über 100-jährigen Dröppelmina der Familie Droste.

Heidesand

Zutaten
800 g Butter
250 g Staubzucker
Mark 1/2 Vanilleschote
1 Spritzer Zitrone
1 Prise Salz
1 kg Mehl

Zubereitung
Butter mit Staubzucker, Vanillemark, Zitrone und Salz zu einer glatten Masse verarbeiten. Das Mehl mit der Masse verkneten und den Teig anschließend kühl stellen. Dann Rollen formen, in Zucker wälzen und wiederum kühl stellen. Nun kleine Taler aus den Rollen schneiden und auf einem leicht gefetteten Backblech bei 180 °C ca. 10–15 Minuten backen. Dabei das Blech drehen und auf eine gleichmäßige Bräunung achten.

RESTAURANT GREVENMÜHLE

Eigentlich besucht man einen Golfplatz nicht vornehmlich, um sich lukullischen Genüssen hinzugeben, sondern eher, um sein Handicap zu verbessern. Der Golf Club Grevenmühle jedoch bietet beides – einen harmonisch in die Landschaft eingefügten 18-Loch-Platz und, quasi als 19. Station, exzellente Gaumenfreuden im mediterran inszenierten Restaurant des Hauses mit der schönen Sommerterrasse, die selbstverständlich auch Nicht-Mitgliedern offen stehen.

Das reichhaltige Genussprogramm bietet von leichten Bistro-Gerichten über Kaffee und Kuchen am Nachmittag bis zur erlesenen Gourmet-Küche eine breite Auswahl für den anspruchsvollen Feinschmecker. Mit Küchenchef Sasa Matic hat das Haus einen kreativen Meister seines Fachs gefunden, der mit experimenteller Freude aufkocht. Der gebürtige Bosnier arbeitete in der Spitzengastronomie des In- und Auslandes und reist auch in seiner Freizeit durch die Welt,

Grevenmühle
Das Restaurant
Geschäftsführer: Friedo Hannemann

Grevenmühle 1
40882 Ratingen

Telefon 0 21 02 / 95 95 30
Telefax 0 21 02 / 95 95 15

Ruhetag: Montag
(Weihnachten bis Ende Januar geschlossen)

um sich inspirieren zu lassen – diese Erfahrungen setzt er in einen multikulturellen, individuellen Stil um, der das Restaurant Grevenmühle an der Spitze der hiesigen Gourmet-Szene positionierte.
Die Speisekarte schreibt er täglich selbst per Hand, um auf tagesaktuelle Angebote des Marktes reagieren zu können. Viele Grundprodukte, wie Brot, Kartoffeln, Gemüse und Obst, kauft er bei benachbarten Bauern. Auch zu seinen Gästen pflegt er einen engen Kontakt und bereitet nicht selten erst nach dem persönlichen Gespräch individuelle Gerichte zu, die ihm spontan in den Sinn kommen.
Die Speisekarte schlägt indes Köstlichkeiten wie gegrillte Jakobsmuscheln mit getrüffeltem Kartoffelsalat, Ricotta-Spinat-Strudel mit Tomaten-Parmesan-Salsa oder Barbarie-Entenbrust mit Mohnspätzle und Nougat-Chilijus vor. Und zu guter Letzt: Lieber ein Mocca Tartuffo mit Espresso-Sahne, den gebackenen Manchegokäse mit Thymian-Honig oder doch die Mango Panna Cotta? Wer sich an diesen Gourmandisen gar nicht satt essen kann, sollte es mal mit dem 15-gängigen Amuse-Bouche-Menü aufnehmen, das alljährlich im September den kulinarischen Kalender besetzt, gefolgt vom „End of Season"-Menü zum Abschluss der Golfsaison im Oktober. Im Sommer nimmt ein län-

derspezifisches Menü den Gast Gang für Gang mit auf die „Reise durch Europa" oder das Genusspaar „Pasta & Prosecco" tritt in vielen Variationen gemeinsam auf.
Für die harmonische Weinbegleitung kooperiert Sasa Matic mit einem kompetenten Weinhändler, der die edlen Kreszenzen aus allen relevanten Weinregionen der Welt – auch für die Veranstaltungen und Festlichkeiten im Haus – explizit auf die einzelnen Gänge abstimmt.

Terrine von Lotte und Blutwurst mit Balsamico-Lack

Zutaten
400 g Lotte
200 g Blutwurst
60 g Lauch
200 ml Fischfond
5 Blatt Gelatine
Salz, Pfeffer
Zitronensaft
300 ml Balsamico
100 g Zucker

Zubereitung
Lauch längs halbieren, gut abwaschen, den grünen Teil in kochendem Salzwasser blanchieren, trocknen lassen. Lotte in rechteckige Stücke schneiden, säubern, mit Zitrone säuern, salzen und pfeffern und im Fischfond pochieren.
Im noch warmen Fischfond die zuvor eingeweichte und ausgedrückte Gelatine auflösen, abkühlen lassen. Blutwurst in gleichgroße rechteckige Stücke schneiden. Eine dreieckige oder halbrunde Form mit Wasser befeuchten und mit Folie überlappend auslegen. Lauchblätter durch den Fischfond ziehen und Form damit auslegen. Zuerst den Boden mit Lotte (durch Fond ziehen) auslegen, dann mit Blutwurststücken (durch Fond ziehen) belegen – abwechselnd, bis die Form voll ist. Mit dem Pinsel etwas vom Fond obendrauf verteilen und mit dem überlappenden Lauch zuklappen, wobei immer wieder alles mit Fond bepinselt werden muss. Folie über den Lauch schlagen und mind. 2 Stunden kühl stellen. Dann die Form beschweren, um mit Druck die Terrine zu lösen.
Zucker karamellisieren, mit Balsamico ablöschen und köcheln lassen, bis sich leichte Blasen bilden. Abkühlen lassen. Terrine stürzen, Folie abziehen und gleichmäßige Stücke abschneiden, zum Anrichten mit Balsamico-Lack verzieren.

LIEBEVOLL! IN DER AUERMÜHLE

Liebevoll! In der Auermühle GmbH
Dirk Brüning

Auermühle 1
40882 Ratingen

Telefon 0 21 02 / 8 92 98-0
Telefax 0 21 02 / 8 92 98-12

Trägt ein Restaurant den Namen „Liebevoll", darf man ruhig etwas Besonderes erwarten. Die historische Auermühle in Ratingen erfüllt diese Erwartung in mehr als einer Hinsicht. Hausherr Dirk Brüning brachte nicht nur den ungewöhnlichen Namen aus Düsseldorf mit, wo er lange Jahre das „Liebevoll! Oberkassel" betrieb, sondern er sanierte das Gebäude auch komplett und brachte mit zeitgemäßen Konzepten, einem jungen Team und einem abwechslungsreichen Programm viel frischen Wind in das einstige Ausflugs- und Vereinslokal der Ratinger.

Zum Mühlengebäude sind eine Grillstation mit Getränke-Pavillon für den großen Biergarten, ein Saal im Obergeschoss für größere Festlichkeiten, ein separates Gästehaus mit drei Zimmern sowie ein angrenzender Freizeitbereich mit Mehrzwecksandfläche für Strandsport-Aktivitäten hinzugekommen. Besonders beeindruckend ist der bewusst gesetzte Kontrast aus dem äußerlich perfekt rekonstruierten Mühlenambiente, das sich harmonisch in das idyllische Waldgebiet einfügt, und dem stylish-klaren Interieur mit exotischem Flair im Inneren. Von vielen Reisen nach Indonesien beeinflusst, stattete Dirk Brüning die Gasträume und die drei Gästezimmer mit Möbeln und Accessoires aus Naturmaterialien wie Rattan und dunklem, warmem Teakholz aus, die

mit zurückhaltender Präsenz auf den Betrachter wirken.
Im „Ableger" des Hauses, dem nur wenige Gehminuten entfernten „stilvoll-liebevoll", kann man das komplette Mobiliar sogar erwerben.
In kulinarischer Hinsicht ist aus dem Ausflugslokal ein Feinschmecker-Treffpunkt geworden, der vor allem ein junges Publikum, aber auch Familien, Businessgäste und Sportfans anzieht.
Die Speisenauswahl ist vielseitig und wandlungsfähig, orientiert sich an der Saison, was sich auch in den Tages- und Sonderkarten niederschlägt. Im Sommer kommt noch eine Grillkarte für den Biergarten hinzu, an Sonn- und Feiertagen bietet der „Liebevoll-Brunch" alles, was das Genießerherz begehrt.
Die illustren Speisenkompositionen zeichnen sich aus durch die fein abgestimmte Liaison von Aromen und Spezialitäten aus aller Welt. Exotisches zeigt sich dabei Seite an Seite mit Klassikern der bürgerlichen Küche: So wird der Papageienfisch mit Okraschoten-Tomatengemüse und schwarzem Risotto präsentiert, die Medaillons vom Strauß auf Tandoorijus zeigen sich zu Glasnudelsalat mit Koriander, für weniger Experimentierfreudige gibt's aber auch ein Wiener Schnitzel oder ein Rumpsteak mit Pfifferlingen in Honig-Pfeffersauce, zu dem sich Serviettenknödel gesellen. Bunt wird's zum Dessert, wenn man sich für die rosarote Mascarponecreme in Kokosschaum oder die Waldbeerenkaltschale mit Tonkabohnensahne entscheidet.
Die hochrangige internationale Weinauswahl, die Dirk Brüning von der berühmten Sansibar auf Sylt bezieht, bietet anspruchsvollen Genuss auf hohem Niveau zu vergleichsweise günstig kalkulierten Preisen. Gefeiert wird in der Auermühle regelmäßig und ausgiebig. Die Räumlichkeiten können natürlich für Festlichkeiten aller Art (sowie für Seminare/Tagungen) gebucht werden, ein passendes kulinarisches Rahmenprogramm inklusive. Das Haus lädt aber auch selbst als Gastgeber zu hochkarätigen Comedy-Veranstaltungen von der Kult-Show „Night-Wash" bis zu Live-Auftritten von TV-Größen wie Dieter Nuhr ein. Auch die Klassiker wie „Tanz in den Mai" sowie Partys zu Weihnachten, Silvester und Halloween ziehen regelmäßig eine illustre Gästeschar ins Liebevoll!

RESTAURANT RATSKELLER

Trägt ein Restaurant den Namen Ratskeller, so verweist dies meist auf eine traditionsreiche Gastlichkeit. Und genauso verhält es sich auch mit dem Ratskeller in Wülfrath. Vor über 100 Jahren von Fritz Korten gegründet, führt Jutta Korten das Haus seit Mai 2005 in vierter Generation erfolgreich fort.

Für die kulinarische Umsetzung ihres Anspruchs holte sie sich Küchenchef Stephan Jonas mit ins Boot, der nach Stationen in exklusiven Häusern rund um die Welt – darunter das sternegekrönte Victorian in Düsseldorf, der Bayerische Hof in München und das Spago in Chicago – nun das lukullische Zepter im Ratskeller übernommen hat.

„Altes Ambiente mit junger deutscher Küche" – so bezeichnet Jutta Korten den Charakter ihres Hauses. Dazu gehören eine dunkle Holzvertäfelung an den Wänden und ein historischer Holzdielenboden ebenso wie moderne Kunst, die sich in reizvollem Kontrast zueinander verstehen. Die Atmosphäre ist stilvoll, der Service herzlich und charmant.

Die abwechslungsreiche Frischeküche von Stephan Jonas vermischt mediterrane Aromen mit bergischen Gerichten zu einem regional-internationalen Crossover, das mit Hummer-Linseneintopf mit gebratenem Zander oder mit mit Garnelen gefüllten Kalbsrouladen zu begeistern weiß. Diese außergewöhnlichen Kreationen finden sich auf dem jede Woche neu konzipierten „Extra-Blatt", das auch ein All-you-can-eat-Angebot am Dienstag sowie ein mittägliches Avanti-Gericht beinhaltet, das aufs Haus geht, wenn es nicht innerhalb einer Viertelstunde auf dem Tisch steht.

Auch die saisonal ausgerichtete Speisekarte bietet eine große Vielfalt, die von der Bouillabaisse „Pariser Art" bis zur bergischen Kottenbutter, von Schweinemedaillons im Speckmantel in Altbiersauce bis zum gebra-

Restaurant Ratskeller
Jutta Korten

Wilhelmstraße 131
42489 Wülfrath

Telefon 0 20 58 / 55 01

Ruhetage: Mittwoch, Samstagmittag

tenen Seeteufel in Parmaschinken auf Riesling-Sauerkraut-Püree reicht. Nicht zu vergessen die beliebten Klassiker nach den Rezepten von Fritz Korten, wie das Paprikasahneschnitzel, das nicht auf der Karte fehlen darf.
Süße Verführung zum Schluss: Erdbeertiramisu mit Aceto-Balsamico-Karamell oder geeistes Schokoladenmus auf Himbeermark. Weihnachten und Silvester werden von festlichen Menüs begleitet, an Ostern gibt es ein großes Spezialitätenbuffet und des Weiteren untermalen spezielle Themenwochen das Jahr kulinarisch. Mal gibt es Gerichte rund um Steinpilze oder Pfifferlinge, mal dreht sich alles um die Kartoffel. Der Herbst beginnt mit bayrischen Schmankerln, geht mit Südtiroler Leckereien „Zum Törggelen" weiter, bevor sich zum Wildbret böhmische Spezialitäten gesellen – viele Ideen und kulinarische Highlights, die den guten Ruf des Hauses auch nach über 100 Jahren einmal mehr bestätigen und weitertragen.

Wülfrath

Cassiseis im Marzipanmantel

Zutaten

1,2 kg schwarze Johannisbeeren
160 g Zucker
4 cl Cassislikör
2 Eiweiß
250 g Rohmarzipan
1/2 Tasse Zucker

Zubereitung

Das Eiweiß zu Schnee schlagen. Johannisbeeren, Zucker und Likör zusammen aufkochen. In heißem Zustand durch ein feines Sieb oder Tuch passieren. Die Flüssigkeit in einem Zug über den Eischnee geben, schnell unterschlagen und verrühren. Die Masse abkühlen lassen. Danach in einer Eismaschine zu einer festen Eismasse abdrehen.
Das Rohmarzipan mit der 1/2 Tasse Zucker verkneten und zu einem Rechteck ausrollen. Auf der Arbeitsfläche Alufolie und darüber Klarsichtfolie ausbreiten. Die ausgerollte Marzipanplatte so auflegen, dass rechts und links ca. 1 cm Marzipan übersteht. Nun die Eismasse auf die Marzipanplatte geben und diese mithilfe der Alufolie fest aufrollen. Die Enden der Rolle so zusammendrehen, dass die Eismasse fest in der Marzipanrolle eingeschlossen ist. Für einen Tag im Gefrierschrank fest werden lassen. Unmittelbar vor dem Anrichten öffnen und in Scheiben schneiden. Mit frischen Beeren dekorieren.

WALDHOTEL HEILIGENHAUS

Wie ein herrschaftliches Landhaus zeigt sich das Waldhotel Heiligenhaus dem anreisenden Gast ob seiner großzügigen Räumlichkeiten und seines weitläufigen Parkgeländes. Man sieht dem 1926 erbauten Haus, das mit den Jahrzehnten Stück um Stück gewachsen ist, zuletzt im Jahr 2003 um das Waldhaus (einem modernen Konferenzzentrum mit zehn Tagungsräumen und weiteren Hotelzimmern) sein würdiges Alter nicht an. Vielmehr bietet das anspruchsvolle Business- und Freizeithotel seinen Gästen viel zeitgemäßen Komfort und vielfältige Genusswelten. Der Tennisplatz, der Fitness- und Wellnessbereich mit Sauna, Dampfbad und Solarium, Massageliege und Infrarotkabine laden ein zu Sport und Spaß am Tage und die stilvoll ausgestatteten Zimmer, Suiten und Apartments sorgen für eine entspannte Nachtruhe im Zuhause auf Zeit.

Die Küche des Waldhotels, seit zwölf Jahren unter der Leitung von Wolfgang Lobudda, zeigt sich für jeden Anspruch und jeden Anlass bestens gerüstet, lädt zur abendlichen Schlemmerei im Restaurant, begleitet Tagungen kulinarisch anspruchsvoll und gibt festlichen Anlässen den passenden lukullischen Rahmen. Die Hauptbühne der feinen Gourmandisen ist das mediterran inszenierte Parkrestaurant, das mit feiner Tischkultur und aufmerksamem Service zu begeistern weiß. Außerdem laden der Wintergarten, die von Platanen umstandene lauschige Terrasse und das Parkhausbistro zur Einkehr. Für Festlichkeiten im größeren Rahmen verfügt das Haus über verschiedene Bankettträume, für kleine Gesellschaften bietet der entzückende Pavillon im Park einen besonderen Rahmen.

Waldhotel Heiligenhaus
Direktor: Rainer Schulte

Parkstraße 38
42579 Heiligenhaus

Telefon 0 20 56 / 5 97-0
Telefax 0 20 56 / 5 97-2 60

Die wandlungsfähige Speisenauswahl inszeniert auch das scheinbar Gewohnte mit dem gewissen Etwas, das gilt für die À-la-carte-Auswahl ebenso wie für die regelmäßigen Aktionstage. So zeigt der Schnitzel-Abend (jeden 2. Freitag im Monat) eine illustre Auswahl vom Zigeunerschnitzel mit grünen Bandnudeln über das Kalbsschnitzel „Holstein" mit Sardellen, Räucherlachs und Kaviar bis zum Lachsschnitzel auf Rieslingkraut. Das 18-gängige Happen-Menü nimmt den Gast in sechs Gängen mit je drei verschiedenen kleinen Köstlichkeiten mit auf eine kulinarische Reise um die Welt, beim „etwas anderen" Menü werden alle Sinne mit einer unkonventionellen Art des Anrichtens angesprochen, wenn z. B. der Tomatenkick mit Scampistöpsel im Reagenzglas gereicht wird, die Orangen-Brûlée im Weckglas mit Schokoladeneis und Passionsfruchteis daherkommt.
Und beim „Tatort-Dinner" wird das Waldhotel zur Krimi-Bühne und die Gäste werden Zeugen eines Mords, der nach einem tödlich guten 4-Gang-Menü zur Aufklärung kommt.
Im hauseigenen Küchenstudio kann man sich aber auch selbst kreativ betätigen: Die Eleven der After-Work-, 1-Tages- und Genuss & Wellness-Kochkurse lernen Wissenswertes zum entspannten Feierabend-Kochen, bereiten gemeinsam ein Gourmet-Menü zu oder erfahren mehr über leichte Wellness-Verwöhngerichte.

Lammkarree unter der Olivenkruste auf Limonenpfeffersauce mit Gnocchi

Zutaten
4 Lammkarrees, Olivenöl

Kruste
100 g Butter, 50 g Semmelbrösel,
200 g schwarze Oliven, Rosmarin, fein gehackt
1 Knoblauchzehe

Sauce
2 Schalotten, 50 g Butter, 300 ml Lammfond,
200 ml Kalbsfond, 2 EL Crème double,
100 ml tr. Weißwein, Saft 1 Limone,
rosa Pfefferkörner, Salz, Pfeffer

Gnocchi-Teig
1 kg mehlig kochende Kartoffeln, 250 g Mehl,
1 TL Salz, Muskat

Zubereitung
Oliven pürieren, mit Butter, Semmelbrösel, Rosmarin vermischen. Knoblauchzehe zerdrückt dazugeben. Auf zwei Backpapierseiten eine je 1 cm dicke Schicht auftragen und kaltstellen. Schalotten fein gehackt mit den Pfefferkörnern in Butter leicht anschwitzen, mit Wein und Limonensaft ablöschen. Die beiden Fonds unterrühren und auf ca. 300 ml reduzieren. Crème double zufügen, ca. 3 Minuten einkochen, mit Salz, Pfeffer abschmecken. Aus den angegebenen Zutaten einen Teig bereiten, portionsweise zu Gnocchi formen, in reichlich Salzwasser garen, bis sie an die Oberfläche kommen. Herausheben, abtropfen lassen und in Butter schwenken. Mit Salz, Butter und Muskat abschmecken.
Lammkarree in Olivenöl beidseits anbraten. Im vorgeheizten Ofen bei 180 °C ca. 3 Minuten garen, dann die Olivenkruste auflegen und gratinieren.

HOF ZUR HELLEN

Hof zur Hellen

Suse und Karl-Heinz von Schwanenflügel

Windratherstraße 197
42553 Velbert-Neviges

Telefon 0 20 53 / 32 39
Telefax 0 20 53 / 4 17 65

Öffnungszeiten Hofladen/Café:
Mittwoch, Freitag, Samstag

Schon der Weg hinaus in die naturbelassene Landschaft zum Hof zur Hellen am Stadtrand von Wuppertal und Velbert-Neviges macht neugierig. Was bewegt moderne Menschen, hier für Stein, Pflanze, Tier und Mensch Verantwortung zu übernehmen und gestaltend tätig zu werden? Durch intensive Pflege versucht die hier lebende Hofgemeinschaft einen weitgehend geschlossenen Organismus aufzubauen – auf 50 Hektar landwirtschaftlicher Fläche, in 15 Hektar Wald und gemeinsam mit 20 Milchkühen, vielen Rindern und Kälbern, Zuchtbullen, Hühnern und Gänsen, einem Esel, einigen Schweinen, Bienen und drei Rothirschen.

Dabei verstehen sich die Bewohner unter der Betriebsleitung von Suse und Karl-Heinz von Schwanenflügel als Pfleger und Schöpfer einer Kulturlandschaft. Sie unterstützen die Kraft und Energie des Bodens, fördern Artenvielfalt und Gesundung von innen heraus, unter völligem Verzicht auf synthetischen Dünger und chemischen Pflanzenschutz, wie es die Grundsätze von Demeter vorgeben, nach denen der Hof arbeitet. Bei der Arbeit mit den Tieren wird auf größtmögliche Gesundheit und Langlebigkeit geachtet. Sie werden mit Heu, Laubheu, Stroh und Roter Bete gefüttert, die zu 100 Prozent aus eigenem Anbau stammen.

Dadurch geben die Kühe eine so aromenreiche und gesunde Milch, dass sie sogar von Milcheiweißallergikern sorglos genossen werden kann.
In der Käserei wird sie dreimal pro Woche in köstlichen Rohmilchkäse (Gruyère) verwandelt, der dann im Käsekeller sechs bis 18 Monate reift. Ca. 25 Kuhmilch- und 15 Schafs- bzw. Ziegenkäsesorten, Joghurt und Quark umfasst das Sortiment.
In den Wintermonaten wird einmal monatlich geschlachtet. Ihre letzte Nacht verbringen die Tiere in einem eigens erbauten Häuschen, denn auch die Würde der Schlachttiere wird auf dem Hof zur Hellen bis zum Schluss bewahrt. Karl-Heinz von Schwanenflügel erwarb zum Wohle seiner Tiere sogar den Metzgermeistertitel, so dass er heute die fachgerechte Zerlegung und die Herstellung der Wurst selbst übernimmt.
Vor einigen Jahren gründete der Hof mit fünf weiteren Demeter-Betrieben eine gemeinsame Bäckerei. Unter der Leitung des Bäckermeisters Louis Enrique Rosales aus Honduras werden je 20 verschiedene Brote und Brötchen auf der Basis von

selbst gezogenem Natursauerteig oder mit Hefe gebacken.
Im Hofladen kommen all diese Erzeugnisse zusammen, ergänzt von weiteren Bio-Produkten. Hier gibt es auch Säfte, Bier und Wein, Öl und Essig, Kräuter aus der eigenen Gärtnerei und sogar Kosmetikprodukte. Das komplette Sortiment können die Kunden im Rahmen des Abo-Service (im Umkreis von Velbert, Wuppertal, Mettmann) sogar direkt nach Hause bestellen.
Hat der Hofladen geöffnet, lädt auch das gemütliche Café zur Einkehr, in dem eine täglich wechselnde Suppe und Pizza, Sandwiches, hausgemachtes Eis und selbst gebackene Kuchen angeboten werden. Auf Vorbestellung wird – bei gutem Wetter auch draußen unter ausladenden Bäumen und umgeben von bunten Blumen – ein üppiges Frühstücksbuffet serviert (für Gruppen ab 8 Personen). Schnell vergisst man dabei, dass man hier eigentlich nur Kunde ist. Vielmehr fühlt man sich wie zu Hause, die Hofgemeinschaft nimmt jeden Mitarbeiter oder Besucher sehr herzlich auf, was sie selbst ganz passend „Patchwork-Stil mit Familienanschluss" nennt.
Eine Führung über den Hof kann jederzeit vereinbart werden. Auch das Hoffest im Sommer gibt Besuchern viele Einblicke. Hier werden traditionelle Handwerke vom Schmieden über das Seilern bis zum Honigschleudern gezeigt und Kutschfahrten angeboten.
Tipp: Ruben, eines der sieben Kinder der von Schwanenflügels, zeichnet als gelernter Koch für den Bio-Catering-Service des Hauses verantwortlich, der zum einen für die kulinarische Begleitung für Feierlichkeiten hier auf dem Hof sorgt – vom Geburtstag über Taufen bis hin zu Hochzeiten –, aber auch außer Haus liefert und das Genussprogramm des Hofes zur Hellen in vielfältiger Weise interpretiert.

Restaurant Stemberg
Familie Stemberg

Kuhlendahlerstraße 295
42553 Velbert-Neviges

Telefon 0 20 53 / 56 49
Telefax 0 20 53 / 4 07 85

Ruhetage: Donnerstag, Freitag

Der Name Stemberg steht nicht nur im Bergischen Land als Synonym für anspruchsvolle Gastlichkeit und eine Gourmet-Küche auf hohem Niveau. Denn Walter Stemberg ist ein gern gesehener Gast im regionalen und nationalen Hörfunk und Fernsehen und kocht – gemeinsam mit Sohn Sascha – im Bordprogramm der LTU groß auf. Beide schreiben eine wöchentliche Kolumne in der „Welt am Sonntag" und überdies hat der arrivierte Küchenprofi über 25 Kochbücher mit Bestseller-Auflagen veröffentlicht, darunter „Prominente kochen mit Walter Stemberg", in dem er sein Zusammentreffen mit Persönlichkeiten aus Politik und Gesellschaft wiedergibt. Und nicht zuletzt sorgt er als Ausbilder, Vorsitzender des Prüfungsausschusses für Köche der IHK Velbert und Mitglied im Verband der Köche auch für professionellen Nachwuchs.

Vater und Sohn Stemberg – ein eingespieltes Team, engagierte Gestalter der Branche, Gastgeber aus Leidenschaft. Beide erlernten im Restaurant Kuhs in Heiligenhaus den Beruf des Kochs, bevor sie sich in der Spitzengastronomie des In- und Auslands erste Lorbeeren verdienten und mit viel kreativer Inspiration nach Hause zurückkehrten. Beide sind inzwischen Eurotoques-Chef und Mitglied der renommierten

„Confrèrie de la Chaîne des Rôtisseurs". Dritte im Erfolgbunde ist Ehefrau und Mutter Petra, die charmant und souverän dem zuvorkommenden Serviceteam des Hauses vorsteht.
Dreh- und Angelpunkt ist der historische Gasthof der Familie in Velbert-Neviges, in dem der Schmiedemeister Heinrich Stemberg 1864 erstmals Gäste bewirtete und damit den Grundstein für das kulinarische Erfolgsunternehmen legte. Wo heute die Bushaltestelle zu finden ist, wurde 1898 sogar eine hauseigene Eisenbahnhaltestelle eingerichtet. Zum Gasthof kamen im Laufe der Jahre eine Landwirtschaft, ein Gartenlokal, später sogar eine Bäckerei und 1906 die erste Bohlenkegelbahn des Bergischen Lands hinzu.

Filet vom Heilbutt mit Kartoffelschuppen auf Perlgraupen-Eisbein-Risotto

Zutaten
4 Heilbuttfilets à 150 g
100 g rund ausgestochene, gegarte Kartoffelscheiben
120 g Perlgraupen
1 EL fein gewürfelter geräucherter Magerspeck
3 EL fein gewürfeltes, gepökeltes und gekochtes Eisbein (ohne Fett)
1 EL fein gewürfelte Schalotten
2 EL fein gewürfelte Karotten
2 EL fein gewürfelter Lauch
1 EL fein gewürfelte Blattpetersilie
ca. 400 ml Gemüsebrühe
100 ml Weißwein
2 EL geriebener Parmesan
80 g geschlagene Sahne
Salz, Pfeffer, Mehl
1 Eigelb
Butter, Butterschmalz

Zubereitung
Heilbutt auf beiden Seiten salzen, pfeffern und mehlieren. Eine Seite mit den Kartoffelscheiben schuppenartig belegen, mit Eigelb und Butter bepinseln, auskühlen lassen. Speck und Schalotten in Butter andünsten, Graupen hinzugeben, mit Weißwein ablöschen und nach und nach mit Brühe auffüllen. Graupen bissfest dünsten, Gemüse zufügen und kurz mitdünsten. Nun die restlichen Zutaten hinzufügen und abschmecken.
Heilbutt kurz auf der Kartoffelseite, dann auf der anderen Seite in Butterschmalz goldbraun braten. Gemeinsam mit dem Risotto anrichten und garnieren.

Drei Generationen später haben sich die Ansprüche der Gäste geändert. Traditionelles Erbe ist verbunden mit zeitgemäßer Gastronomie. Behutsam wurde das historische Haus mit dem regionaltypischen Schieferkleid den Anforderungen eines Gourmet-Restaurants angepasst: Als geschichtsträchtige Reminiszenz verweist der offene Kamin im Kaminzimmer auf die früher hier angesiedelte Schmiede. Auch der sich anschließende Wintergarten zeigt sich im eleganten, stilsicher inszenierten Landhausstil, der sich der Architektur des Hauses harmonisch anpasst. In den beiden Gasträumen finden bis zu 65, auf der üppig begrünten Terrasse noch einmal gut 20 Gäste Platz. Wer größere Festlichkeiten plant, aber auf die Stemberg-Küche nicht verzichten will: Der Catering-Service kann mehrere Hundert Gäste verköstigen.

Trotz TV-Präsenz, prominenten Gästen und viel Lob in der Fachpresse zeigt Walter Stemberg sich seiner Heimat eng verbunden, hat bei der Konzeption seiner Speisen die Bodenhaftung nicht verloren. Der Spagat gelingt gemäß der Devise „Zwei Küchen von einem Herd". So agiert Sohn Sascha inzwischen als eigenständiger Küchenchef für den Bereich der regionalen und zugleich weltoffenen jungen Küche, während Walter Stemberg die klassische Gourmet-Küche inszeniert. Dem Gast bleibt die Entscheidung zwischen Haute Cuisine und neuer bergischer Küche selbst überlassen.

Das dreigängige Regional-Menü, das viergängige Landhaus-Menü und das fünfgängige Gourmet-Menü führen dabei anschaulich vor Augen, wie sich die Diversität auf dem Teller ausdrückt. Das Repertoire ist bewusst so breit gefasst, dass sich der Traditionalist und der Experimentierfreudige, die Familie und der Businessgast, der Gourmet und der Feinschmecker, der das Bodenständige liebt, gleichermaßen wohl fühlen.

Dabei arbeiten die Stembergs nur mit Partnern, die ihre hohen Qualitätskriterien zu erfüllen wissen, wenn möglich direkt aus der Region.

So trifft das Bergische Land die Welt, Bodenständiges und Exklusives vereinen sich auf dem Teller zu innovativen Kreationen. Die Karte reicht von der Sülze vom Königsmatjes auf Rote-Bete-Carpaccio mit Melone und Wasabi bis zum Schaumsüppchen vom Hummer mit Champagner, vom Wiener Schnitzel mit Zuckerschoten-Juliennes und Röstkartoffeln bis zur geschmorten Deichlammkrone, die mit Tomatenpolenta und Essiggemüse auftritt, von gebackenen Blutwurstplätzchen mit Feldsalat in violetter Senf-Vinaigrette und Stampfkartoffeln bis zur weißen Heilbuttschnitte mit Kartoffelschuppen auf Eisbein-Graupenrisotto mit Pommerysenf-Beurre-Blanc. Und zum Nachtisch gibt's gestürzten Pudding von der

Valrhona-Guanaja-Schokolade mit zweierlei vom Rhabarber und Zitronenthymianeis, gebrannte Creme von der Tahiti-Vanille mit Schoko-Krokantröllchen und Sanddorneis oder ein kühles Süppchen von Holunderblüten mit Prosecco und Zitronensorbet ... Nach dem Essen wird dann selbstverständlich auch für den adäquaten Digestif Sorge getragen.
Die etwa monatlich neu konzipierte Speisekarte hält sogar neben der Wein- und Aperitif-Empfehlung das passende Saisonbier bereit. Zusätzlich finden sich aktuelle Tagesgerichte sowie vielfältige Fischspezialitäten auf der großen Holztafel am Eingang, sie werden natürlich auch vom aufmerksamen Service-Team empfohlen.
Unter den erlesenen Weinen gibt es eine hauseigene Stemberg-Selektion, die bei den alljährlichen vinophilen Entdeckungsreisen des Patrons zusammengetragen werden und auch außer Haus bezogen werden können. Stembergs edle Tropfen, rund 200 Positionen aus aller Welt, lagern bei perfekten Bedingungen im hauseigenen Felsenkeller und werden auch im Rahmen von Weinproben verkostet.
Für all jene, die nicht beruflich, aber privat leidenschaftlich gern kochen, gibt es thematisch ausgerichtete Kochkurse, bei denen Sascha Stemberg seinen Eleven wichtige Tipps rund ums Kochen vermittelt. So hat im Hause Stemberg der Genuss in vielfacher Weise seine Heimat gefunden.

Knusper-Röllchen mit Schokoladenmousse

Zutaten Röllchen
60 g weiche Butter
100 g Zucker
60 g Mehl
60 g Honig

Mousse
5 Eier, getrennt
350 g dunkle Schokolade (mind. 70 % Kakaoanteil)
300 g geschlagene Sahne
80 g Zucker

Zubereitung
Alle Zutaten für die Röllchen zu einem weichen Teig verkneten. Kleine Kugeln formen und auf Backpapier im Ofen bei ca. 180 °C goldgelb backen. Noch warm über einem Alurohr zu Rollen formen.
Schokolade über dem heißen Wasserbad schmelzen, Eiweiß mit Zucker steif schlagen, Eigelb warm aufschlagen und mit der Schokolade glatt rühren. Nun im Wechsel Sahne und Eiweiß unterheben. Ca. 2 Stunden kalt stellen, dann in die Röllchen füllen. Mit eingelegten Kirschen und Vanilleeis servieren.

SCHWEBEND DURCH WUPPERTAL

Denkt man an Wuppertal, denkt man als Erstes an die beliebteste Sehenswürdigkeit der Stadt: die Schwebebahn. Für Besucher ein ganz neues Fahrerlebnis in luftiger Höhe, ist sie für die Wuppertaler ein tägliches Transportmittel, das mit einer Höchstgeschwindigkeit von 60 km/h, unbehindert von Stau oder schlechtem Wetter, 20 Bahnhöfe in der Innenstadt ansteuert.

Kaiser Wilhelm II. und Gattin Auguste Viktoria nahmen als erste Passagiere am 24. 10. 1900 zur Probefahrt von Elberfeld nach Vohwinkel Platz – heute können Touristen es ihnen im historischen Kaiserwagen bei geselligen Ausflugsfahrten gleichtun.

Doch Wuppertal hat natürlich noch viel mehr zu bieten. Die junge Stadt, die erst 1929 aus den zuvor eigenständigen Gemeinden Barmen, Elberfeld, Cronenberg, Ronsdorf, Vohwinkel und Beyenburg zusammenwuchs, zählt mit rund 4000 Baudenkmälern zu den denkmalreichsten Städten in Nordrhein-Westfalen, darunter das Verwaltungshaus am Neumarkt, das einstige Rathaus von Elberfeld mit seinem 79 Meter hohen Turm, das prachtvolle Rathaus in Barmen mit dem großen Bronzebrunnen, der mit 700 Figuren und 26 Reliefs die Geschichte der Stadt nacherzählt, die spätbarocken Wohnhäuser der Familie von Friedrich Engels mit ihrem altbergischen Schieferkleid (Engels-Museum und Museum für Frühindustrialisierung) und die imposante doppeltürmige Laurentiuskirche in Elberfeld, um die sich eine lebendige Fußgängerzone erstreckt, die zum Einkaufen, Flanieren und Einkehren lädt.

Viele Schieferhäuschen mit grünen Schlagläden, bunten Vorgärten und prachtvollen Haustüren sowie die prächtige spätgotische Kirche St. Maria Magdalena bestimmen das idyllische Ortsbild von Beyenburg.

Wie Elberfeld erhielt auch Barmen 1527 das „Privileg der Garnnahrung", also das Monopol, Garne zu bleichen und zu verkaufen. So begann der Aufstieg Wuppertals zur bedeutenden Textilstadt, die wohlhabende Fabrikanten, die sich im Briller Viertel niederließen, Deutschlands größtem zusammenhängenden Villenviertel niederließen, ebenso anzog wie Tausende von Arbeitern, die ihrerseits ganze Stadtteile besiedelten.

Kulturinteressierte zieht es ins Tanztheater Pina Bausch, zum Sinfonieorchester Wuppertal oder zu den Wuppertaler Bühnen und in die eindrucksvolle historische Stadthalle am Johannisberg, die zu den schönsten Konzert- und Kongresshallen des Landes gehört. Museumsbesucher können zwischen hochrangiger europäischer Kunst des 16. bis 20. Jahrhunderts im Von-der-Heydt-Museum, dem Kinder-, Uhren- oder Völkerkundemuseum oder dem Fuhlrott-Museum, benannt nach dem Entdecker des Neanderthalers, mit Exponaten zur Menschheits- und Naturgeschichte wählen. Auch wenn Wuppertal auf den ersten Blick keine elegante Schönheit ist – Heinrich Böll nannte sie „die Stadt, die sich nicht schminkt" –, so hat die Mischung aus Jugendstil, Gründerzeit und Klassizismus, aus bergischen Schiefer- und Fachwerkfassaden und moderner Architektur, umrahmt von vielen Grünanlagen und Waldgebieten, doch ihren ganz eigenen Reiz, den es mit wachen Augen zu entdecken gilt.

SCHMITZ JÄGERHAUS

Restaurant Schmitz Jägerhaus

Wolfgang Schmitz

Jägerhaus 87
42287 Wuppertal-Ronsdorf

Telefon 02 02 / 46 46 02
Telefax 02 02 / 4 60 45 19

Ruhetag: Dienstag

Das Jägerhaus ist seit über 100 Jahren eine feste gastronomische Institution in Wuppertal. So beließ Wolfgang Schmitz ihm seinen Namen, als er es vor 19 Jahren übernahm, renovierte es jedoch von Grund auf und etablierte hinter dem regionaltypischen Schiefergewand ein modernes und stilvolles Ambiente, das eher mediterrane Leichtigkeit als westfälische Solidität verströmt. Das Restaurant betört mit warmen Farben, modernen Kunstobjekten und einer indirekten Beleuchtung, die wie ein Sternenhimmel über den Gaumenfreuden leuchtet. Im Kaminzimmer brennt an kalten Tagen ein wärmendes Feuer, während der lichtdurchflutete Wintergarten und nicht zuletzt die üppig begrünte Terrasse südliche Lebensgefühle erwecken. Ein schöner Rahmen also für die feinen Gourmandisen, die Wolfgang Schmitz, Küchenmeister und Mitglied der renommierten Gastronomen-Bruderschaft „Chaîne des Rôtisseurs“ hier offeriert. Zur kleinen, feinen À-la-carte-Auswahl gesellen sich Tages- und Saisonempfehlungen sowie ein „Kleines Menü“ mit vier und ein „Menu du Chef“ mit fünf erlesenen Gängen, die zeigen, was es mit der Kunstfertigkeit des Gastgebers auf sich hat.

Während der Woche kommen am Mittag zusätzliche Business-Menüs für Geschäftsleute hinzu, die zeitnah auf den Tisch gebracht werden.

Wolfgang Schmitz stammt von einem Bauernhof in der Eifel, wo seine Familie noch heute Limousin-Rinder züchtet, die in seiner Küche eine wichtige Rolle spielen, zum

Beispiel beim Rinderfilet mit Schalottenconfit an Barolosauce. Einmal pro Woche fährt der Gastronom in seine Heimat und tätigt dort das Gros seiner Einkäufe. Was der familieneigene Hof nicht liefert, bezieht er von benachbarten Bauern, auf deren Qualität er sich verlassen kann.

Auch andere Regionen bieten anspruchsvolle Spezialitäten, die dann zu Gerichten wie dem Sylter Deichlammrückenfilet in der Kräuterkruste an Rosmarinjus mit feinem Gemüse und überbackenen Kartoffeln, rosa gebratener Bresse-Entenbrust mit Pfeffer-Kirschsauce, feinem Buttergemüse und Schupfnudeln oder marinierten Büsumer Krabben mit Avocadobirne verarbeitet werden.

Ebenso multinational: die Weinauswahl des Hauses mit Positionen von Frankreich bis Chile, Italien bis Kalifornien und Spanien bis Südafrika.

Jahreszeitliche Fixtermine wie Nikolaus, Weihnachten und Silvester, Ostern und Muttertag geben ebenso Anlass für erlesene Menüs wie saisonale Highlights. So setzen das Hubertusmenü mit vielfältigen Wildgerichten, das traditionelle Martinsgans-Essen und das Fisch-Menü am Aschermittwoch Akzente. Das sechsgängige Degustationsmenü lädt zur „Reise durch die Welt des Weins", während das Krusten- und Schalentier-Menü in die Tiefen der Meere entführt. Feinschmeckern sei der Eintrag in den Info-Verteiler des Hauses empfohlen, denn die Stammgäste werden natürlich stets als Erstes über die regelmäßigen Events informiert.

Hummerkrabben in Gorgonzolasauce gratiniert

Zutaten

20 Hummerkrabben
2 El Olivenöl
40 g Butter
1 Schalotte
1/2 Zwiebel
30 g Karotten
20 g Sellerie
1/2 Knoblauchzehe
10 cl trockener Weißwein
15 cl Fischfond (oder Wasser)
2 Stiele Petersilie
1 Zweig Thymian
Mehl
Salz, Pfeffer
80 g Gorgonzola
Brösel

Zubereitung

Hummerkrabben waschen, Kopf und Schale abtrennen und aufbewahren. Das klein gewürfelte Gemüse in heißem Öl dünsten, mit Weißwein ablöschen und die fein zerhackten Schalen sowie die Köpfe dazugeben. Mit Fischfond auffüllen, Kräuter dazugeben und auf die Hälfte der Flüssigkeit reduzieren.

Die Hummerkraben in Mehl wälzen und in einer Pfanne mit Butter und einem Tropfen Öl goldgelb braten, warm stellen. Sauce durch ein Sieb passieren, Schalen dabei gut ausdrücken. Gorgonzola in die Sauce geben, verrühren, mit Salz und Pfeffer abschmecken. Sauce über die Krabben geben, etwas Brösel darüber verteilen und im Ofen gratinieren.

RESTAURANT RALF MÜLLER

Restaurant Ralf Müller

Dagmar und Ralf Müller

Katernberger Straße 2
42115 Wuppertal-Elberfeld

Telefon 02 02 / 31 88 48
Telefax 02 02 / 3 17 93 88

Ruhetag: Montag

Hier ist der Name Programm: Als Ralf Müller sich 1999 mit seinem Restaurant in einer prachtvollen Stadtvilla im Herzen Wuppertals selbstständig machte, gab er diesem einfach seinen Namen. Seitdem verwirklicht er gemeinsam mit Ehefrau Dagmar, die für den aufmerksamen Service im Restaurant verantwortlich zeichnet, seine Philosophie von einer „neuen deutschen Küche mit Pfiff und Niveau". Dabei versteht er sich mit viel Esprit auf die raffinierte Verschmelzung heimischer Produkte und exotischer

Komponenten, die sich auf dem Teller zum eigenwilligen Stelldichein treffen. Palmschachteln oder mexikanische Seealgen, die Ralf Müller hier als Rezept zum Nachkochen empfiehlt, es gibt nichts, was der ambitionierte Küchenchef nicht einfallsreich in Szene setzen könnte.
Der Auftakt zu den abendlichen Gaumenfreuden ist zur festen Tradition geworden, die nicht mehr wegzudenken ist. Als Amuse-Gueule gibt's Pflaumen im Speckmantel. Jeder Versuch, mal etwas anderes anzubieten, scheiterte am Widerstand der Gäste, die dieses Häppchen lieben.
Danach startet man beispielsweise mit einer grünen Senfsuppe mit Tomatensahne, gefolgt von mediterranen Jakobsmuscheln in Kräuter-Knoblauchbutter, die sich mit den schwäbischen Schupfnudeln an ihrer Seite gut verstehen. Das Welsfilet auf Feigen-Meerrettich-Sauce trifft auf Vichykarotten und Butterkartoffeln, während sich das

Kalbssteak auf Morchelrahmsauce mit Romanescoröschen und Kartoffelkrapfen vereint. Zum Dessert verlocken Limonen-Basilikumsorbet, Moccamousse auf rosa Pfeffersauce oder Granatapfelparfait auf Mohnspiegel. Wem es nun schwerfällt, sich für ein Gericht zu entscheiden: Ein 4-Gang-Menü fasst für alle Unentschlossenen so manches Highlight der Karte zusammen. Auch die Getränkeauswahl hat viel zu bieten, neben der Weinkarte mit einigen interessanten offenen Weinen gibt es noch eine umfangreiche Raritätenauswahl mit kostbaren Rebensäften aus aller Welt. Innovativer Digestif zum Abschluss der lukullischen Genüsse: der deutsche Whisky „Slyrs"; in Bayern in kleinen Mengen gebrannt, braucht er den Vergleich mit den großen Schotten nicht zu scheuen.

Wer auch zu Hause wie Ralf Müller kochen möchte, dem sei einer der zweimal jährlich veranstalteten Kochkurse empfohlen, bei dem man viel Wissens- und Genießenswertes aus der Welt des Kochens erfahren kann.

Magische Momente, gruselige Erlebnisse oder kulturelle Genüsse bieten die regelmäßig angebotenen Themenabende des Hauses. Feste Bestandteile des Jahresprogramms sind der Halloweenabend, an dem ein blutig-gruseliges Menü serviert wird, und der Zauberabend, bei dem Zauberer die Gäste mit ihrer Kunst verführen, während ein 6-Gang-Menü dabei den Feinschmeckergaumen verwöhnt. Hinzu kommen Musik- und Spezialitätenabende, die mal mit einem Harfen-, mal mit einem Saxofonspieler aufwarten, mal Köstlichkeiten wie den edlen Trüffel in den kulinarischen Mittelpunkt rücken.

Eine gute Gelegenheit, Ralf Müller und sein Team in legerer Atmosphäre kennen zu lernen, bietet das alljährliche Sommerfest mit Köstlichkeiten aus Küche und Keller des Hauses. Der Erlös dieses Tages kommt dabei immer einem guten Zweck zugute.

Mexikanische Seealgen auf dreierlei Paprikasaucen und gebratene Salmwürfel

Zutaten

400 g mexikanische Seealgen
500 g Salm bzw. Lachs
je 2 rote, gelbe und grüne Paprika
1 1/2 Gläser Weißwein
3 dl Fischfond
Salz, Pfeffer
Mehl
Butter

Zubereitung

Seealgen in Butter anschwitzen, aber nicht mehr würzen. Salm in Würfel schneiden, mit Salz und Pfeffer würzen, in Mehl wenden und in Butter anschwitzen. Die Paprika klein schneiden, jede Farbe mit je 1 1/2 Glas Weißwein und 1 dl Fischfond aufkochen, anschließend pürieren und abschmecken. Die Seealgen auf den drei Paprikasaucen anrichten und dazu die gebratenen Salmwürfel servieren.

CAFÉ-RESTAURANT ZUR ALTEN BERGBAHN

Café-Restaurant
Zur alten Bergbahn

Klaus Homberg

Sachsenstraße 2
42287 Wuppertal-Barmen

Telefon 02 02 / 59 57-62 oder -92
Telefax 02 02 / 55 74 48

Wuppertal ist nicht nur die Stadt der Schwebebahn, hier fuhr – von 1894 bis 1959 – auch die erste Zahnradbahn in einer deutschen Großstadt. Und die führte vom Hauptbahnhof in Barmen hinauf zum Bahnhof Toelleturm, der heute das Café-Restaurant „Zur alten Bergbahn" birgt, das mit einer anspruchsvollen Küche weit entfernt von bloßer Ausflugsgastronomie Feinschmecker von nah und fern anzieht. Verantwortlich dafür ist Klaus Homberg, seit über 25 Jahren die Seele des historischen Hauses, ein engagierter Gastronom, der viel bewegt und das Restaurant „Zur alten Bergbahn" über die Grenzen Wuppertals hinaus bekannt gemacht hat. An seiner Seite wirkt die nicht minder charmante Belgierin Godelieve Van Hoofstadt, die nach Abschluss der Hotelfachschule fast von Anbeginn an die Geschicke in der Bergbahn mitbestimmte. Für viele Stammgäste sind die beiden schlicht „Lievi und Hombi", ein kleines Detail, das zeigt, dass es hier im Haus um mehr geht als nur ums leibliche Wohl.
Die beiden Gasträume strahlen viel Atmosphäre aus: Die Bergische Stube mit ihren vielen Jagdtrophäen an den Wänden, früher mal der Fahrkarten- und Warteraum der Bergbahn, und das Restaurant, das mit vielen Reminiszenzen aus der Zeit des Bergbahnbetriebs die Vergangenheit lebendig hält. Auch auf der großen Gartenterrasse im Grünen (200 Sitzplätze) kann man den Alltag schon mal für eine Weile vergessen.
Ganz im Hier und Jetzt zeigt sich die Speisenauswahl, die unter der Ägide von Kars-

ten Bursch viel Aufmerksamkeit erregt, schließlich erlernte er sein Handwerk u. a. im „Tantris" in München, im „Scarpati" und in „Schmitz Jägerhaus" in Wuppertal, fuhr als Küchenchef auf drei internationalen Kreuzfahrtschiffen zur See und wirkte im renommierten „Tristan" auf Mallorca. So bringt er ein fundiertes Rüstzeug mit, um die komplette Bandbreite vom rheinischen Sauerbraten über die Bergische Kaffeetafel bis hin zum erlesenen Degustationsmenü anzubieten.

Viele Akteure seiner Gourmandisen kauft er in der Region und so trifft das Bergische Land die Welt in einer illuster komponierten Speisenauswahl, die mit Ragout von Weinbergschnecken in Chablis an kleinen Blätterteigpastetchen, Chili-Parmesansüppchen, Thunfischsteak mit Sesam auf Wasabibutter und gratiniertem Ziegenkäse auf knusprigem Filoblatt mit Feigensenf zu begeistern weiß. Die Tagesgerichte und Wochenkarten mit ihren „Besonderen Empfehlungen" sowie das täglich wechselnde Stammessen bringen noch mehr Abwechslung ins kulinarische Geschehen. Auch das vorgestellte Rezept – die hausgemachte Bouillabaisse – gehört zu den Klassikern der „Alten Bergbahn". Im Sommer kommen eine Grill- und Steakkarte hinzu, im Winter bleibt mehr Muße für kreative Experimente.

Regelmäßig lädt das Haus zu musikalischen Events, von Geigen- und Klavier-Abenden über Russische Folklore bis zum Jazz-Sonntag auf der Terrasse. Dann geht zwar nicht mehr die Bahn, wohl aber die Post in der „Alten Bergbahn" gehörig ab ...

Karsten's Bouillabaisse

Zutaten

2 EL Butter
2 Schalotten, gewürfelt
1 EL Knoblauch, gehackt
2 TL Tomatenmark
100 ml trockener Weißwein
750 ml klarer Fischfond
einige Safranfäden
je 40 g Lachs, Schwertfisch, Kabeljau (ohne Haut), in 2 cm große Stücke geschnitten
4 Riesengarnelen
je 20 g Lauch- und Fenchelstreifen, Sellerie und Karotten, blättrig geschnitten
20 g Tomatenwürfel
3 EL Pernod (Anislikör)
Salz, Pfeffer
4 Baguettescheiben
1 Knoblauchzehe
Butter

Zubereitung

Butter in einem hohen Topf farblos anschwitzen, Schalotten und Knoblauch darin glasieren, Tomatenmark kurz farblos mitrösten, dann mit Weißwein ablöschen und auf ein gutes Drittel reduzieren. Safran, Fischstücke, Garnelen und Gemüse dazugeben, mit Fischfond auffüllen und 10 Minuten bei schwacher Hitze ziehen lassen. Vor dem Servieren Tomatenwürfel dazugeben, mit Salz, Pfeffer und Pernod abschmecken. Baguettescheiben mit Knoblauch einreiben, in Butter auf beiden Seiten goldgelb backen und zur Bouillabaisse reichen.

CAFÉ KONDITOREI CONFISERIE GRIMM

Im Herzen von Wuppertal-Elberfeld lädt eine großzügige Fußgängerzone zum gemütlichen Flanieren und Einkaufen, aber auch zur Einkehr in eines der vielen Cafés und Restaurants, die neben großen Kaufhäusern und kleinen Ladengeschäften den Stadtkern beleben. Eine besonders traditionsreiche Adresse ist das Café Grimm gleich neben der Alten Reformierten Kirche, das schon seit 1932 mit einem anspruchsvollen Konditorei- und Confiserie-Sortiment überzeugt und heute von Dagmar Grimm und ihren Söhnen Dennis, seines Zeichens Konditormeister und Koch, und Jens, der sich um die kaufmännischen Belange kümmert, geleitet wird.

Das Angebot beginnt mit vielfältigen Frühstücksangeboten am Morgen und bietet am Mittag eine abwechslungsreiche Auswahl an kleinen, herzhaften Gerichten, Pfannkuchen und einem täglich wechselnden Tellergericht, das viele Klassiker der deutschen Küche wie Reibekuchen, Königsberger Klopse, Kohlrouladen oder Sauerbraten offeriert. Am Freitag gibt's traditionell Fisch und jeden Samstag eine saisonale Suppe und einen deftigen Eintopf.

Am Nachmittag übernimmt dann das süße Genussprogramm die Führung. Das Auge weiß beim Anblick der appetitlichen Auslage längst, was der Gaumen noch ahnt: Hier gibt es so manche Köstlichkeit, die es lohnt, verkostet zu werden. Zum Beispiel den Champagner- oder den Sahne-Rahm-Truffel, eine luftig-leichte Komposition aus frischer Sahne und edlen Kuvertüren, Cointreau-Bohnen mit feurigem Inhalt oder nach alten Hausrezepten gebackenen Kuchen mit Obst der Saison wie beispielsweise der allseits beliebte Pflaumenkuchen. Süße Verlockungen: die große Tortenauswahl, allen voran

Café Konditorei Confiserie Grimm
Familie Grimm

Kirchstraße 7
42103 Wuppertal-Elberfeld

Telefon 02 02 / 24 53 90
Telefax 02 02 / 2 45 39 18

Ruhetag: Sonn- und Feiertag

die erlesene Nizza-Vanillesahne, die noch immer nach dem Rezept von Firmengründer Otto Grimm hergestellt wird. Oder die Mousselintorte mit einem Mandel-Sand-Teig, der mit Marzipan verfeinert und von Schokolade überzogen wird. Auch die Tradition des Baumkuchens, der vielerorts schon längst nicht mehr zum Repertoire gehört, gelangt als runder Kuchenbaum, als Baumkuchenspitzen und als Baumkuchentorte, die ebenfalls auf Großvater Otto zurückgeht, zu seiner Perfektion.

Ebenso gehört Teegebäck, gut 30 verschiedene Sorten, zu den Klassikern des Hauses. Jeden Freitag gibt es frischen Stuten, zu Ostern Osterkränze, zur Adventszeit kommen noch Weckmänner, Printen und Zimtsterne, Zedernbrot, Honigkuchen und Mandelspekulatius hinzu, zu Silvester Eibischplätze und Muzenmandeln und an Karneval halten die süßen „Knallköppe" Einzug ins Grimm'sche Genusssortiment.

Reis-Charlotte

Zutaten

200 g Eier
100 g Zucker
je 50 g Mehl u. Weizenstärke
60 g Butter
150 g Kirschkonfitüre
500 ml Milch
2 g Salz
70 g Milchreis
6 Bl. Gelatine
60 g Zucker
1/2 Pck. Vanillezucker
900 g geschlagene Sahne
200 g Preiselbeeren
1 Pck. heller Tortenguss
1 Mürbteigboden
gehobelte Mandeln

Zubereitung

Die Eier mit dem Zucker erst im heißen Wasserbad, dann kalt schlagen, Mehl und Weizenstärke mischen und gesiebt mit der Butter unter die Eimasse heben. Dann auf ein mit Backpapier ausgelegtes Blech streichen, bei 220 °C 6–7 Minuten backen. Nach kurzem Abkühlen auf ein Küchentuch stürzen, halbieren, jede Hälfte mit Kirschkonfitüre bestreichen und aufrollen. Die Rollen in Scheiben schneiden, in eine mit Folie ausgelegte Form legen (Rest aufbewahren).

Milch mit Salz aufkochen, Milchreis einrühren und bei geringer Hitze ca. 45 Minutem ausquellen lassen. Eingeweichte und ausgedrückte Gelatine und beide Zuckersorten dazugeben, abkühlen lassen. 650 g Schlagsahne unter die Reismasse heben, in die ausgelegte Form geben und mind. 4 Stunden kalt stellen. Dann Preiselbeeren auf die Sahne geben, mit restlichen Rouladenscheiben und abschließend mit dem Mürbteigboden abdecken. Nun die Torte stürzen, mit dem Tortenguss überziehen, mit gerösteten Mandeln am Rand einstreuen und mit der restlichen Sahne garnieren.

DELIKATESSEN BRÜSSERMANN

Was im Jahr 1840 mit einem Marktstand, der westfälischen Schinken und luftgetrocknete Mettwurst feilbot, begann, hat sich mehr als 165 Jahre später in der Feinkost-Szene des Landes fest etabliert: Der Name Brüssermann ist in Wuppertal ein fester Begriff, wenn es um Delikatessen geht. Heute leitet Matthias Brüssermann das Familienunternehmen in nunmehr fünfter Generation. Sichtbares Zeichen des selbst auferlegten Qualitätsbewusstseins ist die Zugehörigkeit zur Gemeinschaft führender Delikatess-Kaufleute „Corpus Culinario“ und zum Interessenverband „Slow Food“, die sich beide die Vermarktung regionaler Produkte, hohe Standards bei der Herstellung und nicht zuletzt die pure Lust am Genießen auf die Fahne geschrieben haben.
Die vielfältigen Spezialitäten des Hauses sind zumeist hausgemacht und zeichnen sich durch kreative Kompositionen und hochwertige Grundprodukte aus. Dazu ge-

Delikatessen Brüssermann

Frauke und Matthias Brüssermann

Calvinstraße 22
42103 Wuppertal-Elberfeld

Telefon 02 02 / 45 39 63
Telefax 02 02 / 45 53 83

Das Ladengeschäft ist am Sonn- und Montag geschlossen

hören Pestos mit Bärlauch, Steinpilzen und Tomaten-Rucola, das Wilde-Ananas-Chutney und Paprika-Relish, Balsamico-Zwiebeln, Holunderblüten-Essig-Gelee und Konfitüren von Apfel mit Calvados bis zu Waldbeere mit Lebkuchen.
Die Entwicklung neuer Kreationen ist die erklärte Domäne von Frauke Brüssermann. Dabei gilt: Alles, was den Weg in den Laden nimmt, muss zunächst den eigenen Geschmackstest bestehen. Tochter Mirja, ihres Zeichens Köchin und Chocolatier, steuert ein vielfältiges Konditorei- und Confiseriesortiment bei. Dass auch hier Innovation angesagt ist, zeigen Trüffel mit altem Aceto Balsamico, mit Cassis oder Olivenöl.
Die täglich wechselnden Gourmetgerichte ersparen mit ihrer Finesse den Gang ins Restaurant, denn sie bringen mit Schweinefilet in Apfel-Calvadossauce, Rumpsteak mit Pfeffersauce, Lammhaxe Osso Buco oder Spargelrisotto viel Pfiff in die heimische Küche. Ebenso wie die 20 bis 30 Feinkostsalate, die, saisonal abgestimmt, täglich frisch hergestellt werden. Die Auswahl reicht vom klassischen Waldorfsalat und exotischen Geflügelsalaten über den Wachteleisalat mit Shrimps und Petit Pois bis zum Kartoffelsalat „Oslo" mit Lachsstreifen und dem Linsensalat mit Sprossen, Porree und Kassler.
Ihre Zutaten beziehen die Brüssermanns zumeist von kleinen bäuerlichen Erzeugerbetrieben in jenen Regionen, in denen sie für das jeweilige Produkt die beste Qualität erhalten. So reist der Rohmilchkäse aus dem Elsass und Schweinefleisch von der schwäbisch-hällischen Erzeugergemeinschaft ins Bergische Land, das seinerseits Obst, Gemüse und Wurst beiträgt.
Zugekauft werden Feinkostprodukte wie eingelegte Oliven, Weine und Champagner, Essig und Öl sowie Brände aus dem Elsass mit so ausgefallenen Geschmacksnoten wie Ingwer, Preiselbeere oder Eberesche.
Dies ist das Fundament für individuell zusammengestellte Präsentkörbe, aber auch für den Party-Service des Hauses, der von Fingerfood, Canapes und kalten Platten über Hochzeits- und Festtagstorten bis zu kaltwarmen Buffets alles möglich macht, was Genuss bereitet.
Alljährlicher Pflichttermin für die Brüssermanns ist der besinnliche Weihnachtsmarkt auf Schloss Lüntenbeck, auf dem die eigens kreierten Weihnachtsmarmeladen zu den Rennern gehören. Auch im Ladengeschäft geht's vor Feiertagen besonders lukullisch zu, denn dann kommen „festtagstaugliche" Gerichte ins Programm, die großes Gourmetvergnügen im eigenen Zuhause versprechen.

Champignonsalat „Brüssermann"

Zutaten
250 g frische Himbeeren
3 EL Estragonessig
2 EL Tannenhonig
150 g Dijonsenf
1 kg große, geviertelte weiße Champignons
70 ml Öl
1–2 Bund glatte Petersilie, fein gehackt

Zubereitung
Die Himbeeren mit Essig und Honig in einem geschlossenen Topf aufkochen, durch ein feines Sieb passieren, abkühlen lassen. Den Senf hineinrühren. Die Champignons in einer Pfanne mit heißem Öl braten, dann mit dem Öl unter die Himbeeren ziehen, abkühlen lassen und die Petersilie untermischen.
Dieser köstliche, fettarme Salat passt gut zu Fleisch und Gegrilltem und eignet sich auch als Antipasto.

RESTAURANT KORNMÜHLE

Restaurant Kornmühle

Familie Kotthaus

Warndtstraße 7
42285 Wuppertal-Barmen

Telefon 02 02 / 8 26 26
Telefax 02 02 / 8 26 36

Geschichte und Gegenwart Wuppertals vereinen sich im Anblick der historischen Kornmühle im Stadtteil Barmen besonders anschaulich, denn gleich neben der unter Denkmalschutz stehenden Mühle aus dem 17. Jahrhundert nimmt die berühmte Schwebebahn ihren luftigen Weg durch die Stadt und bietet ihrerseits einen guten Panoramablick über das Mühlengelände.

Niedrige Decken, altes Gebälk und viele original erhaltene Gerätschaften aus der Historie bestimmen den Charakter des sehenswerten Ambientes. Bei schönem Wetter nimmt man auf der Terrasse mit Blick auf die Wupper Platz, die früher das große Mühlrad antrieb, das noch heute bewundert werden kann.

Seit 1998 prägt Familie Kotthaus das facettenreiche Genussprogramm der Kornmühle. Auf der Speisekarte leben regionale und mediterrane Kompositionen in trauter Zweisamkeit. „Wir wollen die rheinische Küche neu definieren", erklärt Küchenchef Jörg Kotthaus seinen Küchenstil, der mit Gerichten aufwarten kann wie Himmel und Äd im Briocheteig, Saltimbocca vom Seeteufel mit Spinatrisotto oder Supreme vom Salzwiesenlamm in einer Sauce von Kräutern der Provence, getrockneten Tomaten und Oliven. Auch Traditionalisten kommen auf ihre Kosten, Düsseldorfer Senfrost- und rheinischer Sauerbraten in delikater Sauce mit Aachener Printen und Rosinen sind ebenfalls im Angebot zu entdecken.

Wo möglich, arbeitet Jörg Kotthaus mit Produkten aus heimischen Gefilden. Das Rindfleisch stammt zumeist vom bergischen Weideochsen, die Bauernente, die mit Orangensauce, Kartoffelpüree und Saisongemüse serviert wird, die Gänse, die vor allem im

November im kulinarischen Fokus stehen, und zartes Lamm von Erzeugern des Umlandes.
Elvira und Tochter Marie Kotthaus empfehlen dazu vor allem Weine aus deutschen Landen, die zumeist direkt vom Winzer bezogen werden. Doch natürlich gibt es auch italienische, französische und spanische sowie einige Übersee-Weine auf der Karte.
Wer in der stilvoll dekorierten Mühlenstube im Obergeschoss eine Festlichkeit plant, entscheidet sich gern für ein „All-inclusive-Paket", das, ob man nun ein Menü oder Buffet als kulinarische Begleitung wählt, die Kosten exakt kalkulierbar macht.
Zu einem guten Preis-Leistungs-Verhältnis bringt auch der große Schlemmerbrunch am 1. Sonntag im Monat vielerlei Köstliches auf den Tisch – vom großen Frühstücksbuffet bis zum warmen Hauptspeisenangebot, das nach saisonalen Schwerpunkten ausgerichtet ist.
Ab und zu geht's ziemlich mörderisch zu in der Kornmühle, dann nämlich wird sie zur Bühne des „Tatort-Dinners", bei dem die Gäste – während sie ein exklusives 4-Gang-

Menü verspeisen – bei der Aufklärung eines inszenierten Mordes mithelfen. Ein wirklich kurios-kulinarisches Vergnügen für Genießer und Krimi-Fans.

Geschmorte Ochsenbäckchen in Barolosauce

Zutaten

1 kg Ochsenbäckchen (vom Fleischer küchenfertig vorbereitet)
1 große Gemüsezwiebel
1–2 Möhren
1 Knoblauchzehe
150 g Sellerie
1 Stange Lauch
100 g Tomatenmark
1/2 l Barolo (italienischer Rotwein aus dem Piemont)
1/2 l Kalbsfond
Pflanzenöl
Butter
Salz, Pfeffer
frischer Thymian

Zubereitung

Die Ochsenbacken in einem Topf mit heißem Öl rundum scharf anbraten, herausnehmen. Wurzelgemüse, geputzt und klein geschnitten, im selben Topf dunkel anbräunen lassen, Tomatenmark hinzugeben und mitbräunen. Mit der Hälfte des Rotweins und dem Fond ablöschen, aufkochen lassen, mit Salz und Pfeffer würzen und Ochsenbacken wieder einlegen. Mit Deckel im auf 180 °C vorgeheizten Backofen ca. 90 Minuten weich schmoren, zwei- bis dreimal wenden, evtl. weiteren Kalbsfond angießen. Eine halbe Stunde vor Ende der Garzeit einige frische Thymianzweige dazugeben. Die Sauce passieren, evtl. zuvor entfetten. Restlichen Rotwein auf die Hälfte einreduzieren und zur Sauce geben, ggf. mit Salz und Pfeffer abschmecken, mit etwas kalter Butter aufmontieren und zu den in Scheiben servierten Ochsenbacken reichen. Dazu passen Kartoffelpüree und glacierte Möhren und natürlich der zum Kochen verwendete Barolo.

RISTORANTE STELLA MARIS

Am Rande des Stadtteils Unterbarmen, der die beiden Wuppertaler Stadtzentren Elberfeld und Barmen verbindet, erstreckt sich der idyllische Barmer Wald, für die Wuppertaler ein beliebtes Naherholungsgebiet. Hier hat sich der aktive Sportverein „Wasserfreunde Wuppertal 1883 e. V." sein eigenes Freibad erbaut, das ausschließlich den Mitgliedern des Vereins zugänglich ist. Das angegliederte Restaurant steht jedoch allen Wuppertalern und überdies natürlich auch Gästen aus nah und fern das ganze Jahr über offen.

Seit November 2005 verwöhnt Pietro Chirico in seinem „Ristorante Stella Maris", auf Deutsch „Meeresstern", seine Gäste mit seiner abwechslungsreichen mediterranen Speisenauswahl, die täglich von aktuellen Gerichten ergänzt wird.

„Ich möchte meinen Gästen jeden Tag etwas Neues bieten", beschreibt der Gastronom sein Konzept, das täglich wechselnde Angebote zusätzlich zur Speisekarte offeriert, die selbst weit über die obligatorischen Pizza- und Pasta-Klassiker hinausreicht und auch fantasievolle Fisch- und Fleischgerichte, anspruchsvolle Antipasti und Desserts beinhaltet, die so richtig nach Urlaub im Süden schmecken.

Hinter dem Antipasto „Stella Maris" verbirgt sich eine Carpaccio-Trilogie von Lachs, Schwertfisch und Seeteufel, die Seezungenfilets werden nicht nur mit Blattspinat überbacken, sondern auch von einer leichten Proseccosauce begleitet und das ebenso klassische wie zeitlos leckere Saltimbocca à la Romana, hauchdünne Kalbsschnitzel mit Salbei und Schinken in Weißweinsauce, entdeckt man auf der Karte neben „Involtini di Maiale alla Berti", mit Spinat und Speck gefüllte Schweineroulladen mit Käsesauce.

Zu den mediterranen Speisen empfehlen sich natürlich auch Weine aus Italien als beste Begleiter. Alle Weinanbaugebiete des an Reben reichen Landes, von Südtirol bis nach Sizilien, sind vertreten. Dazu kommen einige Bierspezialitäten aus heimischen Gefilden.

Geöffnet ist das Ristorante Stella Maris durchgängig von morgens bis ... der letzte Gast das gastliche Haus verlässt. So reicht das Angebot vom Frühstück über leichte Mittagsgerichte und frischen Kuchen am Nachmittag bis zum ausgiebigen Dinner am Abend. Hinzu kommen je nach Wetterlage und Inspiration des Gastgebers Sommerfeste, der traditionelle Tanz in den Mai, Grillabende auf der Terrasse und eine Silvesterparty am letzten Tag des Jahres. Am Valentinstag lädt das Haus zum romantischen Menü für zwei, im November gibt es ein feines Gänse-Menü.

An Sonn- und Feiertagen begrüßt der große Familienbrunch auch Langschläfer in seinen mediterran inszenierten Räumlichkeiten, denn von 10.30 Uhr bis 15 Uhr werden hier die vielfältigsten Spezialitäten aufgetischt.

Im Sommer erfreuen sich die Gäste an den beiden großen, sonnenverwöhnten Terrassen vor dem Haus und in Blickweite des azurblauen Schwimmbeckens, das einen Hauch maritimen Lebensgefühls vermittelt.

Ristorante Stella Maris
Pietro Chirico

Bendahler Straße 136
42285 Wuppertal-Barmen

Telefon 02 02 / 8 70 56 12

Ruhetag: Montag

KULINARISCHE EMPFEHLUNGEN

**Alter Speicher *
Restaurant & Garten** 170
Heide und Gregor Marx
Uferstraße 49–51
42699 Solingen-Aufderhöhe
Telefon 02 12 / 2 64 12 88
Telefax 02 12 / 3 83 05 86
info@alterspeicher.com
www.alterspeicher.com

artgenossen gmbh 90
Pollerhofstraße 35-37
51789 Lindlar
Telefon 0 22 66 / 9 01 28-0
Telefax 0 22 66 / 9 01 28-99
info@artgenossen-gmbh.de
www.artgenossen-gmbh.de

Attendorner Tropfsteinhöhle 118
Finnentroper Straße 39
57439 Attendorn
Telefon 0 27 22 / 9 37 50
Telefax 0 27 22 / 93 75 25
info@atta-hoehle.de
www.atta-hoehle.de

auszeit in Gut Mühle 24
Restaurant und Café
Andrea und Nicolai Hausmann
Gutmühlenweg 3
53819 Neunkirchen-Seelscheid
Telefon 0 22 47 / 6 92 97
Telefax 0 22 47 / 74 56 76
auszeitingutmuehle@aol.com
www.auszeitingutmuehle.de

Bauerncafé Scheifenhof 180
Familie vom Bey
Thomashofweg 5
40882 Ratingen
Telefon 0 21 02 / 29 86 82
Telefax 0 21 02 / 84 53 91
info@scheifenhof.de
www.scheifenhof.de

Bauernhofgastronomie Rusticus 160
Ute und Bernd Hielscher
Krähwinkel 4
42799 Leichlingen
Telefon 0 21 74 / 74 86 12
Telefax 0 21 74 / 74 86 76
rusticus-witzhelden@t-online.de
www.bauernkaese.com

Bauernhof Hermann Kempe 156
Gabriele und Hermann Kempe
Buchholzen 1–3
42897 Remscheid
Telefon 0 21 91 / 99 70 43
Telefax 0 21 91 / 99 70 45
bauernhof.kempe@t-online.de
www.bauernhof-kempe.de

Bistro Grüne Tomate 172
Snjezana Schrader
Markt 6
40721 Hilden
Telefon 0 21 03 / 25 34 90

Café Conditorei Droste 182
Bankett- und Party-Service
Michael Droste
Eggerscheidter Straße 60
40883 Ratingen-Hösel
Telefon 0 21 02 / 6 03 35
Telefax 0 21 02 / 6 73 27
info@cafe-droste.de
www.droste-event.de

Historische Holstein's Mühle 70
Lieselotte Koch
Am Fuße von Schloss Homburg
51588 Nümbrecht
Telefon 0 22 93 / 69 56
Telefax 0 22 93 / 10 22
info@hotel-zur-post-wiehl.de
www.hotel-zur-post-wiehl.de

Hobbyimkerei Manfred Sommer 103
Schlader Weg 6
51647 Gummersbach
Telefon 0 22 61 / 6 57 96
Telefax 0 22 61 / 6 57 96

Hof zur Hellen 192
Suse und Karl-Heinz von Schwanenflügel
Windratherstraße 197
42553 Velbert-Neviges
Telefon 0 20 53 / 32 39
Telefax 0 20 53 / 4 17 65
hellenabo@gmx.de
www.hofzurhellen.com

Hotel Altenberger Hof 56
Familien Bongard und Spital
Eugen-Heinen-Platz 7
51519 Odenthal-Altenberg
Telefon 0 21 74 / 4 97-0
Telefax 0 21 74 / 4 97-1 23
altenberger-hof@t-online.de
www.altenberger-hof.de

Hotel Landhaus Wirth & Restaurant „Im Krug" 126
Familie Wirth
Friesenstraße 8
51709 Marienheide-Rodt
Telefon 0 22 64 / 2 70
Telefax 0 22 64 / 27 88
info@landhaus-wirth.de
www.landhaus-wirth.de

Hotel & Restaurant Bierenbacher Hof 76
Wilfried Orth
Schlenke 3
51588 Nümbrecht-Bierenbachtal
Telefon 0 22 93 / 30 70
Telefax 0 22 93 / 3 07 99
info@bierenbacher-hof.de
www.bierenbacher-hof.de

Hotel Restaurant Café Landgasthof Reinhold 112
Christina und Uwe Reinhold
Kirchplatz 2
51647 Gummersbach-Lieberhausen
Telefon 0 23 54 / 52 73
Telefax 0 23 54 / 58 73
info@hotel-reinhold.de
www.hotel-reinhold.de

Hotel Restaurant Kromberg 156
Silvia und Markus Kärst
Kreuzbergstraße 24
42899 Remscheid-Lüttringhausen
Telefon 0 21 91 / 59 00 31
Telefax 0 21 91 / 5 18 69
info@hotel-kromberg.de
www.hotel-kromberg.de

Hotel Restaurant Stremme 108
Ute und Eric Stremme
Beckestraße 55
51647 Gummersbach-Becke
Telefon 0 22 61 / 9 26 40
Telefax 0 22 61 / 2 95 21
info@hotel-stremme.de
www.hotel-stremme.de

Hotel-Restaurant Wißkirchen 52
Markus Wißkirchen
Am Rösberg 2
51519 Odenthal-Altenberg
Telefon 0 21 74 / 67 18-0
Telefax 0 21 74 / 67 18-18
hotel-wisskirchen@t-online.de
www.hotel-wisskirchen.de

Hotel Restaurant Zur alten Post 78
Reiner Schmidt
Humperdinckstraße 6
51588 Nümbrecht-Marienberghausen
Telefon 0 22 93 / 91 18-0
Telefax 0 22 93 / 91 18-18
info@hotelzuraltenpost.com
www.hotelzuraltenpost.com

Hotel-Restaurant Zur Post 46
Familie Wilbrand
Altenberger-Dom-Straße 23
51519 Odenthal
Telefon 0 22 02 / 9 77 78-0
Telefax 0 22 02 / 9 77 78-49
info@hotel-restaurant-zur-post.de
www.hotel-restaurant-zur-post.de

Jule's Käsekiste 62
Juliane Schmitz
Reinshagen 14
53804 Much-Reinshagen
Telefon 0 22 45 / 30 21
Telefax 0 22 45 / 91 26 71
schmitz@juleskaesekiste.de
www.juleskaesekiste.de

Kartoffelhaus Neuemühle 144
Arno Lichtenscheidt
Neuemühle 1
42929 Wermelskirchen
Telefon 0 21 96 / 97 16 74
Telefax 0 21 96 / 97 37 78
neuemuehle@t-online.de
www.kartoffelmuehle.de

KOCHEN & KULTUR 146
Martina Neitzert
Goethestraße 36
42929 Wermelskirchen
Telefon 0 21 96 / 88 87 98
Telefax 0 21 96 / 88 81 82
info@kochenundkultur.de
www.kochenundkultur.de

Konditorei Café Confiserie
ECHT WILD! 140
Familie Wild
Markt 1
42929 Wermelskirchen
Telefon 0 21 96 / 49 35
Telefax 0 21 96 / 9 01 69
info@echt-wild.de
www.echt-wild.de

Konditorei Café Hecker 100
Ellen und Wolfgang Hecker
Kaiserstraße 18
51643 Gummersbach
Telefon 0 22 61 / 2 21 77
Telefax 0 22 61 / 2 34 14
konditorei-hecker@4dsl.de

Kornbrennerei J. J. Kemper 117
Inhaber: Albert Arens
Felmicke 26-28
57462 Olpe
Telefon 0 27 61 / 8 37 70-0
Telefax 0 27 61 / 8 37 70-10
post@kempers-korn.de
www.schnappsidee.de

Kottsieper GmbH & Co. KG 154
Karl-Frieder und Susanne Kottsieper
Obergarschagen 9a
42899 Remscheid-Obergarschagen
Telefon 0 21 91 / 69 04 90
Telefax 0 21 91 / 61 09 91
info@kottsieper.de
www.kottsieper.de

Lambachtaler Forellenzucht &
Räucherei Kamp 88
Familie Kamp
Lambachtalstraße 58
51766 Engelskirchen-Oesinghausen
Telefon 0 22 61 / 7 27 84
Telefax 0 22 61 / 7 86 34

Landgasthof Friedrichsaue 166
Dijana und Axel Caspers
Friedrichsaue 43
42657 Solingen-Widdert
Telefon 02 12 / 81 14 82
Telefax 02 12 / 8 75 79
info@friedrichsaue.de
www.friedrichsaue.de

Landgasthof Tönnes 132
Jürgen Tönnes
Niedergaul 4
51688 Wipperfürth
Telefon 0 22 67 / 8 81 30
Telefax 0 22 67 / 88 13 22
info@landgasthof-toennes.de
www.landgasthof-toennes.de

Landhaus Alte Mühle 128
Tanja und Philipp Wolter
Neyetal 2
51688 Wipperfürth
Telefon 0 22 67 / 6 55 50
Telefax 0 22 67 / 65 54 15
info@landhaus-altemuehle.de
www.landhaus-altemuehle.de

Landhaus Höhe 18
Pia Klein und Bernd Martin
Altenherfen 5
51570 Windeck-Altenherfen
Telefon 0 22 95 / 51 46
Telefax 0 22 95 / 57 70
info@landhaus-hoehe.de
www.landhaus-hoehe.de

Landhaus Schwarzenberger Hof 98
Erika und Willi Kleinjung
Schwarzenberger Straße 48
51647 Gummersbach-Hülsenbusch
Telefon 0 22 61 / 2 21 75
Telefax 0 22 61 / 2 19 07
mittenindernacht@aol.com

Liebevoll! In der Auermühle GmbH 186
Dirk Brüning
Auermühle 1
40882 Ratingen
Telefon 0 21 02 / 8 92 98-0
Telefax 0 21 02 / 8 92 98-12
auermuehle@liebevoll.de
www.liebevoll.de

Natumi AG 20
Ansprechpartnerin: Diana Grass
Im Auel 88
53783 Eitorf
Telefon 0 23 43 / 92 72-1 00
Telefax 0 23 43 / 92 72-1 36
dg@natumi.com
www.natumi.de

Nümbrechter Kur GmbH 68
Lindchenweg 1
51588 Nümbrecht
Telefon 0 22 93 / 9 09 48-0
Telefax 0 22 93 / 9 09 48-9
info@nuembrecht-online.de
www.nuembrecht.de

Restaurant Bergischer Löwe 148
Astrid Spors und Lars Röntgen
Am Markt 10
42929 Wermelskirchen
Telefon 0 21 96 / 97 29 27
Telefax 0 21 96 / 97 30 27
info@restaurant-bergischer-loewe.de
www.restaurant-bergischer-loewe.de

Kulinarische Empfehlungen

Grevenmühle
Das Restaurant 184
Geschäftsführer: Friedo Hannemann
Grevenmühle 1
40882 Ratingen
Telefon 0 21 02 / 95 95 30
Telefax 0 21 02 / 95 95 15
restaurant@grevenmuehle.de
www.grevenmuehle.de

Restaurant Fachwerk 33 40
Julia Stahl
Romaney 33
51467 Bergisch Gladbach-Romaney
Telefon 0 22 02 / 97 99 07
Telefax 0 22 02 / 97 99 08
stahl@fachwerk33.de
www.fachwerk33.de

Restaurant Gourmet Inn 82
Josef Lucic
Bitzenweg 1b
51588 Nümbrecht
Telefon 0 22 93 / 90 91 10
Telefax 0 22 93 / 90 91 19

Restaurant Hopmanns Olive 176
Petra und Ingo Hopmann
Ziegeleiweg 1–3
40699 Erkrath-Hochdahl
Telefon 0 21 04 / 80 36 32
Telefax 0 21 04 / 81 04 63
info@hopmannsolive.de
www.hopmannsolive.de

Restaurant Kornmühle 210
Familie Kotthaus
Warndtstraße 7
42285 Wuppertal-Barmen
Telefon 02 02 / 8 26 26
Telefax 02 02 / 8 26 36
info@kornmuehle.de
www.kornmuehle.de

Restaurant Ralf Müller 202
Dagmar und Ralf Müller
Katernberger Straße 2
42115 Wuppertal-Elberfeld
Telefon 02 02 / 31 88 48
Telefax 02 02 / 3 17 93 88
www.restaurant-ralf-mueller.de

Restaurant Ratskeller 188
Jutta Korten
Wilhelmstraße 131
42489 Wülfrath
Telefon 0 20 58 / 55 01
service@ratskeller-wuelfrath.de
www.ratskeller-wuelfrath.de

Restaurant Schmitz Jägerhaus 200
Wolfgang Schmitz
Jägerhaus 87
42287 Wuppertal-Barmen
Telefon 02 02 / 46 46 02
Telefax 02 02 / 4 60 45 19
jaegerhaus@versanet.de
www.schmitz-jaegerhaus.de

Restaurant Schwarzenberger Hof 104
Familie Jaeger
Hagener Straße 39
51645 Gummersbach-Dümmlinghausen
Telefon 0 22 61 / 5 30 98
Telefax 0 22 61 / 5 82 26
info@schwarzenberger-hof.de
www.schwarzenberger-hof.de

Restaurant Stemberg 194
Familie Stemberg
Kuhlendahlerstraße 295
42553 Velbert-Neviges
Telefon 0 20 53 / 56 49
Telefax 0 20 53 / 4 07 85
www.stemberg.tv

Restaurant Suerlänner Eck 124
Marion und Jörg Linneweber
Westfälische Straße 37
57368 Lennestadt-Kirchveischede
Telefon 0 27 21 / 8 12 52
Telefax 0 27 21 / 60 38 66
suerlaenner-eck@kirchveischede.de
www.suerlaenner-eck.de

Restaurant Zur Alten Stadtgrenze 42
Till Herkenrath
Am Fürstenbrünnchen 21
51429 Bergisch Gladbach-Lückerath
Telefon 0 22 02 / 45 91 64
post@alte-stadtgrenze.de
www.alte-stadtgrenze.de

Restaurant Zur Mühle 94
Familie Hermann Berger
Wipperfürthstraße 391
51515 Kürten
Telefon 0 22 68 / 66 29
Telefax 0 22 68 / 90 12 30
info@restaurant-zur-muehle.com
www.restaurant-zur-muehle.com

Restaurant Zur Post 16
Adelheid und Andreas Schmitz
Rathausstraße 13
51570 Windeck-Rosbach
Telefon 0 22 92 / 51 51
Telefax 0 22 92 / 6 72 03
www.zur-post-windeck.de

Ristorante Pizzeria Pinocchio 102
Gaetano Copia
Marktstraße 14
51643 Gummersbach
Telefon 0 22 61 / 2 41 18
Telefax 0 22 61 / 6 19 00
webmaster@pizzeria-ristorante-pinocchio.de
www.pizzeria-ristorante-pinocchio.de

Ristorante Stella Maris 212
Pietro Chirico
Bendahler Straße 136
42285 Wuppertal-Barmen
Telefon 02 02 / 8 70 56 12

Romantik Hotel Platte 120
Familie Platte
Repetalstraße 219
57439 Attendorn-Niederhelden
Telefon 0 27 21 / 1 31-0
Telefax 0 27 21 / 1 31-4 15
info@platte.de
www.platte.de

Schlossbäckerei Lehmann 134
Gabriela und Volker Lehmann
Islandstraße 33
42499 Hückeswagen
Telefon 0 21 92 / 24 37
Telefax 0 21 92 / 56 27
info@schlossbaeckerei-hueckeswagen.de
www.schlossbaeckerei-hueckeswagen.de

Schloss-Café Himperich 36
Brigitte und Wolfgang Himperich
Schlossstraße 22
Filiale: Kölner Straße 69
51429 Bergisch Gladbach-Bensberg
Telefon 0 22 04 / 5 22 27
Telefax 0 22 04 / 5 11 34
schlosscafe-bensberg@t-online.de
www.schloss-cafe-bensberg.de

S. Hüsgen Naturkost & Pflanzen 22
Susanne Hüsgen
Auf der Sandkaule 17
53773 Hennef-Süchterscheid
Telefon 0 22 48 / 17 95
Telefax 0 22 48 / 91 24 18

S-Lust – Institut für Diätologie 30
Antje C. Heckner und Natalie Quagliata
Vogelsangerweg 36
50858 Köln-Junkersdorf
Telefon 0221 / 50 60 44-0
Telefax 0221 / 50 60 44-1
mail@s-lust.com
www.s-lust.com

Tapas y más – Restaurant, Feinkost, Catering & Vinothek 86
Gitta Quercia-Naumann
Märkische Straße 41
51766 Engelskirchen
Telefon 0 22 63 / 80 18 99
Telefax 0 22 63 / 95 15 18
info@tapasymas.de
www.tapasymas.de

Verkehrsverein Windecker Ländchen 14
Rathausstraße 12
51570 Windeck-Rosbach
Telefon 0 22 92 / 1 94 33
Telefax 0 22 92 / 60 12 94
tourismus@gemeinde-windeck.de
www.gemeinde-windeck.de

Waldhotel Heiligenhaus 190
Direktor: Rainer Schulte
Parkstraße 38
42579 Heiligenhaus
Telefon 0 20 56 / 5 97-0
Telefax 0 20 56 / 5 97-2 60
welcome@wald-hotel.de
www.wald-hotel.de

Weindepot „Lust4Wine" 178
Geschäftsführer: Michael B. Spreckelmeyer
Belsenplatz 6
40545 Düsseldorf-Oberkassel
Telefon 02 11 / 5 50 28 60
Telefax 02 11 / 55 02 86 29
info@lust4wine.de
www.lust4wine.de

Wein & Tee bei E. GbR 92
Elke Sachse
Kirchplatz 5
51789 Lindlar
Telefon 0 22 66 / 47 08 79
Telefax 0 22 66 / 47 08 86
und
Dr. Jörg Sachse
Bahnhofstraße 7
51674 Wiehl
Telefon 0 22 62 / 75 16 55
Telefax 0 22 62 / 75 16 54
Wein@Infoberg.de
www.WeinundTee.de

Wein Welt Weise 44
Christiane Weise
Straßen 46
51429 Bergisch Gladbach-Herkenrath
Telefon 0 22 04 / 97 90 61
Telefax 0 22 04 / 97 90 62
info@weinweltweise.de
www.weinweltweise.de

Witzheldener Bauernkäserei 162
Ute und Bernd Hielscher
Krähwinkel 9
42799 Leichlingen
Telefon 0 21 74 / 34 55
Telefax 0 21 74 / 73 18 54
witzheldener-bauernkaese@t-online.de
www.bauernkaese.com

Wolfram Berge – Delikatessen & Geschenke 72
Wolfram und Helga Berge
Alfred-Nobel-Straße 1
51588 Nümbrecht-Breunfeld
Telefon 0 22 93 / 30 60
Telefon Ladengeschäft 0 22 93 / 3 06 39
Telefax 0 22 93 / 74 61
mail@delikatessen-berge.de
www.delikatessen-berge.de

VERZEICHNIS DER REZEPTE

VORSPEISEN, SUPPEN UND KLEINE GERICHTE

HAUPTSPEISEN

DESSERTS

SÜSSES UND HERZHAFTES

ISBN: 978-3-86528-357-3
24,1 cm x 27,6 cm

ISBN: 978-3-86528-353-5
24,1 cm x 27,6 cm

ISBN: 978-3-86528-390-0
24,1 cm x 27,6 cm

ISBN: 978-3-86528-397-9
24,1 cm x 27,6 cm

KULINARISCHE ENTDECKUNGSREISEN ...

... DURCH DIE SCHÖNSTEN URLAUBSREGIONEN

ISBN: 978-3-86528-361-0

ISBN: 978-3-86528-358-0

ISBN: 978-3-86528-337-5

ISBN: 978-3-86528-344-3

ISBN: 978-3-86528-356-6

ISBN: 978-3-86528-377-1

ISBN: 978-3-86528-359-7

ISBN: 978-3-86528-346-7

IM HERBST 2007 ERSCHEINEN ...

ISBN: 978-3-86528-336-8
24,1 cm x 27,6 cm

ISBN: 978-3-86528-364-1

ISBN: 978-3-86528-385-6
24,1 cm x 27,6 cm

ISBN: 978-3-86528-401-3

Petra Wagner, Daniel Schvarcz
Eine kulinarische Entdeckungsreise durch das Berchtesgadener Land, den Rupertiwinkel und entlang der Salzach
200 Seiten, 400 Farbfotos und 1 Karte
ISBN: 978-3-86528-368-9

Cornelia Haller-Zingerling, Christian Gufler
Eine kulinarische Entdeckungsreise durch Südtirol
408 Seiten, 550 Farbfotos und 1 Karte
ISBN: 978-3-86528-383-2

Italienische Ausgabe:
Cornelia Haller-Zingerling, Christian Gufler
Alla scoperta dell'arte culinaria altoatesina
408 Seiten, 550 Farbfotos und 1 Karte
ISBN: 978-3-86528-402-0

Sabine Bomeier, Christiane und Heinz Anschlag
Eine kulinarische Entdeckungsreise – Lüneburger Heide und Elbmarsch
152 Seiten, 300 Farbfotos und 1 Karte
ISBN: 978-3-86528-376-4

Bettina Schaefer, Regina Jacobsen
Eine kulinarische Entdeckungsreise durch Schleswig-Holstein
208 Seiten, 400 Farbfotos und 1 Karte
ISBN: 978-3-86528-382-5

Silke Martin, Martin Wolf
Eine kulinarische Entdeckungsreise entlang der Mosel
144 Seiten, 200 Farbfotos und 1 Karte
ISBN: 978-3-86528-373-3

Peter Joachim Arweiler, Patrick Brauns, Helmuth Scham
Eine kulinarische Entdeckungsreise rund um den Bodensee
168 Seiten, 300 Farbfotos und 1 Karte
ISBN: 978-3-86528-370-2

Gertrud und Eberhard Löbell, Björn Kray Iversen
Eine kulinarische Entdeckungsreise durch Pfalz, Kurpfalz und Odenwald
208 Seiten, 400 Farbfotos und 1 Karte
ISBN: 978-3-86528-375-7

Claus Spitzer-Ewersmann, Frank Pusch
Trends und Lifestyle von den ostfriesischen Inseln nach Bremen
256 Seiten, 500 Farbfotos und 1 Karte
ISBN: 978-3-86528-388-7

Günther Schreiber, Gerhard Friedrich Kunz
Trends und Lifestyle im Burgenland
224 Seiten, 450 Farbfotos und 1 Karte
24,1 cm x 27,6 cm
ISBN: 978-3-86528-389-4

Stephan und Dominik Klinger, Martin Steinkellner
Trends und Lifestyle in Linz und Umgebung
208 Seiten, 400 Farbfotos und 1 Karte
24,1 cm x 27,6 cm
ISBN: 978-3-86528-393-1

Nina Neuhold, Stefan Kristoferitsch
Trends und Lifestyle in Graz und Umgebung
176 Seiten, 350 Farbfotos und 1 Karte
24,1 cm x 27,6 cm
ISBN: 978-3-86528-363-4

* Sofern nicht anders angegeben, haben alle Titel ein Format von 24,1 cm x 30,6 cm.

Alle Titel erhalten Sie bei Ihrer örtlichen Buchhandlung. Für weitere Informationen über unsere Reihe wenden Sie sich direkt an den Verlag:

UMSCHAU

Neuer Umschau Buchverlag | Theodor-Körner-Straße 7 | D-67433 Neustadt/Weinstraße
Telefon +49 (0) 63 21 / 877-852 | Telefax +49 (0) 63 21 / 877-866
e-mail: info@umschau-buchverlag.de | www.umschau-buchverlag.de

IMPRESSUM

2006 Neuer Umschau Buchverlag GmbH,
Neustadt an der Weinstraße

Gestaltung, Satz, Reproduktion
posi.tiff Dienstleistungen GmbH, Frankfurt / Main

Recherche
Margit Wölfer, Brühl

Autorin
Silke Martin, Kriftel

Fotografie
André Chales de Beaulieu, Hannover

Karte
Thorsten Trantow, Kenzingen
www.trantow-atelier.de

Herausgeberin
Katharina Többen, Neckargemünd

Lektorat
Monika Stumpf

Druck und Verarbeitung
Finidr, Cesky Tesin

Printed in Czech Republic
ISBN-13: 978-3-86528-347-4
ISBN 10: 3-86528-347-0

Sofern nicht anders angegeben, sind die Rezepte für vier Personen vorgesehen.

www.umschau-buchverlag.de

Titelfotografie
Proseccogelee mit Beeren und Orangenzabaione, zubereitet im Restaurant Schwarzenberger Hof und fotografiert von André Chales de Beaulieu.

Fotografien von Rainer Kussler:
S.28f, S. 40 unten, S. 41 rechts, S.43 unten, S.44f, S.46 unten, S.83 oben links und unten, S.90f.

Wir bedanken uns für die uns freundlicherweise zur Verfügung gestellten Fotos bei:

Nümbrecht Kur GmbH (S.5), Amt für Stadtentwicklung, Wirtschaftsförderung und Tourismus, Gummersbach (S.6, S.137 unten), Natumi (S.2of), auszeit (S.24 oben, links, unten), S-Lust – Institut für Diätologie (S.31), Hotel-Restaurant Wisskirchen (S.52, S.54 oben), Hotel Restaurant Zur Post (S.46 oben), Fleischerei und Party-Full-Service Fedder (S.67), Wolfram Berge – Delikatessen und Geschenke (S.72 unten, S.73 oben, S.74, S.75 oben links), Fischfeinkost Karen Molz (S.83 oben rechts), Restaurant Schwarzenberger Hof (S.107 unten), Lux-Werft u. Schiffahrt GmbH (S.114, S.115 oben), Attendorner Tropfsteinhöhle (S.118), Romantik Hotel Platte (S.120, S.121 oben), Landhaus Alte Mühle (S.128 oben), Kochen & Kultur (S.146f), Landmarkt Kottsieper (S.155 oben), Bauernhofgastronomie Rustikus (S.160, S.161, S.162, S.163 oben), Alter Speicher, Thomas Philippi Photografie (S.171 unten), Bistro Güne Tomate (S.172), Haaner Felsenquelle (S.174f), Zeittunnel Wülfrath (S.179), Haus Stemberg, Ralf Schultheiß (S.196 unten links), Wuppertaler Stadtwerke AG (S.198 oben), Schmitz Jägerhaus (S.200 und 201), Zur alten Bergbahn (S.204).